山东省产业结构调整与
人口就业关系的互动分析

Interactive Analysis on the Relationship between
Industrial Structure Adjustment and Population Employment in Shandong Province

郑明亮◎著

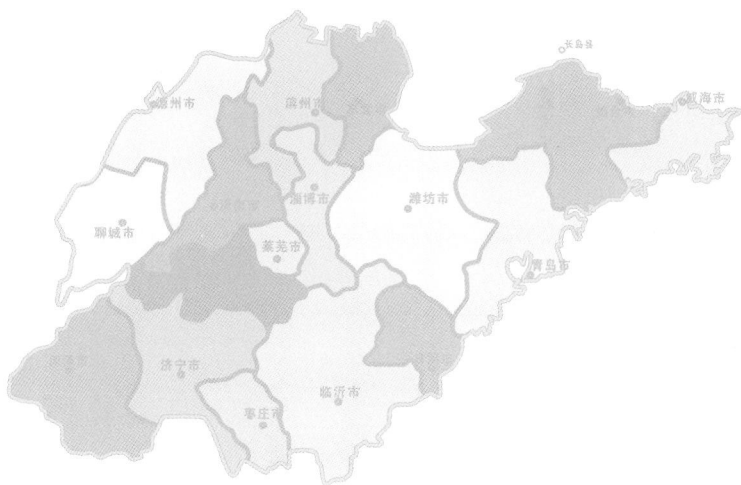

人民出版社

前　言

　　山东省是经济大省、农业大省和人口大省。作为具备以上三种特征于一身的典型省份，在全国比较少。山东省地理位置优越，交通便利，部分产业资源要素禀赋处在全国领先位置。劳动力作为最富有能动性的产业资源要素，山东产业发展得益于人口红利。受儒家思想的影响，山东人重义轻利、经商方面诚实守信、为人方面讲究忠孝；山东人过分依恋土地，缺乏商业意识，且有小富即安心理；山东人崇尚文化、重视教育，但学而优则仕的观念根深蒂固；山东人存在敬畏文化，怕树大招风，领导意识不强。在这种人文环境熏陶下的一代又一代山东人，历经我国改革开放三十多年的洗礼，目前，山东省尽管是经济大省但又算不上经济强省，是农业大省但又称不上农业强省，是文化教育大省但又是不具有高层次人才红利的人口大省。

　　从经济增长的结构主义观点看，经济增量的增长是由于要素在不同产业部门创造的效益不同导致的，影响产业结构变动的要素有资源禀赋、人口因素、技术进步、资金供应状况和环境因素，其中起主导作用的因素是人的因素。从产业要素参与产业结构升级的作用看，由劳动力密集型产业、资本密集型产业、技术密集型产业到知识密集型产业的升级顺序中不难发现，起主导作用的人才供给和需求结构对产业结构变动产生重要影响。2013 年，山东省在全国地区经济总量排名中仅次于广东省和江苏省，位居第三；三次产业的结构比由 2012 年的 8.6∶51.4∶40.0 调整为 8.7∶50.1∶41.2；社会就业人员在三次产业中的比例为 31.7∶34.5∶33.8。从产业结构优化和升级顺序看，山东省的这一产值结构和人员就业结构比起经济总量处在山东省前列的广东省和江苏省来说，存在一定的优化空间，体现在山东省产业结构中服务业发展滞后，城镇化进程较低导致的农业劳动力转移速度缓慢。2013 年山东省总就业人口 6580 万人，其中农业人口占 57%，非农业人口占 43%，人力资源禀赋未能转化为人力资本优势，在全国性人口老龄化趋势下，2013 年山东省 65 岁及以上人口已经占到 10.95%，未富先衰在山东省表现得尤为明显。

　　山东省面临着国家层面主导的新型城镇化建设机遇，城镇化存在巨大的机会成本和绩效内涵，山东人如何站在新的历史起点上，以更加宽广的视野认识我是谁，我身在何处，以及要往何处，在产业结构调整中优化配置好山东省的产业资源，是实施经济赶超的关键。本书写作的目的正是从产业结构调整和人口就业的视角试图发现二者存在的互动关系，将山东省的人力资源优势变为人力资本优势，助推山东省经济更好更快地发展，尽量减少相生相克，实现二者的耦合作用。

目　录

第一章 产业结构、就业结构相关理论回顾

第一节 产业结构理论

一、产业的概念及分类

产业通常是指具有生产某类共同特性产品的企业集合，在研究产业结构时，按照某一标准或属性对所研究的产业进行合理的分类，是必不可少的环节。制定的标准不同，产业划分就自然不同。但是，无论是从经济发展史的视角，从产业经济和产业结构的视角，还是从体现不同经济发展阶段的视角来对国民经济进行产业划分，三次产业分类法应该是作为首推的主要划分方法。该方法的提出最早可追溯到 1935 年，是由英籍新西兰澳塔哥大学教授费希尔（Fisher）完成，他在出版的《安全与进步》一书中，用系统的观点，综合了人类经济发展史与产业发生、发展的历史，系统地提出了"三次产业"划分的创新性思想。他将人类生产活动发展历史概括成三大阶段，其中的第一阶段是以农业和畜牧业为主的阶段；第二阶段是以工业文明为标志的阶段；第三阶段则以非物质生产的劳务领域为主要特征的阶段。与此同时，他定义了第一产业的内涵，主要是指畜牧业和农业，同时也包含了采掘业，这些产业的共同特征是劳动对象来自于自然界；第二次产业主要是指加工制造业，是对来自于自然界的劳动对象的加工制造，这些产业在经济社会中的作用是提供物质资料的生产部门；费希

1

尔定义的第三次产业主要为劳动服务业，这些产业不提供有形物品，它们的作用主要是满足人类除物质资料以外的消费需要。费希尔尽管对产业划分进行了创新性研究，但其只提出了三次产业分类的方法，没有更深入地得出具有普遍性和规律性的东西，他的研究方法最初并没有引起人们的广泛关注，因而当时没有传播开来。[①]

在 1940 年，著名经济学家克拉克（C. G. Clark）对三次产业的划分又进行了深入研究，"三次产业"的思想在其名著《经济进步的条件》中得到广泛运用，不同于费希尔，克拉克对经济发展中的产业结构问题进行了科学的总结和归纳。书中卡拉克更加细分了第一产业（Primary Industry）的内涵，主要包括农业、畜牧业、渔业、林业和采矿业；他将第二次产业（Secondary Industry）又细分为制造业、建筑业和电气、煤气的制造和供给等公用事业；他将第三次产业（Tertiary Industry）细分为运输通信业、金融业、批发零售业、房地产业、服务业和国家机关等公共事业。在克拉克对三次产业的细分之后，这一概念和划分方法在学界得到了广泛的引用和传播。人们为纪念克拉克的贡献，将这种产业划分方法又称"克拉克大分类法"。为从产业视角对国民经济进行统计，20 世纪 80 年代中期，我国引入了三次产业分类方法，当时的引用并不是完全的照搬，而是在总结国内外经验的基础上，根据我国的国情，对其进行了修改和完善的基础上实施的，现在沿用的产业划分标准是按照 2002 年修订的《国民经济行业分类》（GB/T4754—2002）标准。[②]

二、产业结构的概念及特性

"结构"一词的早期含义是指整体的各组成部分之间的搭配情况和排列状态，在自然科学研究中较早被提及。20 世纪 40 年代，产业结构的概

---

① R. A. Fisher, *The clash of progress and security*, London：Macmillan, 1935, p. 33.

② C. G. Clark, *The conditions of economic progress*, London：Macmillan, 1940, p. 62.

念开始在经济领域内被使用。产业结构概念目前还存在较多争议，从字面意思理解，它既可以解释为某个产业内部的企业之间的关系问题，又可以理解成不同产业之间的关系问题。作为对产业结构研究有突出贡献的贝恩（J. S. Bain）更倾向于前者，他在其《产业结构的国际比较》（1980 年）著作中，认为产业结构主要是指产业内的企业之间的关系。① 日本作为研究和实践产业理论的成功典型，在专家学者制定经济发展战略的讨论中，对产业结构的理解更倾向于后者，更愿意将产业结构理解成各产业的构成及各产业之间的联系和比例关系。在经济发展过程中，随着技术进步和人们需求的多样性，必然伴随着社会分工的越来越细，生产部门就会越来越多。不同的生产部门，在整个经济系统中会受到各种因素的制约和影响，其成长速度、人员就业、在经济总量中的份额、对经济增长的贡献作用等方面表现出很大的不同。因此，一个经济实体（一般以国家和地区为单位），或大或小，在每个不同的发展阶段、发展时点上，组成整个国民经济的各个产业部门会具有较大的差异性。表现在不仅各产业部门的构成环节及相互之间的联系、比例关系不会完全相同，而且它们对经济增长的拉动作用也大相径庭。因此，对产业结构的理解把握上，笔者认为把包括产业构成、各产业之间的关系等在内的结构特点视为产业结构内涵是符合逻辑的。至于产业内部企业之间的关系问题应该是产业组织理论研究的内容，不应包含在产业结构研究体系中，产业结构研究内容应集中在产业之间的关系结构。由于概念是为分析服务的，研究分析视角差异，其研究对象的界定就不同。本书是考察产业结构变动过程中对就业及其就业结构的影响，产业结构的分析视角侧重于产业结构之间的比例及其结合状况，因此，本书更多从狭义的产业结构视角来撰写。

产业结构可视为一个中观经济的微系统，是由许多相互紧密联系的要

---

① Joe S. Bain, *International differences in industrial structure*: *eight nations in the* 1950s, Westport, Conn. : Greenwood Press, 1980.

素组成，各个要素有机结合成整体。其重要特征体现在组成产业结构的各个要素中，不是简单的机械堆积，而是具有一定的层次性、相对性和相关性，这也就是我们通常所提到的产业结构的三大主体特性。首先，层次性。主要指产业结构在不同的发展阶段具有不同的层次水平，而且产业结构不是一成不变的，是一个由量变再到质变，由低级不断向高级渐进的演化发展过程。其层次性的体现也各有特点，具有丰富的内涵和外延：第一层次体现在一、二、三次产业的质量和数量结构特点；第二层次体现的是各个产业内部构成结构特征；第三层次则是从产业部门结构特征进行表征，譬如工业中的轻、重工业结构划分等。产业结构所具有的层次性，要求我们在分析产业结构时要分层次建立合理的产业结构。其次，相关性。相关性这一特点表现在产业结构各组成要素间、结构间、要素与结构之间的联系和反馈机制，即产业的关联效应。产业结构所具有的相关性特性，要求我们在产业结构的调整时，要具有系统的视角，注重产业间的协调与同步，发挥"1+1>2"的协同作用。最后，相对性。相对性是指合理的产业结构的形成是一个动态过程，其合理化和高度化也是针对于不同的发展阶段，不是一成不变的，而是随着社会发展阶段、经济发展水平的提高和社会需求的变化而不断变化的。因而，以上特征要求我们在认识产业结构和能动的作用于产业结构时，既要尊重产业的规律性，又要发挥人的主观能动性，产业结构也没有最好，只有更好。

三、产业结构的演进规律

（一）霍夫曼定律

德国著名经济学家霍夫曼（W. C. Hoffman）将产业划分成生产消费资料的产业、生产资本资料的产业和除去以上两类产业的其他产业。霍夫曼利用接近 20 个国家的时间序列数据，分别计算了生产消费资料的产业和生产资本资料的产业比例系数（亦即霍夫曼比例），并据此将工业化过程划分成三个阶段。在第一阶段中，制造业中占主导地位的是消费品工业的生产，其霍夫曼比例系数处在 6∶1 和 4∶1 之间；在第二阶段中，消费品工业的增长速度让位于资本品工业的增长速度，但此时消费品工业的规模仍然还比较大，其霍夫曼比例系数处在 3.2∶1 和 1.6∶1 之间；在第三阶段中，不仅消费品工业的增长速度让位于资本品工业，资本品工业的规模也超过消费品工业，其霍夫曼比例在 1.5∶1 和 0.6∶1 之间。当霍夫曼比例系数处在 1∶1 以下时，才是实现工业化的重要标志特征。我们发现霍夫曼比例的划分中，随着其比例系数的逐渐减小，资本资料产业作为第二产业的主要特征，其发展速度和规模逐步取代以消费资料产业为主的要特征的第一产业，这种取代规律也表征了产业结构的升级顺序。

（二）生产要素密集型产业地位变动规律

生产要素集约分类法是一种较好地体现产业资源禀赋素质的分类方法，该分类方法可以避免诸多其他分类方法的弊端，最能体现产业结构升级中要素驱动的内涵。按照生产要素集约分类法，将产业依次划分为劳动力密集型产业、资本密集型产业与知识和技术密集型产业三种主要类型。由于各经济体的经济发展水平不同、技术水平各异，其相应的生产要素禀赋、丰度、供求、价格和比较优势等因素时刻处在变化之中，因此，这三种类型的产业在各经济体中，会随着经济体的不同发展阶段出现轻重地位的不断更替。因此，以要素划分的产业结构也会由以劳动密集型产业为主转向以资本密集型产业为主，再向知识、技术密集型产业为主的演进过程，这正是从要素的角度体现出产业结构由低到高的升级规律。

（三）三次产业比重变动规律

美国著名的经济学家库兹涅茨（Kuznets）则从三次产业占国民收入比重变化的视角分析了产业结构演变趋势。研究发现，在经济发展水平处在较低阶段，此时比重最大的是第一产业，比重最小的是第三产业，伴随着经济的不断发展，三次产业的比重会处在不断变化之中。他以工业化作为分析的参照系，首先分析了工业化起点的产业特征，此时第一产业比重较高，第二产业比重较低，第三产业忽略不计。在工业化不断推进的进程中，第一产业的产值比重在不断地下降，而第二和第三产业的产值比重都有不同程度的提高，但所不同的是第二产业的产值比重上升速度要大于第三产业上升速度，第一产业在产业结构中的龙头地位被第二产业所替代。通常将工业化中期阶段定义为第一产业比重降低到 20% 以下时，此时第二产业和第三产业都远远超过第一产业，但第二产业比重要明显高于第三产业；工业化进入后期阶段的典型特征是第一产业比重再降低到 10% 左右时，此时第二产业比重上升到一个峰值水平，此后第二产业的比重开始相对稳定或出现下降趋势，而第三产业却保持了快速发展势头，第三产业产值比重或者就业人员比重将逐渐超过第二产业，成为经济发展的主导和支柱产业。①

著名经济学家钱纳里（Chenery）在总结前人研究成果的基础上，得出了以分析主导产业变化为特征的产业结构演变规律。该规律归纳起来也应包含于三次产业比重变动规律之中，钱纳里研究视角的不同之处是将产业结构的发展分为三个主要阶段：传统社会经济阶段被界定为第一阶段，该阶段的主要特点是经济增长主要由初级产业（首先是农业）和极少的农业服务业支撑，该阶段经济发展速度变化很慢，以传统农业部门为主的经济社会中滞留着大量的低效率使用的劳动力，弱小的工业部门尽管已经呈现出较高的拉动生产率和工资水平，但还未出现低效率的农业生产力向高生产率和技术进步快的非农业部门的大规模流动。钱纳里将高速增长的工业化阶段界定为第二阶段，此时的经济增长动力主要由工业制造业支撑，靠机械化的生产技术和生产方法带来了巨大的劳动生产率的提高，不断壮大的工业部门吸引了大规模的劳动力转移。此时新技术得到及时的采用和传

---

① Kuznets, *Economic growth of nations: Total output and Production structure*, Cambridge, MA: Harvard University Press, 1971.

播，经济体中新的主导产业不断替代旧主导产业。钱纳里界定的产业结构发展第三阶段，主要特征是经济增长步入发达经济阶段，经济数据上表现为工业制造业的贡献率开始下降，服务业作为主导产业在经济增长中的作用凸显。此时尽管那些与工业化中期阶段耐用消费品有关的服务部门在减速，但随着人们消费层次的提高，以财富和健康为驱动的新兴服务业，诸如养老、医疗、教育、文娱、旅游有关的服务部门则呈现出强劲的发展势头，就业人数日益增大，产值比重越来越大，服务业成为经济的主导产业。①

（四）雁行产业结构升级理论

日本经济学家赤松要（Kaname Akamatsu）根据后进国家产业发展规律，提出了有名的雁行产业结构升级理论。该理论的基本思想是：后发展国家可以通过从国外引进国内不具备生产能力的产品和技术，经过国内的消化和吸收，进而完成该产品的国产化，实现进口替代，同时，借助于本国的资源和劳动力成本优势，最终实现产品的出口。在这一过程中，因产品从最初的进口、进口替代到最终的产品出口，这一过程使得后发展国实现了产业结构工业化、重工业化和高加工度化的产业结构由低级到高级的升级过程。赤松要的雁行产业结构升级理论表明，后发国家（即工业化程度落后国家）可以通过积极参与国际化进程，利用和消化先进国的资本和技术，同时，利用低工资的比较优势，将业已成熟的进口替代产品推销到先行国的市场。赤松要雁行形态理论的提出也是根据日本棉纺工业的发展规律归纳总结出来的。

---

① Chenery, *Structural Change and Development Policy*, New York: Oxford University Press, 1979.

四、产业结构优化的含义及内容

(一) 产业结构优化的含义

所谓产业结构优化包含两方面的内容，即推动产业结构的合理化和高级化，该优化过程能够实现产业结构与技术结构、资源供给结构和需求结构相匹配的状态。其中的产业结构合理化内涵是指加强产业间的协调能力和提高产业间的关联水平，合理化指标的主要依据是产业内在的技术经济关联的现实比例关系，满足再生产过程合理的比例性需求，促进经济系统各产业间的良性发展，使各产业发展与国民经济发展相匹配。产业结构优化手段是通过政府出台的有关产业调整政策，从而影响产业结构变化的需求结构和供给结构，进而实现产业资源的再配置，使产业结构实现合理化和高级化。可以从三个重要方面对产业结构优化进行概括和总结：一是"动态"特征。产业结构优化是一个逐步动态的调整和纠偏过程，由于人的有限理性，这一过程可能存在风险。同时，在经济体不同的发展阶段上，其结构优化的衡量标准存在差异。二是优化的"原则"。产业结构优化的原则是保持产业间协调发展和最高效率。三是产业结构优化的"目标"。产业结构优化的最终目标是实现宏观经济效益最大化和资源配置最优化。

(二) 产业结构优化的内容

产业结构优化的内容主要包括四大部分。其一是指对供给结构的优化。从供给结构的定义看，供给结构主要是指在既定的价格条件水平上，资本、劳动力、技术和自然资源等生产要素在国民经济各产业之间可以相互匹配的比例关系，以及以这种关系为纽带的产业关联关系。供给结构主要包括以资金为主的资本结构、供应偏好的投资结构、劳动力的供给结构、技术的供给结构，以及跟产业产业结构优化有关的资源禀赋、自然条件和资源供应结构等。其二是指对需求结构的优化。需求结构定义为在一定的收入水平上，以政府、企业、家庭或个人等组成的经济主体所能承担的产业产品或服务的需求比例，以及以这种关系为纽带的产业关联关系。从定义中的需求主体看，它可以细分为政府的需求结构、企业的需求结构、家庭的需求结构或个人的需求结构，以及以上各种经济主体需求的比例匹配关系；若单独从产品供给的角度分析，又可以划分为中间产品需求结构、最终产品需求结构，以及二者之间（中间产品需求和最终产品需求）的比例关系；还包括作为需求因素的投资结构、消费需求结构，以及投资需求与消费需求的比例等。[①] 其三是指对国际贸易结构的优化。国际贸易结构定义为经济系统各产业产品或服务的进出口比例，以及以这种比例关系为纽带的产业关联关系。贸易结构不仅包括不同产业之间的进口和出口结构，而且也包括同一产业内不同产品和服务的进出口结构比例。其四是指对国际投资结构的优化。国际投资结构定义为对外投资与外国投资的比例结构，以及对外投资在不同东道国产业之间的比例关系和外国投资在本国不同产业之间的投资比例。国际投资包括双方面的资本流动，一方面是指本国资本的外流，即本国企业的对外投资；另一方面使指外国资本的流入，即外国投资或外来投资。无论是本国对外投资还是外国对本国的投资，这两方面都会引起本国产业结构的变化。

五、产业结构的合理化

（一）产业结构合理化的含义

产业结构合理化主要是指产业间不会出现摩擦和阻碍，各产业间能够密切关联，协调一致，发展共赢。产业结构的合理化内容就是要在经济发展中促进产业结构的动态均衡和产业素质的共同提升。要达到产业结构合理化目标，需要解决的几个主要问题是：其一是解决供给和需求的相互适

---

① G. Grossman, and E. Helpman, "Product development and international trade", *Journal of political Economy*, 1989, p. 1261.

应的问题；其二是解决三次产业及其产业内部各部门间的发展速度问题；三是要解决产业结构效应充分发挥的问题。产业结果合理化在目标问题导向的基础上，最终实现在一定的经济发展阶段上，根据资源约束和消费需求，对最初不够理想的产业结构进行目标导向的合理调整，使产业的稀缺资源在产业间进行帕累托配置和高效利用。判断和衡量产业结构是否合理的关键是考察产业间在产业链的增值环节上彼此发挥正向作用和协同作用，能够产生"1+1>2"的整体大于部分的协同效果。假若产业间的相互作用关系相处得越和谐，不会产生供给和需求短板，则产业的整体能力就会越高，我们认为这种产业结构状况就越合理。反之，如果各产业结构关系出现断层，在产业链条上不协调，则结构的整体能力就会减弱，我们认为此时的产业结构就不合理。产业结构合理化的中心内容体现在各个产业的协调性上。当然，以上所述的产业结构的协调性也不是指产业间的绝对均衡发展，而是指具有关联关系的产业之间有较强的和谐关系、层次关系、互补关系和转换能力。产业结构合理化的外在表象体现在产业高质量的产品竞争力上，这种竞争力是一种利用产业之间的协调性，达到聚合质量，提高产业结构的整体效果。评价产业间的协调状态，我们可以从以下四个方面进行重点关注：

一要看产业素质之间是否协调。若相关产业之间技术水平差距过大，即产业间存在技术水平的断层和劳动生产率的强烈对比。这种技术上的断层和劳动生产率的巨大反差，会使得产业之间的供给关系产生较大的摩擦，表现为不同程度的产业要素不协调。二要观察各产业之间的相对地位是否协调一致。在一定的经济发展时期，通常情况下，各产业由于自身特征、自身的增长速度和在经济增长中的经济作用不同，因而不同产业在产业结构中所扮演的角色和所处的地位是有差异的，这样会形成各个产业在国民经济或者产业链条之间富有次序的组合关系。这种关系在经济发展的特定阶段会呈现一定规律性。假如一个经济体系中存在各个产业主次模糊不清，地位均等，尤其是凸显产业结构的较大逆转现象，这就反映出各产业之间的相对地位是不协调的。三要关注各个产业之间的联系方式是否协调一致。产业经济学中的产业关联分析法通过严格的数学公式分析了产业之间存在的投入与产出直接和间接关系，这也从数量的视角表明了各产业之间相互依赖和相互影响。研究产业结构时，若从定量和定性的角度发现产业之间彼此能够做到相互服务和共同推进，我们就认为各产业之间存在正向的协同推进的联系方式，相反，若各产业之间彼此松散度较大，则表明产业之间联系不够协调。最后第四个观察点是分析供给是否与需求相适应，以此来判断产业间是否处于较好的协调状态。在通常情况下，产业结构具有自身较强的供给和需求的调节能力，亦即当需求在因外界触发出现变动的情况下，产业结构的协调能力将会在一定的时间内发挥调节作用，即通过自身的结构调整来适应不断变化的新的需求变动要求，从而使供给和需求之间不会出现较大程度的脱节。反之，假若面对外界需求结构的正常变动，产业结构没有在近期和远期中表现出调节作用，使得供给迟迟不能作出正确的纠偏反应，从而造成供需矛盾突出，这表明产业间的结构是不协调的。

（二）产业结构合理化的标准

目前，由于我国学术界对产业结构合理化概念的理解不同，不同学者对产业结构合理化的标准的认定也有着不同的尺度。概括起来，大致有以下几种：单一标准说、三标准说、四标准说、六标准说和七标准说等几类尺度表征。单一标准说比较有代表的是周振华提出的"结构聚合质量"标准。[①] 产业结构合理化的三标准说是苏东水等人的观点。[②] 产业结构合理化的四标准说是史忠良等人的观点[③]。产业结构合理化的六标准说是中国社会科学院李京文、郑友敬等人的观点。[④] 产业结构合理化的七标准说是由

---

① 周振华：《产业结构优化论》，上海人民出版社1992年版，第72页。

② 苏东水：《产业经济学》，高等教育出版社2005年版，第14页。

③ 史忠良：《产业经济学》，经济管理出版社1998年版，第40页。

④ 李京文、郑友敬：《技术进步与产业结构：概论》，经济科学出版社1988年版，第30页。

中国人民大学李悦最先提出的。从上述对产业结构合理化标准表征看不同学者有着不同的表征尺度，不仅标准多寡不一，而且考察问题的角度，侧重点也不尽相同。不过，众多的提法中仍有一些共同之处，也即存在一些公认程度比较高的产业结构合理化标准，即：资源合理利用标准、适应需求结构标准、产业协调标准和结构效应标准。

（三）产业结构合理化的判断方法

方法之一是"标准结构"比较法。这里所谓的"标准结构"，就是通过对发达国家在不同历史时期经济指标和产业结构指标进行数据统计，实证分析各经济指标和产业结构指标的对应关系，它反映了产业结构演变的一般规律。因此，可以将发达国家的"标准结构"视为参照系，与某一被判定的发展国家产业结构进行对比，从而检验被判断经济体的产业结构是否合理。库兹涅茨在研究产业结构的演进规律时，不仅通过时间序列的数据对产业结构的演进规律进行分析，而且还通过横截面的数据对经济发展阶段与产业结构的对应关系进行研究。这种从截面研究产业结构的方法，为我们了解一国产业结构发展到何种高度提供了标杆，利用这种"标准结构"参照指标，库兹涅茨最早提出研究不同经济体不同发展阶段产业结构合理化的判断方法。根据"标准结构"这一参照指标，就能了解某一经济体发展到哪一阶段以及产业结构合理化程度如何。但由于各经济体发展状况不同，如"大国"和"小国"、工业先行国和工业后发国，导致了对产业结构的要求也不尽相同。因此，有的学者认为以某些经济体发展过程中的"标准结构"为参照指标映射其他经济体，至多只能给我们提供一种判断产业结构是否合理的粗略线条，而不能成为其判断的全部根据。

方法之二是看产业结构是否适应市场需求的变化。市场需求是经济发展和产品创新的原动力。经济活动的目的是为了满足市场的需求，只有满足市场需求的经济活动才有市场活力和价值。为此，产业结构作为一个资源转换系统，对市场需求的适应程度，就成为判断一个产业结构是否合理的标准之一。市场需求是一个动态的由低级到高级不断发展变化的过程，这一过程符合马斯洛的人类需求层次理论。但产业结构由于受制于产存量结构的刚性影响，有时产出结构并不能完全地和及时地满足市场的需求，两者间总有一定的差距，这样势必使产业结构调整受到影响，这时产业结构要做到合理化，去库存化和实施产业创新两项任务缺一不可。去库存化就是要减少产能过剩产品的生产，产业创新就是在满足高消费需求上实现产业结构的升级。

方法之三是看产业间的比例关系是否比较协调。各产业间是否具有一种比较协调的比例关系，实质上反映的产业结构是否平衡的问题，产业结构失衡说明存在短板产业，不利于产业健康发展。因而，产业间的比例关系是否协调，也就成为判断产业结构合理化的重要标志。比例协调的产业结构，应当不存在明显的长、短线产业。因为无论是存在长线产业还是短线产业，都表明其对市场需求的不适应，其发展过程中难以做到对投入资源的高效利用。比例协调的产业结构，往往存在瓶颈产业，即所谓的短板产业，这些短板产业不但表明其对市场需求的严重不符，而且还极大地影响了整个产业结构系统的资源转换效率和产出能力。

方法之四看能否合理和有效地利用资源。产业结构可以看作一种资源转换器，其功能就是对输入的各种生产要素按市场的需求转换为不同的产出，结构不同，资源的产出效率各异。转换效率是一个衡量产业结构资源利用效率的重要指标。因此，对资源进行合理而有效的利用，也就成为判断一个产业结构是否合理的重要标志。这里通常用两方面的价值判断分析对资源的合理而有效利用：一方面是提高资源的使用效率，即通过产业技术进步实现产品生产的低成本和高效率；另一方面是充分发挥系统内外的各种资源效率，即通过多种途径完成系统内部的组织创新和对外部环境的利用。

（四）产业结构变动的影响因素

产业结构是一个历史范畴，并非一成不变，会随着经济的发展、社会分工的逐步加深而不断演进优化。在经济增长的过程中，引起产业结构变动因素较多，其中经常的、起着制约作用的因素主要有以下几个方面：一是自然资源。这是经济增长的必要条件，一国自然资源禀赋如何，如资源的种类、蕴藏量、分布状态、可利用的经济价值等因素，对该国的经济发展有着重大影响，在很大程度上决定着其经济增长和产业结构的变动。二是人口因素。人口既是经济增长的必要条件又是决定经济发展的因素。前者指劳动力资源，后者指人的需求。因此，人口对一国经济增长和产业结构变动起着很强的制约作用。三是技术进步因素。作为第一生产力要素，是经济增长的关键因素。技术进步在其他生产力要素不变的情况下，是生产力中最活跃的因素，是经济增长的主要源泉；同时，它还具有在一定程度上改变或减少其他因素对经济增长制约的重大作用。四是经济政策因素。经济政策是国家干预经济的主要手段，是指在市场经济体制下，根据政府制定中长期经济社会发展计划，利用经济政策手段进行调控，推动结构合理调整，实现经济快速增长。可见，经济政策是直接和间接地引起产业结构变动的一个重要因素。

上述影响产业结构变动的诸因素，一般都是通过需求和供给发生作用的。如资源是典型的供给要素，其充裕程度直接关系到经济增长速度和产业结构变动；人口不仅作为劳动力资源从供给方面影响产业结构变动，而且作为消费者又从需求方面对产业结构变动发生重大影响；技术进步除了直接从供给方面发生重要作用外，它又在科技日益进步的条件下不断提高生活质量，从而又间接地从需求方面拉动产业结构变动；经济政策是一个外生因素，它可能间接地调节需求和供给状况，从而从两方面对产业结构变动发生影响；等等。归纳起来，产业结构变动主要是需求变化和市场供给条件两方面原因变动引起的。

六、产业结构调整效应研究

产业结构调整效应，是指产业结构变化的作用对经济增长所产生的效果，即对经济增长发挥着一种特殊的作用。由于产业结构的特殊功能，产业结构的高变换率能够导致经济总量的高增长率。促进产业结构优化有利于发挥产业结构效应，推动和保持经济的增长率。产业结构调整效应主要体现在以下几个方面：

（一）产业关联效应

美国经济学家赫希曼（A. O. Hirschman）在他的著作中首先提出并详细分析了产业之间的关联效应。产业关联效应就是指一个产业的生产、产值、技术等方面的变化，通过在它的产业链中前向关联和后向并联对其他产业部门产生的直接和间接影响。前向关联效应主要是指一个产业在其产业链中的生产，产值、技术等方面的变化引起其他产业对该产业输入投入品的部门在这些方面的变化，这些变化或导致与其相关的新技术的出现，或创建了新的新产业部门等；而后向关联效应则主要是指一个产业在生产、产值和技术等方面的变化导致该产业部门向其他产业部门供给投入品的部门在这些方面的变化，例如以汽车产业为例，汽车产业的前向关联产业主要是钢铁、塑料、玻璃等原材料行业，锻、压、热、焊等设备制造业，机械、电子、建材等产品工业，石化等能源产业，体现的前向关联效应是这些产业的技术创新和产品的改良。而汽车产业的后向关联产业主要是汽车的客货运交通运输业，汽车、零部件销售业，广告、保险、加油站、维修和汽车美容等的服务业，公共路桥等建设的路桥建筑施工业，后向关联效应体现在汽车产业发展引起这类产业的产生和创新等。①

（二）产业扩散效应

美国经济学家罗斯托（W. W. Rostow）首先在其著作中提出并阐述了主导产业的扩散效应概念。② 根据他的阐述，扩散效应是指某些产业部门在各个历史时期的增长中因发展速度各异，从而产生了"不合比例增长"

---

① 赫希曼：《经济发展战略》，经济科学出版社1991年版，第60页。

② W. W. Rostow, *The Stages of Economic Growth*, Cambridge university Press, 1960.

的作用对其他相关产业产生的影响。罗斯托将产业的扩散效应概括为三个主要方面：一是回顾效应。是指主导部门的增长对向自己输入投入品的供应部门产生的影响。若从关联效应的视角分析，我们可以视为主导产业对前向关联产业的影响。在主导部门处于高速增长阶段时，会对原材料和机器设备等投入品产生创新性要求，这些投入反过来又要求现代设计观念和方法的发展，于是便带动了为其提供投入品的产业的发展。二是前向效应。是指主导部门的成长引致了新兴工业部门的新原料、新技术、新材料和新能源的初步出现，这些前向部门的技术或产品创新又改善了自己供应给其他产业产品的质量，或大幅减少了其他产业部门的投入成本，或提供进一步开发新产品和服务的条件，或者产生一个瓶颈问题。这样，通过主导部门的创新驱动和刺激，促进前向产业的发展。三是旁侧效应。是指主导部门的成长引起它周围地区在经济和社会方面的一系列变化，这些变化趋向于在广泛的方面推进工业化进程。主导部门的成长，提供更多的就业机会，城市人口增加，从两方面对产业结构变动发生影响等。归纳起来，产业结构变动主要是从需求变化和市场供给条件两方面原因变动引起的。

第二节　就业及就业结构的理论

一、就业及就业结构的概念

国际劳工组织对就业的定义是，就业是指在特定年龄阶段内人们所从事的为赚取利润或获取报酬进行的经济活动。依据国际标准，只要是在规定年龄以上的人具有下列四种条件之一者，就认为实现了就业：条件一是在规定期间内，正在从事有报酬或有收入职业的人；条件二是有固定职业，但因事故、疾病、劳动争议、旷工、休假或因气候不佳、机器设备出现故障等原因暂时停工的人；条件三是自营人员和雇主，或在协助家庭企业或农场而不领报酬的人，在规定时期内从事正常工作时间三分之一以上者；条件四是退休人员再次从事有报酬或收入的工作。

就业结构是一个内容广泛的概念，它是一定的经济结构、人口结构和社会结构等多重作用下的综合产物，包括劳动力的产业结构、城乡结构、所有制结构、地区结构、行业结构、性别结构、年龄结构等。按其内涵一般可将就业结构分为两类：一是劳动者的基本结构，指劳动者的学历、技能等级、年龄、性别等基本素质结构；二是指劳动者在不同产业间的数量对比关系。在就业结构中，劳动者的学历、技能等级等技能结构是影响社会生产活动的主要衡量指标，它又是可变的；而性别、年龄等结构在一定时间是不可变的。就业结构是反映社会经济发展水平的一项综合性指标，是社会经济结构的重要组成部分，它构成一个国家经济发展的核心内容。就业结构，作为劳动者在不同产业部门和地区的配置比例，充分反映了一个社会全体成员的生存质量。从劳动者个体看，一个劳动者在什么样的产业部门中就业，即决定了他的生活方式状况。从一个社会总体上看，一定的就业结构也就决定了这个社会整体生产方式和整体生活方式，即决定了这个社会全体成员的整体生存质量。一个社会的经济发展状况是通过就业结构而影响到劳动者；同样，一个社会经济发展水平的提高（生存质量的改善），也只有通过就业结构转换才能表现出来，就业结构成为实现经济发展的中介。

二、就业结构的特点

就业的本质内涵是实现劳动者与生产资料的结合，二者的结合要具有质量和数量上的合理性。在质量上必须体现二者的相互适应和协调，即劳动者要在不同的行业、部门和地区之间按照一定的比例分配，劳动者的比例分配合理性直接或间接地对地区经济发展质量和效益产生影响；在数量上体现劳动者占有生产资料的多寡，即劳动者与生产资料在数量上的比例关系。而就业结构主要指社会劳动力分配结构，具体指国民经济各部门、

17

各行业、各地区所占有的劳动力数量、比例及其相互关系。就业结构主要有以下三个特点。

（一）功能性

和其他结构系统一样，就业结构都有一定的功能性。这里的功能性体现其本身在内部与外部联系和相互作用中表现出来的功用和能力。就业结构要发挥所具有的功能性，必须具备诸如结构的层次性、各要素之间的协调性，要有信息、能量、物质的交换和流通等基本的条件，否则就业结构就难以发挥其应有的功能。结构组织得越严密，功能作用就越能正常发挥。

（二）历史性

就业结构的历史性体现在就业结构是在以往经济和社会发展的基础上形成的，具有一定的历史延续性和规律性，其变化是具有秩序、规律和阶段可循的。影响就业结构的最根本性因素是经济和社会发展水平，其次才是自然条件等因素。正如高楼大厦是建立在夯实的地基基础上、今天经济发展现状是以往历史发展水平的延续一样，就业结构在和产业结构动态匹配的演进过程中，也基本遵循这一历史发展轨迹。因此，就业结构的历史性必须遵循一个从低级到高级、从原始到先进的历史性发展过程。

（三）复杂性

就业是一个社会复杂系统，是人与生产要素的动态结合，因此，就业结构也必然具有复杂性。这种复杂性体现在就业结构所包含的人与生产要素的动态组合并非简单的要素排列，而是按照一定的法则和规律有序地划分和组合的。从层次上看，就业结构可划分为宏观、中观和微观三个层面，它们既密切相关又能相互独立，从而保证就业结构的稳定和独立性。从种类上看，就业结构包括城乡结构、部门结构、所有制结构和年龄结构等。除此之外，还有性别结构、职业结构和技术结构等。①

三、就业结构的研究重点

进入 21 世纪后，随着首批大学本科扩招生的毕业，引发了众多学者对"大学生就业难"的关注，随着"民工荒"的出现，又进而引起学者对"结构性失业"的大讨论。② 面对国内出现的就业新形势和新问题，自 2005 年后，国内专家、学者关于就业的研究视角不再局限在就业总量和就业模式方面，而是将更多的注意力倾注在"就业结构"方面。这一研究内容和方向的改变符合中国经济转、调和创的现实。概括来说，学者们基本上是从产业结构入手来研究就业结构，这不仅因为产业结构和就业结构密不可分，更重要的是就业结构本身就是产业结构研究的重要组成部分，产业结构的优化和调整是人才需求结构的重要驱动力，二者之间存在的辩证关系是，产业结构影响和决定着就业结构，就业结构和产业结构的演变共同推动着经济发展阶段的演变，而就业结构本身也是制约产业结构的重要因素。

（一）就业结构的演变趋势研究

夏杰长在 2000 年的《求索》上发表了"劳动力就业结构演变趋势及其相关政策选择"一文，在对新中国成立 50 年来就业结构的变动轨迹描述的基础上，认为我国第三产业就业份额偏低，要发展第三产业，必须从财税政策上为之创造良好的环境，在金融信贷政策上加大扶植的力度；还要加快城市化进程，鼓励中小城市适度扩容，推进住宅制度的市场化改革，从而为第三产业发展腾出广阔的空间和市场。③ 张玉英、王晓敏等在 2002 年的《湖北社会科学》发表的《中国劳动市场的形成与就业结构的

---

① 顾建平：《中国的失业与就业变动研究》，中国农业出版社 2003 年版，第 70 页。
② 程连升：《中国反失业政策研究（1950—2000）》，社会科学文献出版社 2002 年版，第 42 页。
③ 夏杰长：《劳动力就业结构演变趋势及其相关政策选择》，《求索》2000 年第 3 期。

演变》一文中，对中国劳动力市场的形成与就业结构的演变进行了分析，认为人力资本构成对就业结构演变具有决定性的作用。[①] 2005 年张车伟、吴要武在《中国人口科学》发表的《城镇劳动供求形势与趋势分析》一文中，利用模型测算出我国就业总量的供求矛盾在得到缓解，但就业的结构性矛盾却越来越严重。张车伟和吴要武采用量化分析方法研究就业结构，进一步吸引后来学者使用此方法对引起就业结构矛盾的各类影响因素加以分析与探索。[②] 王欢、黄健元、王薇利用联合国对中国人口预测的调整结果和我国的经济数据，对我国人口结构转变、就业结构调整进行了研究，结果表明：劳动年龄人口增长历史拐点的到来决定了我国劳动力供给持续减少趋势的必然性，而低年龄别劳动参与率的大幅下降和人口结构转变对总体劳动参与率抑制作用的加速共同决定了劳动力无限供给时代的终结。预测结果表明我国将在"十三五"末期面临劳动力供求关系的逆转，现阶段已经出现的就业结构性问题若得不到有效解决，则届时会进一步加剧劳动力供求关系的失衡。[③]

（二）就业结构的特点研究

范剑勇、颜燕、王加胜（2001）利用微观经济学实证分析的方法，对改革开放以来我国的就业结构变动对经济增长的贡献进行了研究，得出的基本结论：一是农业劳动力主要由农业劳动向二、三产业转移，农业劳动力的转移规模相当于同期绝大部分新增劳动力已成功转入非农产业就业的数量，农业劳动力非农就业转移所产生的结构效应呈现出一种"U"型变化趋势，统计发现在 1978—1999 年间，这种劳动力再配置对经济增长的贡献份额大体在 0.61%—0.91% 这一范围内，其对经济增长率的贡献份额较

---

① 张玉英、王晓敏：《中国劳动市场的形成与就业结构的演变》，《湖北社会科学》2002 年第 11 期。

② 张车伟、吴要武：《城镇劳动供求形势与趋势分析》，《中国人口科学》2005 年第 5 期。

③ 王欢、黄健元、王薇：《人口结构转变、产业及就业结构调整背景下劳动力供求关系分析》，《人口与经济》2014 年第 2 期。

大，大体是介于6.3%—9.50%之间，第二产业的就业结构效应呈现出逐年下降并收敛在一个较低水平上，第三产业的就业结构效应呈现出高—低—高的"U"型变化特征。国外学者在关于经济体的不同发展程度对就业结构的影响研究方面成果颇丰。亨特（Hunter，1996）研究了1976—1991年间澳大利亚就业结构的变化，作为就业的主要场所和渠道，亨特单独详细分析了制造业、服务业和批发零售业这三个典型行业的就业情况，该研究较为全面地总结出影响就业结构演变的因素。马丁（Martin，2000）研究分析了欧洲各地区就业结构的差异性，其基本观点认为受不同地区产业层次的影响，各国就业结构性差距将会呈扩大趋势。瑞思娜（Rissna，2003）对美国1955—2003年的就业结构变动情况进行了研究，该研究最终给出了影响产业、就业结构演变的局部和全局两大类因素。较早的时候霍尔顿（Hortan，1991）以更广的视角展开对产业和就业结构的研究，选择南美八个国家在1971—1989年期间四个产业部门间就业结构的变化情况。林（Lim，2000）就菲律宾在1987—1998年间十大行业间就业结构的变化情况进行了研究，对贸易和产业政策、经济周期对就业结构的影响进行了详细的剖析；阿马德奥（Amadeo，2000）对巴西1985—1995年制造业和四种服务业间及内部就业结构的变化进行了研究，研究发现服务业在经济衰退中对就业起了一种缓冲器的作用。对我国全国性就业研究的有李慧云（1998）、郭克莎（1999）、杨先明（1999）、张玉英（2002）、伊海洁（2002）、李仲生（2003）等。对地区性就业结构研究的有王大奔（1998）、夏业良（1999）、魏清泉（1996）、杨先明（1997）、王芳（2004）、樊宝平（2004）等，他们从地区环境资源、经济发展发展水平、产业结构变动、地区产业政策和劳动力素质等方面进行了有益的探索。

（三）就业结构变动因素研究

1. 技术进步

技术进步是影响就业结构演进的首要因素。技术进步首先推动了农业劳动生产率的提高，从而为劳动力从第一产业释放出来创造了条件；技术进步随后又推动了工业劳动生产率的全面、持续上升，为劳动力从第二产业释放出来创造了条件；最为重要的是，已逐渐成为第三产业核心部门的科技部门所创造的技术进步又进一步推动了第三产业的发展，从而为劳动力从第一、第二产业向第三产业转移提供了容纳的条件。技术进步同时推动着第一、二、三产业劳动生产率的提高，产业又相互影响，相互作用，这种综合作用的结果必然导致劳动力产业结构的演变。① 因此，可以认为，技术进步是劳动力产业分布结构升级的发动机。在经济起步阶段，技术进步在第一产业中所起的作用要大于其他产业，因为在这一阶段，农业人口占绝对优势，而第二、三产业发展又紧紧依靠从农业分离出来的剩余劳动力；在越过经济起步阶段之后，非农业部门的劳动生产率开始提高，这一方面会对第一产业的发展施加影响，从而帮助农业部门进一步提高劳动生产率并释放出更多的剩余劳动力，另一方面又进一步促进第二、三产业的发展，从而为劳动力的转移提供更广阔的容纳空间。②

2. 经济体制

由于技术进步的发展及其影响，非农部门的劳动生产率大幅度提高，从而为劳动力从第一产业分离出来提供了可能性，但从第一产业分离出来的劳动力是先流向第二产业还是第三产业，则因国情不同而不同，总的说是受经济体制的影响较大。在实行市场经济的发达工业化国家，其城市化与工业化基本上是同步进行的，甚至工业化的程度还略快于城市人口增长；在实行市场经济的发展中国家，城市人口增长和城市化进程大大快于工业化进程；在实行计划经济的发展中国家，其城市化进程却往往滞后于

---

① 李从容等：《技术创新、产业结构调整对就业弹性影响研究——以中国为例的经验分析》，《科学学研究》2010 年第 9 期。

② 姚战琪等：《资本深化、技术进步对中国就业效应的经验分析》，《世界经济》2005 年第 1 期。

工业化进程。[①] 这是因为，工业化是一个比城市化更漫长和复杂的进程，一般地说，城市化或多或少与政治、社会、文化、历史、地理等外部因素相关，而工业化则是生产力发展到一定程度的内在要求。因此在实行市场经济的发展中国家，在工业化程度还不高的情况下也可能由于贸易、生活水平差距等原因引起农业劳动力大量涌入城市，大量劳动力又都集中在第三产业，导致第三产业劳动力比重大大超过第二产业，出现"过度城市化"或"超前城市化"的现象。而实行计划经济体制的国家，大多数参照苏联的经济发展模式，积累率和投资率不断提高，投资主要集中在物质生产部门，特别是工业部门，从而引起第一产业劳动力向第二产业大规模转移，出现第二产业劳动力比重大大超过第三产业的结果。随着我国经济体制的改革，城市化进程的加快，劳动力流动程度也有了很大提高，大量农业剩余劳动力涌入城市，从而在一定程度上出现了过度城市化现象。

3. 城市化

农村人口流入城市的主要原因是城市比农村提供了更为有利的经济社会条件。城市化的程度无疑会对劳动力产业分布结构产生重要影响。城市化的进展会直接引起农业部门劳动力与非农业部门劳动力的比例变动，城市化程度越高，农业劳动力比例就越低，即城市化程度与第一产业劳动力比例呈现负相关。但从各国的情况来看，城市化与第二产业劳动力比例却不是总保持一致。在实行市场经济体制的发展中国家，由于其工业发展滞后于城市化进程，工业不能容纳相对较多的劳动力，而城市中的第三产业又具有行业门类众多、所需资本较少、技术简单等特点，因此新增加的城市劳动力大部分都进入了第三产业。这就产生了一种与发展中国家的经济社会发展不协调的第三产业劳动力过度膨胀的现象。[②] 一般地说，城市化受社会、政治、文化等方面的因素的影响，并必须满足两个基本条件：一

① 张本波：《解读我国经济增长的就业弹性》，《宏观经济研究》2002年第10期。
② 何景熙：《产业—就业结构变动与中国城市化发展趋势》，《中国人口·资源与环境》2013年第6期。

是城市能够提供新增城市人口所必需的食物，必须真正存在着农业剩余劳动力，二是在城市中必须真正存在非农业部门对劳动力的需求。但二战后的大多数国家在不具备上述条件的情况下出现了城市化热潮，这往往是在损害工业和农业劳动生产率的前提下实现的，这正是一些发展中国家虽然城市人口比例上升，但人均收入却仍然较低的原因。如果这种现象持续下去，即如果这些国家第三产业的扩张不能同时伴随农业和工业劳动生产率的相应提高，那么将最终阻碍民族经济的健康发展。①

4. 人口变动

人口增长对就业结构的作用可分两种情况：一是一个人的职业改变对整个劳动力产业分布结构的影响，二是年轻人初次就业方向对整个劳动力产业分布结构演进的影响。② 就第一种情况来说，根据不同的职业特点，可以细分为三种类型；一是简单劳动力，二是熟练工人，三是拥有一定资本的职业者。一般来说，简单劳动力由于受到的制约因素较少，在产业之间流动比较容易；熟练工人跨行业流动则要受到专业技术对口的限制；对拥有一定资本的职业者来说，其转移难度就更大了，因为他不仅要付出接受新职业技术培训的成本，而且要冒资本损失的危险。就第二种情况来说，一个增长的人口群体比一个相对停滞的人口群体更易于改变劳动力分布产业结构，也就是说，增量的调整往往比存量的调整更为直接、有力地促进劳动力产业分布结构的变化，随着科学技术的发展会不断涌现出一些新的行业，这些行业往往能够吸引并适合有文化的年轻人初次就业，这种情况会有力地推动现有结构的改变。③

5. 国民教育

劳动力在产业之间的转移程度，在很大程度是取决于劳动力本身的受

---

① 干春晖等：《城市化与产业结构的战略性调整和升级》，《上海财经大学学报》2003 年第 4 期。
② 刘广永：《基于产业结构变动的中国城镇就业人口预测》，《经济研究导刊》2012 年第 9 期。
③ 黄婵：《产业结构升级背景下流动人口就业结构调整研究——以上海市为例》，《特区经济》2012 年第 3 期。

教育程度，一般地说，劳动力产业分布结构的层次越高，对劳动力受教育程度的要求也就越高。反之亦然。劳动力受教育程度与劳动力产业分布结构的层次是相互依存、相互依赖的两个方面。从广义上说，劳动力受教育年限与劳动力产业分布结构之间存在着明显的相关关系，当然它们之间的相关程度在不同国家也有所不同，如在拉丁美洲，这种关系就表现得弱一些。[①]

就业结构还受其他多种因素的影响。蔡昉就劳动力迁移的过程及其制度障碍进行了分析，认为户籍制度以及与其相配套的排他性的城市就业、福利性制度是制约劳动力流动的重要因素。陈钊、陆铭（1998）则对二元体制下的劳动力就业选择及其对经济效率的影响进行了分析，认为二元体制导致高素质劳动力流动的不对称以及国有企业较差的经济绩效，解决这一问题的突破口在于就业体制的一元化。张朝黎（2000）针对影响我国劳动力就业状况的经济增长、产业结构调整、教育活动、劳动力流动等因素进行了分析。王知桂、李建平（2003）从城乡间、城市内部、跨行业、跨部门流动等角度对中国劳动力就业结构进行了分析。刘殿臣、闫彩红（2006）从理论上对产业结构与就业结构的关系作了阐述，并通过关联度分析，得出产业结构与就业结构的变动具有很强的同向性。

第三节　产业结构与就业结构互动理论

一、配第一克拉克定理

对就业结构伴随着产业结构变化而变化的规律分析最早可以追溯到17世纪英国著名经济学家威廉·配第，他发现规律发生作用的根本原因是不

[①] 石丽等：《高等教育层次结构与就业结构关系的实证研究——基于1998—2007年的数据分析》，《中国高等教育》2011年第11期。

同行业产业之间存在着不同的劳动报酬。例如从事农业的农民收入要远远地低于从事制造业和商业工人的劳动收入，配第认为正是这种不同产业间的收入差距才会产生强力的激励，诱导劳动力由低收入产业向高收入产业流动，这种流动最终会引起就业结构的变化。1940 年，英国经济学家克拉克在威廉·配第研究成果的基础上，整理分析了若干国家大量的时间序列的资料，运用三次产业分类法研究了经济发展和产业结构变化之间的关系和规律，考察了劳动力在各产业中的分布状况以及随着经济发展而发生的变化，并得出了这样的结论：随着经济的发展，人均国民收入水平的提高，各国劳动力首先由第一产业向第二产业转移，当人均收入水平进一步提高时，劳动力便向第三产业转移。劳动力在各产业间的变化趋势是，第一产业逐步减少，第二、三产业逐步增加，这就是著名的"配第—克拉克定理"。

二、库兹涅茨人均收入影响论

继克拉克之后，对"配第—克拉克定理"的延伸首先应属美国著名经济学家库兹涅茨。他收集和整理了 57 个国家在相当长时期的数据，从国民收入和劳动力的产业分布两个方面，对就业结构随产业结构而变化作了进一步探讨。库兹涅茨把第一、第二和第三产业分别称为"农业部门（A）""工业部门（I）"和"服务部门（S）"，通过对各国人均收入时间序列的分析得出以下结论：第一，农业劳动力在全部劳动力中的比重和农业部门在总产值中的比重都出现了明显的下降。第二，工业部门产值占总产值的比重出现了明显的上升，而其劳动力的比重略有上升。第三，服务部门占劳动力比重的绝对上升或相对上升显著地高于其占总产值比重的上升。库兹涅茨的研究除了说明农业劳动力比重普遍下降以外，也说明工业化到达一定阶段以后，第二产业就不可能大量吸收更多的劳动力，只有第三产业对劳动力具有较强的吸附能力，体现出较强的就业弹性。

三、刘易斯和拉尼斯—费景汉劳动力流动模型

刘易斯（W. A. Lewis）认为，发展中国家经济的典型特征是具有二元结构，即传统的农业部门和现代的工业部门并存。在这种结构中，发展中国家的就业具有特殊性质。传统部门吸收了大量的劳动力，但是由于资本和土地的缺乏，存在大量的劳动生产率等于或小于零的剩余劳动力，使农村劳动力只能维持在生存收入的水平上。只要现代部门的规模扩大，它就可以按照现行不变工资水平雇佣到所需的劳动力。在技术中性的假设下，工业部门的生产规模的扩大，取决于工业部门的劳动力创造利润的积累。随着资本积累的扩大，工业部门吸收的劳动力越来越多，直至农村剩余劳动力吸收完为止。这一点被称为刘易斯转折点。当农业剩余劳动力转移完以后，农业的边际劳动生产率就会提高，农业劳动力的收入也会提高。此时，工业部门的劳动力就会变得稀缺，劳动力供给具有弹性。这时，二元经济就会变成现代经济。刘易斯模型的重要贡献之一就是将工业化与城市化进程结合起来，分析了发展中国家在这一阶段劳动力由农业流向工业、由农村流向城市的特点，对于发展中国家具有重要意义。

其后出现的拉尼斯—费景汉模型继承了刘易斯的二元经济模型，并克服了其中的忽视农业发展、技术进步、技术的要素偏向以及人口的自然增长等缺陷，研究了不同经济阶段劳动力流动和工农两部门发展的状况。拉尼斯—费景汉模型详细地叙述了在经济结构转换中，就业结构转换的条件和阶段，提出了工业和农业两部门间平衡发展的思想，并把农业剩余劳动力转移过程的实现由一种无阻碍过程变为一种有可能受阻的三阶段发展过程，为农村剩余劳动力转移理论提供了新的内容。另外，它还认为，发展中国家在提高劳动生产率方面，要多考虑本国资本短缺和劳动力丰裕的特点，选择资本节约型和劳动密集型的技术，吸收更多的劳动力就业。总之，这两个模型为我们提供了一条工业部门扩大投资吸收就业，同时农业提高劳动生产率，从而消除低效率就业（包括农村剩余劳动力）的发展道

路，也就是产业结构与就业结构相互促进、良性循环的道路。

四、钱纳里—塞尔奎因就业结构转换滞后理论

在钱纳里（H. B. Chenery）和塞尔奎因（M. Syrquin）研究发展中国家和发达国家的发展趋势中指出，在发达国家工业化的过程中，农业产值和劳动力就业向工业的转换基本上是同步的，即随着农业和工业产值份额的此消彼长，农业人口也相应地向工业转移，如英国便是如此。但是在发展中国家，产值结构转换普遍先于就业结构转换。一般地说，在工业化起点时，产值比重比就业比重大约高 25 个百分点，如果两者要同步发展，需要人均国民生产总值达到 1500 美元以后。

产业结构与就业结构的不协调，主要反映在现代部门产值相对于传统农业部门非常的高，而就业人数又显得偏低。其原因一方面在于发展中国家的许多部门正在使用越来越多节约劳动的先进技术。现代工业部门创造产值的能力大大高于创造就业机会的能力。特别是对人口众多的落后国家来说，就业结构的转换在初期必然是相当缓慢的。另一方面，工业产值比重高的部分原因在于发展中国家工农贸易条件的不合理，即工业品价格偏高，农产品价格偏低。工业的发展在某种程度上是以牺牲农业为代价的。因此，相比之下就业结构变动指标比产值指标更能真实地反映产业结构的实际变动情况。就业结构的滞后性更能说明为什么在经济迅速增长的过程中，就业增长的难度越来越大。钱纳里和塞尔奎因提出就业结构转换滞后于产值结构转换有巨大的现实意义。对发展中国家来说，现代工业对劳动力的需求弹性大大下降，因此，发展中国家的农业剩余劳动力不可能一开始就被吸收到采用最新技术的现代工业部门，而是首先吸收到劳动比较密集、技术不太先进的工业部门。因此，当达到刘易斯转折点时，虽然工业比重已经占据主导地位，但是农业的劳动生产率和技术水平并没有达到相当的水平。这一理论对分析发展中国家就业结构转换具有重要意义。

五、产业结构与就业结构互动的因果研究

产业结构与就业结构之间存在着紧密的关系。就业结构会随着产业结构的变化而变化，也会反过来影响产业结构的变化。这一点可以从著名经济学家克拉克、库兹涅茨、钱纳里等的研究中得到说明，也可以从各个国家的经济发展史中得到验证。

1. 产业结构决定了就业结构

产业为劳动者的就业提供物质基础，三次产业的结构分布决定了劳动者就业的产业结构，产业的空间布局决定着劳动者就业的地理分布，产业的不同特性决定着劳动者就业的性别结构和年龄结构等，行业的兴衰变化则引导着劳动力在行业间的转移变化。在农业社会，农业是产业结构中最主要的部分，与此相对应的劳动力主要分布在第一产业；随着进入工业化社会，工业成为主导产业，于是劳动力开始由第一产业逐渐转移到第二产业；而到了现在的后工业化时代，服务业得到迅速发展，相应地，在其中就业的劳动力规模也越来越庞大。[1]

2. 产业结构的演进决定了就业结构的变化

随着经济的发展，人均国民收入的提高，劳动力首先由第一产业向第二产业移动；当人均国民收入进一步提高时，劳动力便向第三产业移动。这就是著名的配第—克拉克定理。西方发达国家工业化及后工业化进程验证了这一规律：西方发达国家产业结构演进的规律一般是先由劳动密集型产业向资本密集型产业转化，再向技术和知识密集型产业转化，而在产业转化的过程中，劳动力在各产业的分布也随之发生变化，即就业结构随产业结构的变化发生了变化。[2]

---

[1]　王燕飞等：《FDI、就业结构及产业结构变迁》，《世界经济研究》2006 年第 7 期。
[2]　王忠平等：《江苏省经济增长、产业结构变动与就业的动态关系研究》，《农业技术经济》2010 年第 11 期。

3. 产业结构的演进升级具有排挤和吸纳劳动力的双重效应

一方面，在产业结构优化升级过程中，资本和技术对劳动力的替代效应不断加强，从而产生对就业的排挤效应。例如，农业机械化的普及减少了对农业劳动力的需求，产生大量的农村剩余劳动力；电脑以及机器流水线的广泛使用缩减了对工人的需求，出现大量的下岗失业人员。另一方面，产业结构的演进、升级又会导致原有产业的技术更新和工艺进步，从而会吸纳一部分素质较高的劳动者。另外，新兴产业部门的出现，对劳动力产生的需求会吸纳一部分劳动力就业，这又体现了产业结构在演进升级过程中吸纳劳动力方面的效应。这种双重效应可以从西方发达国家的经济发展历程得到证明。以美国1910—1990年间产业结构变动为例，该时期是美国农业现代化的推进和实施阶段，大规模农业现代化推行使美国农业就业人口占全美就业总人口的比重由32%下降到2.5%。但与此同时，美国的就业机会却出现了大幅上升，工业现代化作为农业现代化的强力支撑，为美国经济创造的全部就业机会从1900年的2700万大幅攀升到1994年的1.245亿。作为发达国家，美国进入后工业化阶段后，第二产业已经不是引领美国的主导产业，从事于第二产业的产业工人数量需求开始下降，但此时服务业创造的就业机会超过了传统工业减少的就业机会，使得因新兴产业发展排挤下来的工人又有了就业岗位。另外，在目前的互联网时代，以信息技术为基础的"新经济"也创造了许多新就业机会，这是美国近年来能够在保持经济高增长的同时实现低失业率的主要原因①。

4. 产业结构演进、升级的过程会产生结构性失业，同时会对劳动力的素质提出新的要求

产业结构演进升级的过程中会排挤出大量剩余劳动力，因为新兴行业的兴起需要大量具有某种特长的劳动力，于是社会上往往会出现岗位空缺

---

① 陈桢：《产业结构与就业结构关系失衡的实证分析》，《山西财经大学学报》2007年第10期。

与劳动力剩余并存的现象，即结构性失业。据统计，1989 年法国的失业率达到 10%，但同时有 12% 的企业招不到所需的管理人员和技术人员。根据有关资料估计，在 2005 年，香港初中文化的剩余劳动力大约有 13 万，但受过良好教育的工人却十分缺乏。产业结构变化在影响就业结构的同时，就业结构也反作用于产业结构。[①] 这是因为：一方面，作为生产要素必不可少的劳动力，其结构调整也是产业结构演进的重要条件之一，因为劳动力资源的数量、质量和相对价格是推动产业结构变化的主要因素之一；另一方面，它能否适应资产结构与技术结构优化的进程，关系到产业结构能否顺利演进。

总结从以上分析可以得出如下结论：产业结构和人口就业以及就业结构密切相关，在经济发展过程中二者呈现出不断调整变化的态势。从经济发展结构主义观点出发，经济总量和质量的不断变化是产业结构变化的结果，产业结构的调整趋势必然是一个由低级向高级演进的过程。如此相对应，作为重要的具有能动性的产业要素——人，即与产业结构密切相关的人的就业结构也会得到不断完善和发展。受各经济体内外环境的影响，二者之间可能在经济发展不同阶段上会出现步调不一致的问题，但从长远趋势看，最终只有二者共同协调发展，才能够最大限度地促进经济长期稳定的发展，最大限度地解决就业问题。[②]

第四节 产业结构与就业关系变动特征的分析方法

国内学者的研究主要集中于以全国或某地区的统计数据为基础，分析

---

① 徐孝昶等：《产业结构与就业结构相互关系的演变及影响机制分析——基于江苏省区域内部差异的研究》，《南京农业大学学报》2011 年第 11 期。

② 董芳：《人力资本投资、产业结构升级与城市就业的动态关系研究——基于全国 270 个地级及以上城市的面板 VAR 模型》，《西北人口》2014 年第 11 期。

产业结构升级变迁对就业结构的影响和就业结构的变动对产业升级的影响以及对产业结构与就业结构失衡的状况进行全面细致的剖析。研究的方法主要有以下几种。

一、静态分析法

产业结构变动与就业结构变动的静态分析方法是将国民经济各产业某一时点的产业结构与就业结构状态作为其研究对象，考察各产业结构和就业结构在某一时间截面上的结构特征及其比例关系，属于对产业结构和就业结构的横向分析比较，这种分析可以在不同地区、不同国家中形成对比，这种方法能够比较直观地描述出产业结构和就业结构的现状，缺点是不能反映动态变化情况。

二、变动分析法

产业结构和就业结构随着时间变化在动态变动，产业结构变动与就业结构变动的分析方法就是以产业结构和就业结构作为研究对象，研究二者本身和相互之间的变动速度及其变动趋势。这种分析方法和静态分析方法相比较，所具有的最大优点是能够从时间序列上识别各产业结构和就业结构的调整速度，以及不同的速度对经济发展的影响，或者识别二者之间的匹配程度对经济进程的影响。动态分析常用于反映两者的变动轨迹及其各自结构的变化趋势。

三、效益分析法

效益分析法是经济学从定量的角度分析经济的资源配置合理性。产业的结构的优化升级和伴随着的就业结构的变动，从就业人员所从事的不同产业的比较效益上就可以体现出来。实质上，结构变动的效益就是产业比较劳动生产率的外在表现，产业比较劳动生产率表示的产业国民收入的相对比重和产业劳动力的相对比重的比值关系。效益分析法的最大特点是克服了静态分析法和动态分析法不能直接反映结构之间变动特征的局限性。根据效益分析法，学者们测算多国模型的比较劳动生产率的演变规律得出了如下结论：比较劳动生产率低于 1 的是第一产业，比较劳动生产率大于 1 的则是第二和第三产业，随着较长时间距离的推移，各产业的比较劳动生产率通常会呈现出下降趋势。

四、结构偏离度分析法

结构偏离度分析方法实质上也是一种从效益的角度分析产业与结业合理化问题，该方法是当前测度产业结构效益的一种有效的、较直接的方法。结构偏离度分析法描述的是劳动力结构与产值结构之间的一种不对称关系，公式表达上，结构偏离度就是产业比较劳动生产率减 1。结构偏离度数值越大，表明劳动力结构与产业结构就越不对称，暗示产业结构的效益越低。结构偏离度的绝对值越小，则说明就业结构与产业结构就越平衡，产业与就业的关系越和谐。当结构偏离度为正数时，说明该产业中产值结构份额大于就业结构份额；反之，则表明产值结构份额小于就业结构份额。当结构偏离度为 0 时，表明产业结构和就业结构处于均衡状态。按照结构偏离度的分析方法，国内学者通过对多国模型三大产业的结构偏离度研究，得出如下结论：随着人均 GDP 从低到高不断增加，第一产业的结构偏离度会呈现出从较高的正偏离逐步向 0 偏离靠拢的特征，而二、三产业的结构偏离度却呈现出从较高的负偏离逐步向 0 偏离靠拢的态势。为更正确地认识产业结构和就业结构的协调一致性，学者们尝试兼顾比较劳动生产率和结构偏离度两个指标参数来观察就业结构与产业结构的偏差程度，研究结论是：比较劳动生产率小于 1 且结构偏离大于 0（正偏离），也即该产业的从业人员比重大于产业增加值比重，表明该产业劳动生产率处于较低水平，暗示着劳动力转出该产业的可能性；如此相反，比较劳动生产率大于 1 且结构偏离小于 0（负偏离），则暗示着劳动力转入该产业的可能性。

五、协同系数法

产业结构与就业结构变化的协同系数法是刻画两种结构之间的协同性的一种方法。用公式表述为：

$$S = \sum_{i}^{n} X_i L_i \bigg/ \left(\sum_{i}^{n} X_i^2 \sum_{i}^{n} L_i^2 \right)^{\frac{1}{2}}$$

其中 X_i 表示产业 i 在产业结构中的权重，L_i 表示产业 i 中的劳动力在劳动力结构中的权重，且有 $0 \leqslant S \leqslant 1$。S越靠近1，表示两种结构的变动具有较好的协同性，表明劳动力结构的变动对产业结构的变动反应敏感，具有很好的灵活性和产业适应性。

六、就业弹性系数分析

就业弹性是经济增长每变化一个百分点所对应的就业数量变化的百分比。就业弹性的变化决定于经济结构和劳动力成本等因素。该法主要是强调经济增长对劳动力的吸纳能力，一般来讲，就业弹性系数越大，说明该产业发展对就业人员数量变化越敏感，该产业吸收劳动力的能力越强；就业弹性系数越小，该产业吸收劳动力的能力越弱。许多学者研究发现，三次产业的就业弹性是不同的，第三产业的就业弹性最大，表明第三产业吸纳就业的能力最强。

七、计量分析法

产业结构与就业结构关联性的计量分析通常用数学分析工具，通过计量模型对就业结构与产业结构之间的相关性作回归分析，采集的数据一般是时间序列数据，由回归结果表征二者之间的相关性。这种方法弥补了前几种研究方法不能清晰地反映出二者之间的内在关系的不足，深层次地揭示出三次产业产值与三次产业的就业二者变动的内在特征。在分析产业结构、就业结构以及二者之间的关系时，最好和其他方法同时采用，做到相互补充。

八、里昂惕夫的投入产出分析法

对产业结构分析，除了在产业结构理论中从"质"的角度动态揭示产业间技术经济联系与联系方式发展变化的规律及其影响因素外，里昂惕夫的投入产出分析法是从量的角度，静态考察国民经济各产业部门之间技术经济联系与联系方式，即产业间的"投入"与"产出"的量化比例关系。利用里昂惕夫逆矩阵 $(I-A)^{-1}$ 可以计算出随着各产业部分生产的增长而最终需要投入的就业人数和资本量，亦即计算综合就业系数和综合资本系数。其中综合就业系数的经济含义是该产业为进行 1 单位的生产，在本产业部门和其他产业部门直接和间接需要的就业人数。该方面为我们提供了一种从投入产出的视角分析产业吸纳就业能力的方法。

第二章　山东省产业结构与就业
关系的现状分析

第一节　山东省产业结构的演变趋势

一、山东省产业结构变化的阶段特征

根据山东省统计年鉴数据，可以发现山东省产业结构变化有一定的阶段特征（见表 2-1）。从 1952—1969 年为第一阶段，这一阶段产业结构的特征为 1—2—3（其中，1 表示第一产业，2 表示第二产业，3 表示第三产业），农业在国民生产总值中的比重占绝对份额，一直占据国民生产总值的一半以上，工业和服务业产值份额较小。变化趋势是农业份额在不断缓慢减少，工业份额在不断增加，但服务业却一直维持在不到 20% 的水平上，甚至呈现出不断变小的趋势。

第二阶段为 1970—1989 年，该阶段除 1983 年出现产业结构为 1—2—3特征外，其余年份产业结构均为 2—1—3，在该阶段工业产值超过农业产业产值，成为国民生产总值的主要成分。该阶段恰逢我国实施改革开放，在 1978—1983 年改革初期调整期，第一产业和第三产业得到了较快的发展，第一产业增加值占 GDP 的比重从 1978 年的 33.3% 上升到 1983 年的 40.4%；第三产业增加值占 GDP 的比重从 1978 年的 13.8% 上升到 1983 年的 20.8%，5 年增长了 7 个百分点，每年递增 1.4 个百分点，而且从 1978

年一直递增到 1989 年的 27.4%；第二产业增加值占 GDP 的比重则由 1970 年的 42.5% 微弱上涨到 1989 年的 44.8%，降低了 2.3 个百分点。在该阶段中 1983 年是山东省产业发展的一个重要转折点，从这年始，第一产业增加值占 GDP 的比重一直处于下降状态中。该阶段中从 1981 年开始，山东省第三产业也呈现出由递减到递增的良好发展势头，1981 年也是服务业发展的一个重要转折年。

第三阶段为 1990—2013 年，随着我国对外开放步伐的进一步加快，山东省国民生产总值在每年以 12% 以上的速度增长，山东省产业结构在不断地进行着优化和升级，由原来的 1—2—3 变为 2—3—1，工业成为名副其实的主导产业，产值份额由 1990 年的 42.1% 上升到 2013 年的 50.1%，24 年增加了 8 个百分点；第一产业产值份额已经由 1990 年的 28.1% 变为 2013 年的 8.7%，24 年减少了 19.4 个百分点；第三产业的产值份额由 1990 年的 29.8% 变为 2013 年的 41.2%，24 年增长了 11.4 个百分点。从各产业对地区经济的贡献看，其中工业对山东省地区经济的贡献率平均保持在 60% 以上，拉动经济增长的贡献率平均接近 7.6 个百分点。在该阶段，服务业第一次超过第一产业产值，成为山东省经济发展的第二大经济引擎，其间对山东省地区生产总值的贡献率平均保持在 33% 左右，在山东省生产总值增长率中平均拉动 4 个百分点之多。

以上是粗略地对山东省经济划分为三个大的阶段基础上分析三次产业的变化特点，这种分析能够比较各个阶段过程中的三次产业结构比例关系和阶段内的变化情况，也能从国家较长阶段的发展战略中观察其对产业结构的影响，但不足之处是分析的内容太宏观，而且将每个产业的发展进行了切断化，不能够完整地从时间序列上认识产业结构变化的全部，为此，我们以下分别将三次产业依次分析。

表 2-1 山东省 1952—2013 年三次产业比重

单位:%

年份	第一产业	第二产业	第三产业	年份	第一产业	第二产业	第三产业
1952	67.4	16.6	16.0	1992	24.3	45.5	30.2
1955	61.5	19.7	18.8	1993	21.5	49.0	29.5
1957	52.0	28.7	19.3	1994	20.2	49.2	30.6
1962	47.2	26.3	26.5	1995	20.4	47.6	32.0
1965	49.0	33.5	17.5	1996	20.4	47.3	32.3
1970	41.4	42.5	16.1	1997	18.3	48.1	33.6
1975	39.4	45.3	15.3	1998	17.3	48.5	34.2
1976	38.3	47.2	14.5	1999	16.3	48.6	35.1
1977	38.2	46.0	15.8	2000	15.2	50.0	34.8
1978	33.3	52.9	13.8	2001	14.8	49.5	35.7
1979	36.2	50.8	13.0	2002	13.5	50.5	36.0
1980	36.4	50.0	13.6	2003	12.3	53.7	34.0
1981	38.2	44.8	17.0	2004	11.8	56.5	31.7
1982	39.0	42.0	19.0	2005	10.7	57.0	32.3
1983	40.3	38.9	20.8	2006	9.8	57.4	32.8
1984	38.2	41.1	20.7	2007	9.7	56.8	33.5
1985	34.7	43.0	22.3	2008	9.7	56.8	33.5
1986	34.1	42.2	23.7	2009	9.5	55.8	34.7
1987	32.2	43.1	24.7	2010	9.2	54.2	36.6
1988	29.7	44.5	25.8	2011	8.8	52.9	38.3
1989	27.8	44.8	27.4	2012	8.6	51.4	40.0
1990	28.1	42.1	29.8	2013	8.7	50.1	41.2
1991	28.8	41.2	30.0				

（一）山东省第一产业结构变化分析

对应国民生产总值表和三次产业结构变化表可以看出，1952—1960年新中国成立以来产业发展模式走的是优先发展工业之路。新中国成立后，我国根据生产力总体水平低且发展不平衡的状况，制定了从农业国向工业国转变的经济发展目标，选择了计划经济体制，集中了全国的人力、物力和财力进行重点工业建设，加速了中国的初级工业化进程，巩固了社会主义新政权，维护了国家安全。但是，由于当时农业的基础地位不牢，国力空虚，人为赶超式的发展模式在表面上实现了产业结构的调整，第一产业的份额出现了下降，第二产业的份额出现了明显上升，1960年达到了本阶段的最低点，当时的计划经济并没有实际市场经济中的工业比较优势，小作坊下的工业企业规模以及不计成本的企业管理和经营，工业发展类似于"被增长"，工业分工模式单一，主要倾向于以重工业型加工制造业为主，关系到国民日常需求的消费品工业产品较少，"重重轻轻"畸形发展现状明显。此时，再加上我国实行了一整套"保工压农"的管理体制安排（工农产品价格、户籍管理制度等），形成了典型的二元结构社会。

党的十一届三中全会以后，我国农业的基础地位一度得到加强。特别是针对改革开放中不同时期面临的问题和阻力，先后于1982、1983、1984、1985、1988年连续制定了5个"一号文件"，顺应和指导了农村改革，有力地促进了农村经济和农业生产发展，给我国农村带来了巨大的变化。从表2-1可以发现，山东作为农业大省，国家的农业产业政策在山东的效果凸显，1984年山东省的农业产值达到本阶段的最大值。但在几年恢复性快速增长之后，国家并未能及时从国民经济总体发展战略中进行反思，而是以为农业生产已经过剩，于是出现了用其他政策抵冲农业政策的现象，举国城乡到处又是工业热、商业热，农业受到忽视，农业生产连续多年出现了停滞和徘徊状态。直至2004年"一号文件"的重新问世，农业发展才迎来又一个春天。时至2015年2月1日，中国已经连续12年聚焦"三农"问题，对"三农"问题作出全盘性指导，包括"加快转变农业发展方式""促进农民增收""城乡发展一体化""增添农村发展活力"，以及"围绕做好'三农'工作，加强农村法治建设"等。

总体来看，山东省作为农业大省，农业产值尽管在总产值中的比重逐渐减少，但农业的总量水平在不断增加，尤其是 2013 来随着国家作出的"三农"问题的顶层设计和惠农政策的实施，农业产业结构调整不再仅仅是挂在空头上的口号和单一就结构论结构的调整模式，而是采取组合拳，系统全面地实施联动机制。

（二）山东省第二产业结构特征分析

1978 年以来，山东省经济得到了持续、快速、健康的发展，产业结构不断优化，经济效益加速提高，GDP 以年均高达 10% 以上的速度快速增长，按照当年价格计算，到 2013 年已达到 54684.33 亿元，国民经济总量等各项主要指标都位居全国前列，成为中国东部沿海经济耀眼的明星。自1985 年山东省工业产值刚刚超过农业产值后，到 2013 年工业产值已经是第一产业产值的 5 倍多。山东省借助于加工制造业大省，在迅速推进的工业化现代进程中，使以工业为主的加工制造业成为支撑山东经济快速发展的主导力量。

山东省具有发展工业的独特资源优势和区位条件。首先，在产业资源禀赋方面，山东省矿产资源较为丰富，能源和原材料也相对富裕，这为山东省产业发展提供了原料基础。其次，人口资源作为最具有能动性的产业资源，山东省是人口大省，且受儒家思想的熏陶，重视教育，崇尚学习，众多的劳动力资源成为山东发展工业的最大人口红利。再次，山东省优越的区位条件体现在山东地势相对平坦，发展产业所必需的基础设施建设超前规划建设，在高速公路、煤炭电力等交通基础设施方面远远地走在全国大部分省份的前面，消除了阻碍产业发展的瓶颈产业。不仅如此，山东省政府积极响应国家提出的"抓大放小"政策方针，借助于大企业较容易形成工业化的特点，准确判断我国居民的消费需求和产业发展阶段，培育、发展、壮大像家电、造船、汽车、手机、造纸等具有重化工业特点的产业，使得这些行业发展为山东省工业作出了巨大贡献。在区位优势方面还有需要大书一点的是，山东省和韩国、日本相毗邻，我国的对外开放政策极大地惠及了山东产业发展。韩国和日本作为发达国家，和山东具有较好民间交流基础，在承接国际产业转移方面，山东的企业与日韩企业分工具有较好的互补性，能够很好地承接日韩制造业的跨国转移。以日本、韩国的造船业、汽车业这些资本密集型产业转移为例，日韩企业有技术基础，我国有发展该产业的人才和市场，跨国公司的产业转移正好对接了山东的优势项目，使得山东省的工业经济得到了量的发展和质的提升。在这种区位优势和上述多种因素的综合作用下，山东工业迅速发展，形成了包括以化工、能源、冶金、机械、建材、纺织、食品等传统支柱产业为主体的、门类齐全的工业体系。目前，尽管山东的产业发展已经到了工业化后期的前期阶段，依托改革开放和技术引进培植和发展起来的很多大中型工业企业，如浪潮集团、山东电力集团、齐鲁石油化工有限公司、海尔集团、济南钢铁集团、海信集团、中国重型汽车集团、兖矿集团等，依然以较强的竞争力享誉国内外市场。

进入20世纪90年代，山东省工业和经济发展得以较快速度发展。"八五"（1991—1995年）、"九五"（1996—2000年）、"十五"（2001—2005年）和"十一五"（2006—2010年）时期，山东工业年均递增分别为20.69%、12.58%、16.54%和13.46%；同期GDP分别递增16.39%、10.84%、13.15%和15.64%，这些指标数据明显高于全国和东部沿海地区平均增长速度。1993年，山东工业产值为1201.67亿元，历史性超过1000亿元，同年全省GDP达到2770.37亿元，山东省在全国排名中位列第三。从1993年到2001年，山东GDP年均增加1000亿元左右，和江苏省一起在2002年双双跨越1万亿元大关。也正是经过"十五"时期的超常规发展，山东省工业产值在2005年接近1万亿元大关，但将建筑业产值计算在内，第二产业产值也迈过了 1 万亿元的大关，GDP 达到了 1.85 万亿，使山东的经济总量位居全国第二，成功赶超江苏省，2005 年山东的 GDP 占全国的比重比 1990 年提高 2 个百分点。据国家统计局网站信息，"十一五"期间，山东 GDP 总量由 2006 年的 21900.2 亿元增加到 2010 年的 39169.92 亿元，尽管经济总量翻了接近一番，但山东省在全国排名第二的位次并没有保住，到"十一五"末，山东的 GDP 总量比江苏省少了 2255.56 亿元，比处在第一位的广东省少了 6843.14 亿元。山东省工业和经济的快速发展，使其在"十五"和"十一五"期间实现了经济实力的大跨越，也带来了产业结构的较大变化。改革开放以来，山东省的"二、三、一"三产格局一直比较稳定，一方面呈现出第一产业占 GDP 的比重不断下降、第二和第三产业占 GDP 的比重则稳步提升的趋势。另一方面呈现出第三产业占比的绝对量保持了增长态势，但并未超过第二产业的增长势头。在 20 世纪末 21 世纪初的几年里，第三次产业曾经出现过一段较好的发展势头，但 2003 年前后，受我国经济重工业化指导思想的影响，三次产业发展错过了一次发展机会。

从第二产业对地区生产总值的贡献看（见表 2 - 2），改革开放后的 1981—1989 年的贡献率总体趋势是在不断提高，在 1988 年、1989 年连续两年超过 80%，1989 年更是创造了超过 89% 的最高值，1988 年第二产业拉动地区生产总值超过 10 个百分点。此后，冲高回落，1990 年回落到 70.3%，1991 年出现一个较大的拐点，贡献率急速回落到 40.2%。截止到 2013 年，除 1991 年贡献率为 40.2% 这一特殊拐点，其他年份都保持在 50% 以上，基本维持了 60%—70% 的水平。从第二产业拉动地区经济增长的贡献上看，山东省地区生产总值增长率 1980 年达到了 12.2%，1981 年有过短暂的回落，以后又连续 5 年超过 10% 以上，在 1989 年、1990 年又有两年的低速增长，此后又出现保持 10% 以上的高速增长，直至到 2011 年，其中的 1993 年山东省地区生产总值增长率更是创造了破纪录的 20%，这其中第二产业可以说始终是拉动地区经济增长的主要力量。

表2-2　山东省三次产业对生产总值的贡献

年份	贡献率（%）			地区生产总值增长率（%）	拉动百分点		
	第一产业	第二产业	第三产业		第一产业	第二产业	第三产业
1980	25.6	53.4	21.0	12.2	3.1	6.5	2.6
1981	42.0	25.2	32.8	5.8	2.4	1.5	1.9
1982	36.2	22.4	41.4	11.3	4.1	2.5	4.7
1983	43.3	23.3	33.4	13.9	6.0	3.2	4.7
1984	40.3	41.0	18.7	17.4	7.0	7.1	3.3
1985	7.3	65.4	27.3	11.4	0.8	7.5	3.1
1986	-3.7	73.7	30.0	6.3	-0.2	4.6	1.9
1987	17.6	55.3	27.1	13.8	2.4	7.6	3.8
1988	-0.6	83.2	17.4	12.5	-0.1	10.4	2.2
1989	-4.6	89.3	15.3	4.0	-0.2	3.6	0.6
1990	27.0	70.3	2.7	5.3	1.4	3.7	0.2
1991	27.2	40.2	32.6	14.6	4.0	5.9	4.7
1992	0.3	70.7	29.0	16.9	—	12.0	4.9
1993	7.2	63.4	29.4	20.4	1.5	12.9	6.0
1994	9.5	52.5	38.0	16.2	1.5	8.5	6.2
1995	12.5	49.8	37.7	14.0	1.7	7.0	5.3
1996	10.2	56.8	33.0	12.1	1.2	6.9	4.0
1997	0.8	57.6	41.6	11.1	0.1	6.4	4.6
1998	8.4	57.3	34.3	10.8	0.9	6.2	3.7
1999	7.2	62.1	30.7	10.0	0.7	6.2	3.1
2000	5.4	61.2	33.4	10.3	0.6	6.3	3.4
2001	6.4	54.7	38.9	10.0	0.6	5.5	3.9
2002	3.0	64.3	32.7	11.7	0.4	7.5	3.8
2003	5.5	64.9	29.6	13.4	0.7	8.7	4.0
2004	3.9	66.9	29.2	15.3	0.5	10.3	4.5
2005	3.7	64.2	32.1	15.0	0.6	9.6	4.8
2006	3.7	64.4	31.9	14.7	0.5	9.5	4.7
2007	2.7	64.3	33.0	14.2	0.4	9.1	4.7
2008	3.7	58.8	37.5	12.0	0.4	7.1	4.5
2009	2.9	66.9	30.2	12.2	0.4	8.1	3.7
2010	2.3	61.9	35.8	12.3	0.3	7.6	4.4
2011	3.4	58.4	38.2	10.9	0.4	6.3	4.2
2012	4.1	58.8	37.1	9.8	0.4	5.8	3.6
2013	3.3	61.4	35.3	9.6	0.3	5.9	3.4

数据来源：2014年山东省统计年鉴。

从目前看，尽管在工业产值总量等方面山东省已经跃居全国各省前列，并在全国范围内发展成为仅次于长三角、珠三角和京津冀等地区的制造业生产基地，为山东省发展成为工业强省奠定了坚实的基础。但是，山东省很多规模以上工业企业发展还是主要依靠高投入、高污染、高能耗和低产出的粗放型增长模式，诸如水泥、电解铝、钢铁、平板玻璃、船舶和炼油等，在这种以投资拉动增长模式下，不仅工业产能出现过剩，导致资源错配，而且越来越遇到工业化成本上升、环境保护约束强化等因素的瓶颈制约。面对山东省发展现状和未来工业化发展目标，下一步转方式调结构的关键是如何转变粗放型数量扩张的增长方式，利用产、学和研合作平台实现创新驱动，通过孵化和跟踪，培植一批具有自主知识产权和竞争力的品牌企业，发挥品牌产品在经济发展中的引领带动作用，力争打造"山东制造"由中国品牌到国际品牌，由制造业大省向制造业强省的转变。完成上述任务，山东必须把推进工业化与工业现代化进程结合起来，并且以工业现代化带动经济社会全面发展。

（三）山东省第三产业结构特征分析

山东省以服务业为主的第三产业发展相对滞后。若将山东省第三产业划分为三个不同的层次，它们对山东经济的作用大小不一。以批零、餐饮、交通运输为主的传统服务业作为一个层次，这是山东省第三产业的中坚力量，无论是从产业就业人员，还是产值来说，都是其他服务业无法取代的；以通讯通信、金融保险、现代物流为主的现代服务业作为第二个层次，这是山东第三产业的生力军，也是在不久的将来能够取代中坚层的服务业态，它们以强大的市场消费需求和创新能力对经济的拉动作用越来越强；以文化、旅游、健康养老、社区服务等为主的新兴服务业作为一个层次，在财富驱动的经济发展阶段，也呈现出强劲的发展势头。2005年作为一个分界点，山东服务业对经济增长的贡献率是31.8%，比2004年高了接近10个百分点，也使得服务业对山东经济的贡献由前4年的跌首次变为升。2006 年，山东经济总量位居全国第二，山东省服务业实现增加值仅为7187.26 亿元，比处在第三位的江苏省低了 661.97 亿元，比处在第一位的广东省低了 4008.27 亿元，服务业占 GDP 的比重只有区区的 32.55%，此时全国服务业平均水平比山东高了接近 7 个百分点，与北京的 70.91% 相比，低了 38.36 个百分点，与上海的 50.59% 相比，低了 18.04 个百分点，与广东的 42.73% 相比，低了 10.18 个百分点，与国际服务业 60% 的平均水平相比，低了 27.45 个百分点。

从山东省第三产业结构变动情况看（见表 2 - 1），改革开放初期，第三产业的比重仅为 13% 左右，1989 年占比翻了一番，达到 27.4%，此后，一直缓慢增长，占比始终保持在 30% 的份额，截止到 2013 年也只有41.2%，这一占比与山东省经济总量极不对称。从第三产业结构变动对经济的贡献看（见表 2 - 2），山东省第三产业贡献率变化波动较大，总体偏小。1980 年为 21%，到 1982 年贡献率跃升到 41.4%，此后至 2013 年，只有 1997 年出现短暂的一年，三产贡献率超过 40%，为 41.6%，其他年份的贡献率均小于 40%，第三产业贡献率最小的年份是 1990 年，只有区区的 2.7%。从第三产业变动对拉动经济的贡献看，1980 年山东省地区增长率为 12.2%，第三产业拉动经济的贡献率为 2.6 个百分点，此后，出现较大的波动，拉动贡献率最小的年份是 1990 年，只有区区的 0.2 个百分点，最大的年份是 1994 年，拉动经济增长达到 6.2 个百分点，当年山东省地区生产总值增长率为 16.2%，第二产业拉动经济增长达到 8.5 个百分点，二者相差仅为 2.3 个百分点。无论是产业比重还是对区域经济的贡献，山东省第三产业总量小、比重低、人均服务水平不高、吸纳就业能力偏弱和内部结构不合理等问题依然存在，也说明山东服务业发展还远远不能适应整体经济发展的需要。

再从山东省内部各市第三产业发展情况看，地区间产业结构参差不齐，第三产业超过全省平均值的城市和地区有济南、青岛、泰安、临沂，分别为 54.4%、49%、40.2% 和 41.8%，其他的 13 个地市都没有达到平均数。第三产业发展程度最低的东营市甚至为 25.7%，号称"江北水城"的聊城也仅有区区的 32.7%。从处在前四位的地区看，济南作为省会城市，具有得悠久的历史文化底蕴和山东的政治中心这一比较优势，青岛具有得天独厚的海洋条件和历史文化名城优势，泰安也属于靠五岳独尊的泰山优势，而依山傍水的临沂则靠发展交通物流业带动了产业结构的升级。从 2012—2013 年短期第三产业的变化情况看（见表 2-3），山东省产业结构调整政策，大力发展第三产业为西部地区经济的快速发展和第三产业的发展带来了实实在在的好处。从地区生产总值的变化情况看，西部地区经济得到了比东部地区更快的发展速度，与此相对应，这些地区第三产业增加值的增长速度和超过了东部地区，说明这些地区围绕着以发展第三产业的结构调整对地区生产总值的贡献是有利的。

表 2-3　山东省各市生产总值构成

地区	地区生产总值			第一产业增加值			第二产业增加值		
	2012（亿元）	2013（亿元）	2013 年为 2012 年的百分比	2012（亿元）	2013（亿元）	2013 年为 2012 年的百分比	2012（亿元）	2013（亿元）	2013 年为 2012 年的百分比
全省总计	50013.2	54684.3	9.6	4281.70	4742.63	3.8	25735.73	27422.47	10.7
济南市	4803.67	5230.19	9.6	252.92	284.71	3.9	1938.14	2053.24	10.1
青岛市	7302.11	8006.60	10.0	324.41	352.41	2.1	3402.23	3641.39	10.2
淄博市	3557.21	3801.24	9.5	123.75	137.79	3.3	2101.19	2171.37	10.3
枣庄市	1702.92	1830.63	10.1	133.00	149.81	3.3	991.33	1037.55	11.4
东营市	3000.66	3250.20	11.2	104.34	117.19	3.5	2126.02	2258.42	11.8
烟台市	5281.38	5613.87	10.2	377.31	420.99	3.9	2985.09	3075.12	10.8
潍坊市	4012.43	4420.70	10.6	390.52	433.09	3.3	2166.17	2297.42	11.5
济宁市	3189.37	3501.54	11.0	371.97	418.93	4.3	1673.50	1789.75	11.6
泰安市	2547.01	2790.70	10.6	233.05	260.17	3.7	1290.54	1367.77	11.1
威海市	2337.86	2549.69	10.8	180.11	203.47	4.3	1249.30	1312.93	10.5
日照市	1352.57	1500.16	10.6	117.64	131.45	3.5	724.06	784.33	10.7
莱芜市	631.41	653.48	10.1	44.20	49.34	3.1	365.20	366.19	11.8

续表

地区	地区生产总值			第一产业增加值			第二产业增加值		
	2012（亿元）	2013（亿元）	2013年为2012年的百分比	2012（亿元）	2013（亿元）	2013年为2012年的百分比	2012（亿元）	2013（亿元）	2013年为2012年的百分比
临沂市	3012.81	3336.81	11.0	291.34	324.30	3.2	1463.45	1583.87	12.2
德州市	2230.55	2460.59	11.2	244.39	273.54	3.8	1208.65	1301.67	12.6
聊城市	2146.75	2365.87	10.0	257.80	287.15	3.5	1186.38	1258.15	11.1
滨州市	1987.73	2155.73	9.8	189.51	211.02	3.7	1045.61	1106.10	11.5
菏泽市	1787.36	2050.01	12.0	241.01	255.00	3.0	974.22	1113.51	13.8

注：本表绝对额按当年价格计算，速度按可比价格计算。

回顾半个世纪以来，山东省产业结构变化明显，总体趋势为：第一产业呈快速下降趋势；第二、三产业都得到不同程度的发展，从全省各地区发展情况看，第二产业所占 GDP 比重明显要高于第三产业所占比重，山东省产业结构的变化符合产业结构变化规律，并且根据美国经济学家库兹涅茨的产业结构变化理论，山东省现在处于工业化后期。但服务业发展严重滞后，这已经严重影响到山东省产业结构升级能力和经济总量大小。

二、山东省地区间产业结构状况聚类比较

山东省内主要城市有 17 个，根据地理环境和政府支持程度不同，城市发展状况也存在差别，为了更好地比较山东省不同类型的城市经济结构，故首先将其分成若干组，目的是使组内所有的成员之间差异最小，而组间的差异比较大。为此，将 17 个城市 2012 年的三次产业产值情况、人均产值和三次产业的就业情况的相关数据，运用 spss 统计软件进行聚类分析，具体分组情况如下（见图 2-1）。

```
          CASE    0      5      10     15     20     25
          Label   Num +---------+---------+---------+---------+---------+

          日照市  11  ┐
          莱芜市  12  ┤┐
          枣庄市   4  ┐││
          泰安市   9  ┤┤│
          潍坊市   7  ┐│││
          滨州市  16  ┐┤┘││
          济宁市   8  ┐│  ││
          德州市  14  ┤┘  ││
          聊城市  15  ┘    │
          临沂市  13  ┐    │
          菏泽市  17  ┤    │
          淄博市   3  ┐    │
          烟台市   6  ┤┐   │
          青岛市   2  ┘│   │
          威海市  10  ┐┤   │
          济南市   1  ┘┘   │
          东营市   5        │
```

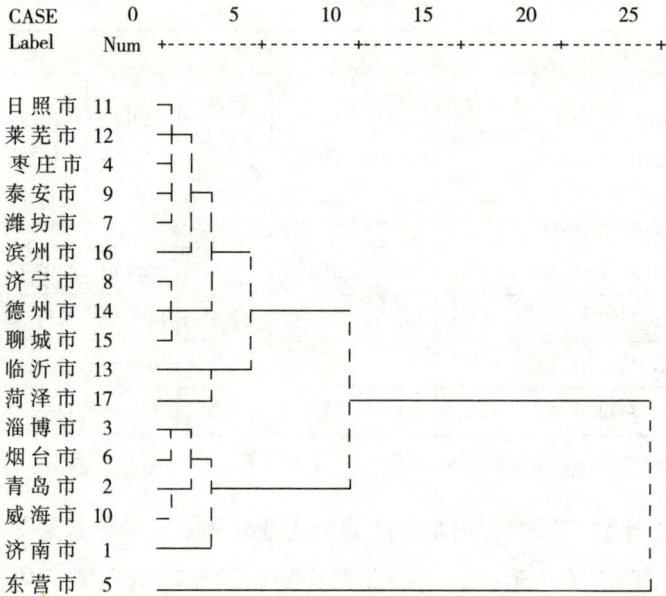

图 2 - 1　山东省 17 市产业结构及就业结构聚类分析图

第一组：从使用的聚类指标看，济南市、青岛市、烟台市、威海市和淄博市这五个地区属于一类，这些地区在三次产业产值和就业相似程度较高，从更高的聚类情况看，改组又可把省会济南单独一类，其他的青岛、威海一类，烟台和淄博一类。

第二组：济宁、德州和聊城。本组城市群主要在山东的西部，属于山东省经济发展处在中等水平的地区，这些地区由于特殊的区位劣势，在改革开放后的发展速度远远地落后于东部沿海城市。

第三组：潍坊、泰安、枣庄、滨州、日照和莱芜。这一组经济发展速度在山东省的位置是中等偏上层次，该组中区位具有比较优势的城市是潍坊和日照，其他的处在山东的中西部，泰安市近几年依靠得天独厚的资源优势，在发展旅游业方面成绩突出，枣庄和莱芜却依靠资源比较优势。潍坊在该组中发展较快，但工业比重仍然较大。

第四组：临沂和菏泽。这组城市的国内生产总值较低，经济发展速度较为缓慢，属于山东省经济较为落后的地区，但近几年临沂地区变贫瘠的山区自然资源为旅游资源，通过发展红色旅游文化，并借助于特殊的三省交界区域优势，大力发展物流产业，如今已成为山东省乃至江北负有盛名的建材品交易市场，具有较快的经济赶超能力。

第五组：东营市。东营市在山东省区域特殊的产业特点，产业结构单一，以石油产业为主导产业，石油开采、石油化工、精细化工以及相关设备制造、服装纺织、橡胶（轮胎）制造、食品加工等，大都围绕着石油发展。

通过聚类分组结果看，一个共同特征是城市的地区生产总值越高，第一产业的产值比重就会越小，第二和第三产业的产值比重自然就较高。尽管山东省作为农业大省，由于各地市在产业结构调整中的政策引导和能力所限，农业结构还是呈现出一定的差别性，像济南、青岛和烟台等山东省经济发达地区，地区生产总值排在山东省的前三位，三个城市的一产产值都小于10%，在经济总量的比重已经变得微乎其微。菏泽市作为山东省比较落后的地区，地区生产总值在全省的排名是最低的，其第一产业总值比第三产业高，同时与第二产业持平，说明该地区经济发展还没有完全摆脱对农业的依赖，整个地区劳动生产率较低，产业结构中仍然以传统产业为主导，难以体现工业化和新兴服务高附加带来的财富效应。沿海城市的经济发展较快，尤其是第二、第三产业，这与地区特殊的区位条件和政府的产业政策诱导是分不开的。山东省重视经济建设，而且政府支持政策相当有力度。山东省发展经济的侧重点放于沿海城市，特别是青岛和烟台。以青岛为例，青岛依靠独特的区位优势和历史上德国殖民地的工业基础条件，依靠市场换资本、技术，吸引了大量的德、日、韩国企业的入驻，也激发了民营企业的快速发展。快速发展的工业经济，使地区人均可支配收入的大幅提升变为现实，在此基础上，青岛市以服务业为主的第三产业得到了蓬勃发展，促使以财富驱动的服务业态的出现，青岛市因势利导，在培植的基础上，加大政策扶持和监管力度，使服务业成为经济发展的主流。

第二节　山东省就业结构的现状分析

一、改革开放以来山东省三次产业就业情况分析

改革开放以来，山东省就业结构经历了一个明显的非农化进程。伴随着国家对农村土地产权制度的改革，第一产业因劳动生产率较低，理性农民开始背乡离土，进入了漫长的寻找非农化就业的历程。从农业产值的变化也可以反映出这一过程，1980 年山东省农业占 GDP 的比重由 36.4% 下降到 1990 年的 28.1%，十年间下降了 8.3 个百分点。20 世纪 90 年代以来，农业占 GDP 的比重下降至 1999 年的 15.9%，12.2 个百分点的下降仅仅用了九年，下降速度超过了 80 年代，从而反映出非农化趋势更加明显。劳动力的产业分布亦是如此，农业劳动力占社会劳动者总数的比重由 1980年的 78.9% 下降至 1990 年的 64%，降幅为 14.9 个百分点，而至 1999 年又降低 11.1 个百分点（见表 2－4）。

表 2－4　改革开放以来山东省就业人口结构变化情况

年份	就业人口（万人）	第一产业（万人）	第二产业（万人）	第三产业（万人）	第一产业（%）	第二产业（%）	第三产业（%）
1978	2969.8	2350.9	366.6	252.3	79.2	12.3	8.5
1980	3117.5	2458.1	382.5	276.9	78.9	12.3	8.9
1981	3192.4	2508.2	389.0	295.2	78.6	12.2	9.3
1982	3270.0	2520.8	442.2	307.0	77.1	13.5	9.4
1983	3795.1	2950.8	465.8	378.5	77.8	12.3	10.0
1984	3563.7	2509.1	528.8	525.8	70.4	14.8	14.8
1985	3561.1	2438.6	705.3	417.2	68.5	19.8	11.7
1986	3651.2	2431.1	776.0	444.1	66.6	21.3	12.2

续表

年份	就业人口 （万人）	第一产业 （万人）	第二产业 （万人）	第三产业 （万人）	第一产业 （%）	第二产业 （%）	第三产业 （%）
1987	3765.7	2422.6	848.2	494.9	64.3	22.5	13.1
1988	3887.1	2474.5	905.1	507.5	63.7	23.3	13.1
1989	3940.3	2527.6	902.6	510.1	64.2	22.9	13.0
1990	4043.2	2585.7	922.5	535.0	64.0	22.8	13.2
1991	4219.3	2708.0	958.7	552.6	64.2	22.7	13.1
1992	4302.6	2705.1	1000.8	596.7	62.9	23.3	13.9
1993	4379.3	2689.9	1070.4	619.0	61.4	24.4	14.1
1994	4382.1	2541.6	1098.0	742.5	58.0	25.1	16.9
1995	5207.4	2832.3	1305.5	1069.6	54.4	25.1	20.5
1996	5227.4	2788.0	1286.1	1153.3	53.3	24.6	22.1
1997	5256.0	2812.5	1311.9	1131.6	53.5	25.0	21.5
1998	5287.6	2837.3	1245.8	1204.5	53.7	23.5	22.8
1999	5314.7	2811.7	1245.7	1257.3	52.9	23.4	23.7
2000	5441.8	2887.7	1286.0	1268.1	53.1	23.6	23.3
2001	5475.3	2863.6	1308.6	1303.1	52.3	23.9	23.8
2002	5527.0	2769.6	1375.1	1382.3	50.1	24.9	25.0
2003	5620.6	2638.3	1474.3	1508.0	46.9	26.2	26.8
2004	5728.1	2542.1	1581.0	1605.0	44.4	27.6	28.0
2005	5840.7	2350.3	1781.4	1709.0	40.2	30.5	29.3
2006	5960.0	2328.0	1870.3	1761.7	39.1	31.4	29.5
2007	6081.4	2265.2	1989.9	1826.3	37.3	32.7	30.0
2008	6187.6	2313.5	1955.5	1918.6	37.4	31.6	31.0
2009	6294.2	2297.4	2014.1	1982.7	36.5	32.0	31.5
2010	6401.9	2273.1	2086.7	2042.1	35.5	32.6	31.9
2011	6485.6	2211.6	2185.6	2088.4	34.1	33.7	32.2
2012	6554.3	2168.0	2245.2	2141.1	33.1	34.2	32.7
2013	6580.4	2086	2270.2	2224.2	31.7	34.5	33.8

数据来源：1979—2014 年山东省统计年鉴。

从劳动力的产业分布来看，二、三产业所占份额均上升，第三产业速度略快。从 1990 年的 13.2% 上升到 1999 年的 23.7%。虽然各次产业在经济结构中的比重发生了很大变化，但各产业均获得了较快发展。1990—1997 年 GDP 的年平均增长速度为 15.3%，其中一、二、三产业的年均增长速度分别为 6.15%、18.8%、16.67%，而 80 年代这四项指标分别为 10.1%、6.28%、11.5%、12.88%，在各产业中只有第一产业的增长速度慢于 80 年代，由此导致三次产业的非农化趋势比 80 年代更加明显。从表 2-4 看出，1986 年以前，就业基本上集中于第一产业，第一产业的就业比重均高于 65%，形成了"一头沉"式的就业结构。第二、三产业就业比重偏低，且二、三产业之间就业比重差别不大。由此可见，二、三产业对农业劳动力转移的贡献率都不大。90 年代以后，三次产业就业结构变动明显加快。从 1991 年到 2002 年，第一产业就业比重下降了 14.1 个百分点，第二产业就业比重提高了 2.2 个百分点，而第三产业就业比重则大幅度上升。但从整体来看，就业结构仍然是一种以第一产业为主体的低级就业结构。

反映山东省三次产业人口就业状况的一个很大群体是农民工群体，从 2002 年开始直至 2015 年，国家连续出台了 12 年的聚焦"三农"问题一号文件。尽管农业是"三农"问题的一部分，但农业是"三农"问题的核心，农业问题涉及农村生产要素资源配置问题、农民增收问题、农村劳动力转移问题。国家连续 12 年出台"三农"一号文件，充分说明农业发展问题已成为国家重大战略问题，农业的基础地位不够夯实，由此会带来一系列的经济、社会、政治问题，农业问题解决了，农民真苦、农村真穷和农业真危险等问题自然会水到渠成地解决。为解决农民的隐性失业问题，国家在一系列一号文件中出台农民工转移和就业政策，从 2002 年开始，农业人口从占总就业人口 50.1% 逐渐减少到 2013 年的 31.7%，13 年下降了 18.4 个百分点，每年下降接近 2 个百分点，尽管速度还是不够大，但对减少农民的隐性失业起到关键性作用。以 2013 年为例，中国有 31.7% 的劳动力只创造了 8.7% 的国民生产总值，从一个层面反映出农村的劳动生产率很低，隐性失业还大量存在，农业资源配置很低，农业生产效率还有大幅提升的空间，城镇化进程中需要转移大量的农村剩余劳动力。同时，利用现代化的机械和绿色生产技术，发挥好包括土地、水等农业重要资源的集约利用水平，是今后在城镇化建设中必须考虑的问题。

以上分析进一步发现，山东省作为农业大省，农村劳动力庞大。改革开放初期，第一产业从业人员占到了绝对多数，达到 80% 左右，当时农业的产值比重占山东省内 GDP 的比重为 33.3%，也就是接近 80% 的就业人员创造了 1/3 的 GDP，从中可以发现农业的劳动生产率极低，农业存在大量的剩余劳动力。伴随着改革开放和市场的放开，山东省农民的经商意识也开始触动，乡镇企业也有了比较大的发展。截至 2006 年，山东省产业结构中，农业的产值份额已经降到 10% 以下，从业人员也下降到 40% 以下，从就业人员所创造的产值份额对山东省 GDP 的贡献情况看，2006 年农业中 40% 的从业人员对 GDP 的贡献是 3.7%，拉动经济增长 0.5 个百分点。到 2013 年，山东省三次产业就业人员基本达到了三足鼎立的局面，此时的产业结构变化很大，三次产业产值比重达到了 8.7∶50.1∶41.2，农业的产值份额继续萎缩，31.7% 的从事于农业的就业人员对经济共享率为 3.3%，拉动经济增长 0.3 个百分点；34.5% 的第二产业就业人员对经济的贡献率为 61.4%，拉动经济增长 5.9 个百分点；33.8% 的服务业就业人员对经济的贡献率为 35.3%，拉动经济增长 3.4 个百分点。

二、山东省分行业就业情况分析

为直接有效地分析山东全省行业就业情况，我们以 2012—2013 年行业就业情况作为研究对象，可以从以下几个角度展开分析（见图 2-2）。一是从纵向变化看，仅有农林牧渔业、采矿业和其他行业的就业人数出现萎缩，农林牧渔就业人员由 33.08% 减少为 31.7%，采矿业由 1.35% 减为 1.31%。二是从 2013 年各产业吸纳从业人员的情况看，吸纳人员超过 10% 的行业有农林牧渔业占 31.7%，制造业占 21.43%，建筑业占 11.4%，批发零售业占 10.66%，吸纳劳动力超过 1% 的行业有采矿业，占到 1.31%；交通运输、仓储和邮政业，占到 4.1%；住宿餐饮业，占到 3.12%；信息传输、软件和信息技术服务业，占到 1.18%；租赁和商务服务业，占到 1.09%；教育产业，占到 2.01%；卫生和社会服务业，占到 1%；公共管理、社会保障和社会组织，占到 1.91%。三是从三次产业划分看，第一产业即为农林牧渔业，占 31.7%，第二产业（包括采矿业、制造业、电力、煤气及水的生产和供应、建筑业）占 34.51%，第三产业（包括第三产业和其他产业）占 33.79%。四是从服务业类型看，新兴服务业占比普遍较小，如金融业占 0.6%，科学研究和技术服务业占 0.43%，文化教育和娱乐业占 0.18%，居民服务、修理和其他服务业占 0.84%。

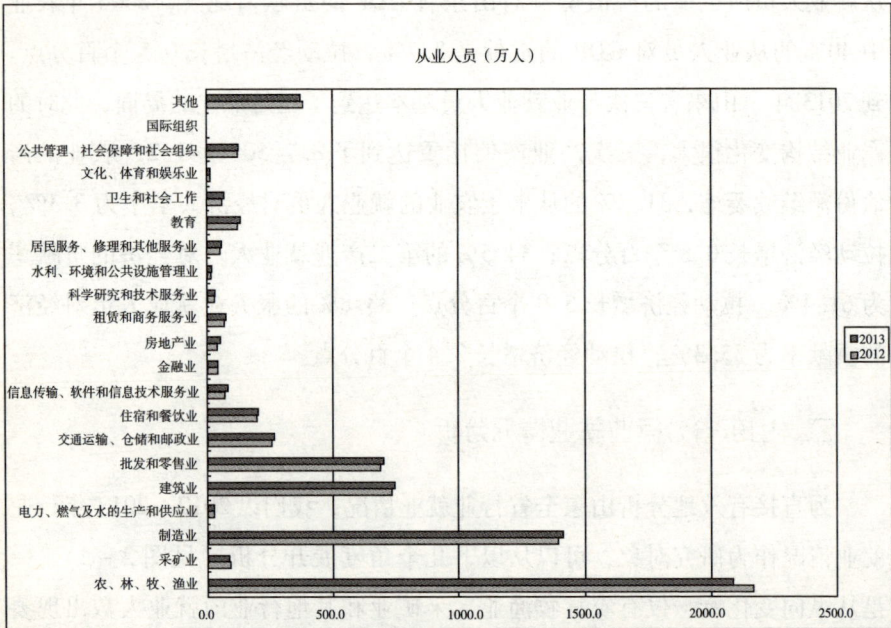

图 2-2 2012—2013 年各行业年底就业人数

三、山东省各市按城乡分就业情况分析

从 2013 年年底就业情况看，山东省城乡吸纳就业人数相差不大（见表 2－5），在总体 6580.4 万就业人员中，城镇吸纳就业人员为 3153 万人，乡村吸纳就业人员为 3427.4 万人。从全省情况看，城镇就业人员中，就业人员主要集中在国有单位、私营企业和个体企业中，集体单位吸纳人员非常有限，四类企业分别占城镇人口就业的比重为 13.06%、13.59%、10.58% 和 1.88%；乡村主要是集中在私营企业和个体企业中，分别占10.62% 和 10.98%。从各市人员就业情况看又各有差异，国有单位从业人员超过 20% 的有济南市、东营市、济宁市、临沂市、德州市、聊城市和菏泽市。从私营企业吸纳就业人员情况看，最多的是青岛市，占就业人员的42.42%；其次是烟台市，占就业人员的 23.55%；第三是济南市，占就业人员的 22.32%。从个体单位人员就业情况看，从业人员占比最多的是枣庄，占 25.35%；其次是聊城，占 18.75%；第三是德州，占到 18.61%；第四是济宁，占 18.59%；最小的是日照，占 7.63%。

表 2－5　2013 年山东省各市按城乡分年底就业人数

单位：万人

地区	合计	城镇小计	国有企业	集体单位	私营企业	个体	乡村小计	私营企业	个体
全省合计	6580.4	3153.0	411.8	59.2	428.5	333.5	3427.4	364.1	376.3
济南市	454.4	220.4	47.0	4.8	49.2	35.2	233.9	21.8	11.5
青岛市	571.4	275.3	37.8	5.4	116.8	33.0	296.2	12.9	68.1
淄博市	316.3	148.2	22.7	3.1	23.2	18.4	168.1	29.4	11.0
枣庄市	291.3	99.8	16.9	3.2	10.7	25.3	191.5	12.7	18.3
东营市	148.2	75.1	15.5	1.0	10.1	8.4	73.1	6.7	4.9
烟台市	493.3	215.7	30.6	5.2	50.8	27.7	277.6	29.3	19.3
潍坊市	563.1	181.2	29.6	3.4	26.1	22.7	381.9	71.5	49.6

续表

地区	合计	城镇小计	国有企业	集体单位	私营企业	个体	乡村小计	私营企业	个体
济宁市	548.2	133.9	32.7	5.2	16.0	24.9	414.3	28.1	32.8
泰安市	405.1	117.3	20.8	10.2	15.7	18.1	287.8	13.7	16.9
威海市	198.4	98.6	12.6	2.2	17.6	12.8	99.8	9.7	6.0
日照市	207.7	62.9	9.8	0.8	9.9	4.8	144.8	15.1	13.7
莱芜市	110.6	39.8	4.4	0.4	7.6	6.6	70.8	5.2	2.9
临沂市	714.1	140.6	33.1	6.3	17.3	39.0	573.5	31.4	36.3
德州市	351.7	87.6	22.7	2.2	9.8	16.3	264.1	24.6	20.4
聊城市	407.7	82.1	19.9	1.6	10.4	15.4	325.6	18.0	19.9
滨州市	285.4	88.3	13.8	1.5	17.5	8.7	197.1	14.6	9.8
菏泽市	513.5	98.9	28.7	2.5	11.3	16.1	414.6	19.2	35.0

数据来源：2014年山东省统计年鉴。

四、山东省规模以上工业产业就业情况分析

进一步从规模以上传统产业全部从业人员平均人数来分析，排在山东省从业人员平均人数最多的十大传统产业（见表2-6）是：农副食品加工业、纺织业、化学原料和化学制品制造业、通用设备制造业、非金属矿物制品业、煤炭开采和洗选业、专用设备制造业、纺织服装和服饰业、电气机械及器材制造业、汽车制造业。若从产业发展需要的要素特点来看，这些产业都属于典型的劳动力密集型产业，产业产品属于高投入、低产出、高能耗、高污染、低附加值的特征。随着我国产业结构的调整和产业政策的实施，山东省面临着巨大的产业结构调整的人口就业压力，产业结构转型处于两难困境。一方面，国家提出的"十二五"节能减排指标是工业今后生产发展的硬指标，山东省有很多小型资源型矿业，这种"三高一低"企业面临停产整顿，必然面临大量的下岗工人；另一方面，山东作为人口

大省，每年又有大量的新生劳动力亟待上岗。如何做好下岗工人的转岗培训，以防止结构性失业是当务之急。

从表2－6三个时间段规模以上工业企业从业人员年平均人数看，纺织行业作为山东省优势传统产业，从业人员出现明显减少，已经显示出山东省产业转型的特点。如此相对应，山东省化学原料和化学品制造业却呈现出从业人员大幅增加的现象，尤其是其中的橡胶和塑料制品业、医药制造业。制造业是山东的传统优势产业，在全国有较强的竞争力，表2－6中的通用设备制造业、专用设备制造业和汽车制造业用工情况都出现大幅递增趋势，这也反映此类产业的良好发展态势。

表2－6　2005—2013年规模以上工业企业从业人员年平均人数

单位：人

行业	2005	2012年	2013年	产业类别
煤炭开采和洗选业	479032	566671	579056	采掘业 2005年开采辅助没有单独统计
石油和天然气开采业	66237	114246	127349	
黑色金属矿采选业	27869	45622	43461	
有色金属矿采选业	62879	52581	52295	
非金属矿采选业	74273	55891	51874	
开采辅助活动		915	32058	
其他采矿业	182	479	507	
农副食品加工业	615095	819473	859520	制造业 1.2005年汽车制造业括号中的数据统计的是交通运输设备制造业。2.2005年其他制造业括号中的数据统计的是工艺品及其他制造业。3.2005年铁路、船舶、航空航天和其他运输没有单独统计
食品制造业	183921	210803	204329	
酒、饮料和精制茶制造业	115166	117898	120445	
烟草制品业	9549	13907	13213	
纺织业	945209	824282	810561	
纺织服装、服饰业	305810	373334	377560	
皮革、毛皮、羽毛及其制品和制鞋业	154799	141530	130619	
木材加工及木、竹、藤、棕、草制品业	95683	169117	186669	
家具制造业	55380	80379	82879	
造纸及纸制品业	216995	186821	185880	

行业	2005	2012 年	2013 年	产业类别
印刷和记录媒介复制业	38870	56312	64176	
文教、工美、体育和娱乐用品制造业	89987	200264	215314	
石油加工、炼焦和核燃料加工业	73664	118410	124404	
化学原料和化学制品制造业	447828	643753	664028	
医药制造业	122872	218126	225891	
化学纤维制造业	34745	22482	20933	
橡胶和塑料制品业	137904	330335	358105	
非金属矿物制品业	538052	584149	589547	
黑色金属冶炼及压延加工业	192444	333188	331784	
有色金属冶炼及压延加工业	92705	155509	162359	
金属制品业	184546	350195	354378	
通用设备制造业	443508	557013	591281	
专用设备制造业	279320	361172	400120	
汽车制造业	(276565)	350257	373360	
铁路、船舶、航空航天和其他运输		114435	111896	
电气机械及器材制造业	261488	369468	376065	
计算机、通信和其他电子设备制造业	187850	338419	341905	
仪器仪表制造业	42650	54583	57589	
其他制造业	(160928)	14279	15206	
废弃资源综合利用业	1419	5041	5820	
金属制品、机械和设备修理业	42650	4009	3359	
电力、热力的生产和供应业	198541	229297	191685	电力、燃气及水的生产和供应
燃气生产和供应业	12313	16610	17712	
水的生产和供应业	34367	26147	27088	

第三章　鲁、苏和粤三省产业资源禀赋和结构对比分析

第一节　鲁、苏和粤三省产业资源禀赋及配置比较分析

一、三省人力资源比较

山东省、江苏省和广东省人口资源对比情况（见表 3-1），从三省人口比较情况看，在常住人口中，山东省和广东省在数量上超过江苏省，前两省的常住人口都接近 1 亿人口，2013 年，广东省常住人口首次超过 1 亿人。从三省城镇人口城镇化进程看：2006 年，江苏省的乡村人口比城镇人口少 191 万，到 2013 年乡村人口只比城镇人口的 1/2 多一点，江苏省的人口城镇化进程较快。2006 年山东省的乡村人口要比城镇人口多 726 万，到 2011 年，山东省城镇人口首次超过农村人口，到 2013 年，山东省城镇人口超出农村人口 730 万。广东省作为我国对外开放程度较高的省份，2006 年，城镇人口就超出农村人口 2455 万，到了 2013 年，这一数值变为 3780 万，即城镇人口比农村人口的两倍还多。

表3-1 江苏、山东和广东三省人口资源对比

单位：万人

省份	人口类别	2006年	2007年	2008年	2009年	2010年	2011年	2012年	2013年
江苏	年末常住人口	7656.0	7723.0	7762.0	7810.0	7869.0	7899.0	7920.0	7939.0
	城镇人口	3973.0	4109.0	4215.0	4343.0	4767.0	4889.0	4990.0	5090.0
	乡村人口	3682.0	3614.0	3547.0	3468.0	3102.0	3009.0	2930.0	2849.0
	年末就业人口	4564.8	4618.1	4648.9	4726.5	4754.7	4758.2	4759.5	4759.9
山东	年末常住人口	9309.0	9367.0	9417.0	9470.0	9588.0	9637.0	9685.0	9733.0
	城镇人口	4291.0	4379.0	4483.0	4576.0	4765.0	4910.0	5078.0	5232.0
	乡村人口	5017.0	4988.0	4935.0	4894.0	4823.0	4727.0	4607.0	4502.0
	年末就业人口	5960.0	6081.4	6187.6	6294.2	6401.9	6485.6	6554.3	6580.4
广东	年末常住人口	9304.0	9449.0	9544.0	9638.0	10441.0	10505.0	10594.0	10644.0
	城镇人口	5949.0	6099.0	6269.0	6423.0	6910.0	6986.0	7140.0	7212.0
	乡村人口	3494.0	3560.0	3624.0	3708.0	3531.0	3519.0	3454.0	3432.0
	年末就业人口	5250.1	5402.6	5553.7	5652.4	5870.5	5960.7	5965.9	6117.7

数据来源：中华人民共和国国家统计局2007—2014年度数据。

从人口资源的素质看，受到高等教育的就业人员比例是一个重要的衡量地区人力资本多少的指标。以下内容（见表3-2）提供了三省每十万人口高等学校平均在校人数，2008年，江苏省的这一指标远远超过山东省和广东省，江苏省每十万人口高等学校平均在校人数分别超过山东省、广东省608人和858人，到2013年，江苏省每十万人口高等学校平均在校人数仍处于三省的领先地位，但此时比山东省、广东省分别超出510人和715人。尽管从这一指标不能完全反映出三省的人力资源素质水平，但是，这一指标却反映出三省人才供给的非均衡性，俗话说近得楼台先得月，江苏省在人才选择和使用方面更有地域优势。

表3-2　江苏、山东和广东三省每十万人口高等学校平均在校人数

单位：人

地区	2008 年	2009 年	2010 年	2011 年	2012 年	2013 年
江苏省	2679	2786	2819	2824	2786	2814
山东省	2071	2153	2202	2191	2238	2304
广东省	1821	1952	2037	1978	2082	2199

从以下内容（见表3-3）反映出的 15 岁以上文盲人口数量看，在 2006 年，山东省的常住人口数是 9309 万人，江苏省是 7656 万人，广东省是 9304 万人，三省 15 岁及以上文盲每万人常住人口分别拥有 0.71、0.72、0.37 个文盲，山东省和江苏省比较接近，广东省这一数值较小。但到了 2013 年，山东省、江苏省和广东省的文盲每万人常住人口分别为：0.37、0.27、0.19，说明山东省在扫盲教育中的成果要差于江苏省，且跟广东省比较还有较大的差距。从教育工作来看，文盲数量反映不同省份义务教育的实施力度，间接说明一个地区对教育的投入大小和重视程度，山东省作为儒家思想的发源地，名义上的重视教育却未能从实际中体现出来。从未来就业取向看，反映地区产业要素水平和劳动者的就业能力，文盲人口越多，本地区就业率越会受到影响。

表3-3　江苏、山东和广东三省 15 岁及以上文盲人口数

		2006 年	2007 年	2008 年	2009 年	2011 年	2012 年	2013 年
江苏省	文盲（人）	5528	4883	4802	4275	2855	2742	2148
	文盲占比（人/万）	0.72	0.63	0.62	0.54	0.36	0.35	0.27
山东省	文盲（人）	6648	5950	5707	5302	4607	4204	3604
	文盲占比（人/万）	0.71	0.64	0.61	0.55	0.48	0.43	0.37
广东省	文盲（人）	3486	2850	2812	2548	2264	2061	2051
	文盲占比（人/万）	0.37	0.30	0.29	0.24	0.22	0.19	0.19

数据来源：人口抽样调查。

二、三省资本禀赋比较

从三省城乡居民年底人民币储蓄存款年底余额看（见表3-4），2006年江苏省略好于山东省，广东省的这一指标几乎接近江苏和山东省之和，反映出广东省强劲的经济发展水平和较高的工资水平。从时间序列看，江苏省和山东省城乡居民储蓄能力较强，江苏省从2006年的12183.5亿元，增加到2013年的33823.9亿元，八年几乎增长了两倍；山东省也由2006年的10358亿元增长到2013年的29796.1亿元，八年同样几乎增长了两倍；广东省城乡居民储蓄增长速度相对其他两省较慢，增长了一倍。储蓄存款余额一方面可以反映出产业融资能力，储蓄存款相当一个储水池，较多的储蓄存款可以为产业转型升级提供资金支持；另一方面也反映出不同地区消费在经济发展中的作用和居民的消费理念，广东省作为我国开放度最高的城市之一，居民的消费理念更加外向型，这对经济发展更有利。

表3-4 江苏、山东和广东三省城乡居民年底人民币储蓄存款年底余额

单位：亿元

	2006年	2007年	2008年	2009年	2011年	2012年	2013年
江苏省	12183.5	13014.9	16718.7	20080.6	25914.7	30057.2	33823.9
山东省	10358	11438.1	14382.2	17082.8	22173.3	26343.3	29796.1
广东省	21584.6	22243.4	27500.7	31411.4	40405.1	45533.8	49891.3

表3-5反映了2005—2013年间山东、江苏和广东省的存款和贷款余额横向和纵向对比情况。无论是存款余额还是贷款余额，广东省都要比山东省和江苏省高出3万亿—4万亿元，而江苏省的存贷款余额要超过山东省。从三个省份的时间序列看，山东省的存款余额增长和江苏省相近，九年也增长到原来的4倍，广东省的存款余额基数大，增长的幅度和其余两省相近，九年增长到原来的接近4倍。从三省的存贷款余额差值看，山东省从2005年的3722.5亿元加大到2013年的17316.6亿元，江苏省从2005

年的 6604.85 亿元加大到 2013 年的 23767.55 亿元，广东省从 2005 年的 14858.7 亿元加大到 2013 年的 44020.99 亿元。比较三省的存贷款余额差值，发现三省的资金贷款能力大小依次为广东省、江苏省和山东省。

表3－5　山东、江苏和广东三省贷款余额

单位：亿元

年份	山东		江苏		广东	
	存款余额	贷款余额	存款余额	贷款余额	存款余额	贷款余额
2005	17103.51	13381.746	22001.44	15396.59	38119.91	23261.21
2006	19633.99	15709.601	25860.47	18485.02	43262.20	25935.19
2007	22072.24	17545.147	30450.54	22092.10	48955.02	30617.27
2008	26930.18	20053.91	37017.48	26160.72	56119.26	33835.86
2009	34697.78	25961.323	48850.29	35296.73	69691.46	44510.22
2010	41104.96	30722.636	58984.14	42121.04	82019.4	51799.3
2011	46345.41	35178.999	65723.56	47868.30	91590.15	58615.27
2012	54301.53	40021.492	75481.51	54412.30	105099.55	67077.08
2013	62077.88	44761.264	85604.08	61836.53	119685.15	75664.16

资料来源：国家统计数据库 2006—2014 年数据。

　　为实现统计口径的统一性，江苏省和山东省在统计年鉴中针对金融机构分行业本外币贷款口径一致，而广东省与两省比价有差别，因此，表 3－6 只进行了山东省和江苏省的对比。分行业分析本外币的贷款情况，可以发现不同地区的投资结构和行业发展中的融资能力，在劳动力水平基本保持一致和产业资源禀赋相差不大的情况下，行业的使用资金越大，该产业的规模一般会越大，表明该产业融资能力强，产业升级能力就相对较快。从山东省和江苏省的金融机构分行业本外币贷款情况（见表 3－6）看，在统计的 19 个行业中，除采矿业以外，江苏省的本外币贷款，都比山东省要高，总贷款要高出山东 16713 亿元。第一产业中的农、林、牧、渔业高出山东 777 亿元之多。采矿业中，山东省在煤矿、金等贵金属资源禀赋方面要远远超过江苏省，该产业具有这种贷款能力没有异议。但农业作为山东省的优势产业，在贷款能力方面要落后于江苏省，说明山东省尽管是农业大省，但还不是农业强省，农业的融资能力还不强，产业链增值环节不够多。

表3–6 山东、江苏金融机构（不含外资）分行业本外币贷款情况

单位：亿元

	山东	江苏
贷款总计	46092.87	62805.68
农、林、牧、渔业	493.12	1270.13
采矿业	1410.81	105.39
制造业	14509.61	16509.63
电力、燃气及水的生产和供应业	1545.60	1655.21
建筑业	1550.02	2766.82
批发和零售业	4857.54	5875.73
交通运输、仓储和邮政业	2249.42	3549.03
住宿和餐饮业	229.56	458.04
信息传输、软件和信息技术服务业	69.45	202.27
金融业	61.17	246.78
房地产业	1874.52	4620.55
租赁和商务服务业	1955.71	4707.19
科学研究和技术服务业	41.60	136.20
水利、环境和公共设施管理业	1860.34	3956.03
居民服务、修理和其他服务业	89.86	158.45
教　育	119.42	413.00
卫生和社会工作	208.68	409.74
文化、体育和娱乐业	112.32	267.78
公共管理、社会保障和社会组织	96.68	177.96

三、三省自然资源比较

从江苏省、山东省和广东省三省的人均水资源占有量看（见表3-7），三省的排名分别是广东省、江苏省和山东省。广东省在人均水资源拥有量方面远远超过江苏省和山东省。但三省的水资源随着时间变化也表现出各自的特点，水资源充沛的广东省由2006年的人均2396.12立方米，减少到2013年的2131.24立方米；江苏省的变化幅度也加大，由2006年的538.3立方米/人，减少到2013年的357.56立方米/人；而唯独山东省的人均水资源拥有量尽管波动较大，但呈现出增加的趋势。山东省作为农业大省和工业用水大省，水资源的丰裕度会严重影响产业发展成本和水平。

表3-7　江苏、广东和山东三省人均水资源量

单位：立方米/人

省份＼年份	2006	2007	2008	2009	2010	2011	2012	2013
江苏省	538.3	653.32	494.05	519.82	489.2	624.55	472.01	357.56
广东省	2396.12	1686.29	2323.8	1682.49	1943.3	1404.82	1921	2131.24
山东省	214.82	414.56	349.98	301.75	324.4	361.65	283.93	300.45

山东省作为农业大省，2013年农业在山东省占有8.7%的比重，对地区国民经济的贡献率达到3.3%，山东省以第一产业产品作为投入物的林产品加工产业在全国占用一定的竞争优势，比如木材加工及木、竹、藤、棕、草制品业、家具制造业、造纸及纸制品业、印刷和记录媒介复制业等加工工业。为保持这些的竞争优势，山东省除了发挥企业规模经济的优势外，也在尽量减少本产业的发展成本，积极培植本地区的林产品原料地。从现有的木材资源存量看，山东省和江苏省的森林蓄积量都很小，山东省略好于江苏省，但二者的森林蓄积量远远低于广东省，2013年广东省的森林蓄积量接近山东省的4倍，是江苏省的6倍。

表 3-8　江苏、广东和山东三省森林蓄积量

单位：亿立方米

年份 省份	2006	2007	2008	2009	2010	2011	2012	2013
江苏省	0.23	0.23	0.23	0.65	0.65	0.65	0.65	0.65
广东省	2.84	2.84	2.84	3.57	3.57	3.57	3.57	3.57
山东省	0.32	0.32	0.32	0.89	0.89	0.89	0.89	0.89

从三省的农村居民家庭土地经营情况看（见表 3-9），人均耕地面积最大的是山东省，最小的是广东省，从农村居民居民家庭经营土地总面积看，山东省也超过江苏省和广东省。从三省的农村居民家庭经营面积结构看，山东省的土地经营面积主要集中在耕地面积，几乎占到家庭土地经营面积的全部，广东省土地经营面积小，且相对结构分散，但人均水面面积和山地面积都比山东要多，山东省的水面面积在三省中是最少的。耕地面积的比较优势为山东大规模的土地流转提供了条件。

表 3-9　江苏、广东和山东三省农村居民家庭土地经营情况

单位：亩/人

		2006 年	2007 年	2008 年	2009 年	2010 年	2011 年	2012 年
江苏省	耕地面积	1.11	1.09	1.14	1.12	1.12	1.22	1.25
	山地面积	0.01	0.01	0.01	0.01	0.01	0.01	0.01
	园地面积	0.02	0.02	0.02	0.02	0.02	0.02	0.02
	水面面积	0.13	0.17	0.16	0.14	0.14	0.1	0.12
	总面积	1.27	1.29	1.33	1.29	1.29	1.35	1.4
广东省	耕地面积	0.66	0.67	0.66	0.67	0.65	0.53	0.53
	山地面积	0.27	0.26	0.28	0.29	0.31	0.58	0.6
	园地面积	0.11	0.11	0.12	0.12	0.11	0.11	0.1
	水面面积	0.09	0.09	0.09	0.08	0.07	0.07	0.07
	总面积	1.13	1.13	1.15	1.16	1.15	1.29	1.3

		2006 年	2007 年	2008 年	2009 年	2010 年	2011 年	2012 年
山东省	耕地面积	1.39	1.52	1.51	1.55	1.56	1.6	1.64
	山地面积	0.05	0.04	0.05	0.05	0.04	0.03	0.03
	园地面积	0.09	0.09	0.1	0.1	0.1	0.08	0.08
	水面面积	0.01	0.01	0.01	0.02	0.01	0.01	0.01
	总面积	1.54	1.66	1.67	1.72	1.71	1.72	1.76

第二节　三省产业结构与就业结构相似度比较

一、三省产业结构相似性比较

改革开放以来，作为中国经济火车头的广东省，依靠地处珠三角的特殊区位优势和国家的产业政策优势，经济发展迅速。地处长三角的江苏省更是发挥了上海市的龙头作用，后发优势明显。山东省尽管开放程度较前两者差，但山东省在全国具有很大的资源优势和人才优势，发展后劲足，山东省是2006 年地区生产总值超过 2 万亿元的两个省之一，仅次于广东，处在第二位。为实现山东经济赶超，将山东与产业升级和发展的领头雁广东以及江苏进行产业结构层面的对比分析和研究，以发现三省产业发展过程中存在的差异。

从 1978 年三省的产业结构比较看，山东省作为农业大省，农业的产值份额较大，占到了整个地区生产总值的三分之一，而当时的广东省农业的产值份额还高出江苏省两个百分点，三省的第二产业份额相差不大，山东和江苏省的比重非常接近，而服务业广东省最高，接近山东省的两倍。到了 2012年，江苏省和广东省的农业份额下降的幅度远远超过山东，产业结构调整明显，广东省服务业的份额几乎占据了整个地区生产总额的半壁江山，达到了46.5%，江苏省的服务业也达到了 43.5%，超过山东省 3.5 个百分点。

表3-10　山东、江苏和广东三省产业结构比较

单位:%

省份	产业	1978	1981	1988	1994	2001	2005	2010	2012	2013
山东	第一产业	33.3	38.2	29.7	20	14.4	10.6	9.1	8.6	8.7
	第二产业	52.9	44.8	44.5	49.1	49.3	57.4	54.3	51.4	50.1
	第三产业	13.8	17.9	25.8	30.9	36.3	32	36.6	40	41.2
江苏	第一产业	27.6	31.3	26.4	16.9	11.6	8	6.2	6.3	0.6
	第二产业	52.6	50.8	48.5	53.9	51.9	56.6	53.2	50.2	37.2
	第三产业	19.8	17.9	25.1	29.2	36.5	35.4	40.6	43.5	62.2
广东	第一产业	29.8	32.5	26.5	15.0	8.2	6.3	5.0	5.0	4.9
	第二产业	46.6	41.4	39.8	48.8	45.7	50.4	50.0	48.5	47.3
	第三产业	23.6	26.1	33.7	36.2	46.1	43.3	45.0	46.5	47.8

为便于分析山东省产业结构与江苏和广东省产业结构的关系,我们利用相似系数公式:

$$SAB = \sum_i^n XAiXBi / \left[\left(\sum_i^n X_{Ai}^2 \right) \left(\sum_i^n X_{Bi}^2 \right) \right]^{\frac{1}{2}}$$

公式说明:A参照省份的数值,即表示将要和其他省份比较的产业产值结构或就业结构,B是选择的与参照省份相对照的其他省份的产值结构或就业结构,XAi代表产业i在A中的比重,XBi表示产业i在B中的比重。通过计算,得出山东省产业结构与江苏省、广东省各年产业结构的相似系数如下(见表3-11)。

表3-11　山东、江苏和广东三省各年产业结构相似性比较

年份 省份	1978	1981	1988	1994	2001	2005	2010	2012	2013
江苏	0.992	0.989	0.996	0.996	0.999	0.998	0.997	0.998	0.934
广东	0.983	0.986	0.986	0.995	0.995	0.980	0.989	0.993	0.993

数据来源:1979—2014年中国统计年鉴。

数据显示，1978 年山东省产值结构接近江苏省产业结构，相似系数为 0.992。跟广东省的产业结构差距更大一些，二者的相似系数 0.983。其后至 2001 年，山东省产业结构和江苏省产业结构相似性越来越接近，相似系数几乎达到了 1，此后，由 2001 年的最高点逐渐下降，其间有波动，到 2013 年相似系数下跌到 0.934。反观山东省与广东省产业结构相似性发现，二者之间的相似系数从 1978 年的 0.983 一直增长到 2001 年的 0.995，其后有短暂的背离，从 2005 年后产业结构相似系数又开始趋同，到 2013 年达到 0.993。

二、三省就业结构相似性比较

从表 3-12 中山东省和江苏省、广东省的三次产业就业情况看，从 1985 年开始，山东省与江苏省、广东省劳动力就业分布就存在明显区别，山东省农业劳动力就业人员在三次产业中的比重要高出同期的江苏省 15.3 个百分点，而同期的江苏和广东相差不大。其后三省遵循产业结构变动规律，农业的就业人员在不断地向第二和第三产业调整，但调整的幅度存在差别。广东省从 1985 至 2013 年调整的幅度最大，由 1985 年的 54.9%，降到 2013 年的 13.67%，29 年间第一产业从业人员减少了 41.23 个百分点；山东省紧随其后，同时间段内第一产业从业人员减少了 36.8 个百分点，江苏省在其间第一产业从业人员减少了 33.1 个百分点。但由于山东省第一产业从业人员初始比重较大，到 2013 年第一产业从业人员仍然占比达到 31.7%，而江苏省和广东省却分别下降到了 20.1% 和 13.67%。

表3-12　山东、江苏和广东三省产业从业人员比重

单位:%

省份	产业	1985 年	1989 年	1994 年	2001 年	2005 年	2006 年	2009 年	2010 年	2012 年	2013 年
山东省	一产	68.5	64.2	58.0	52.3	40.2	39.1	36.5	35.5	33.1	31.7
	二产	19.8	22.9	25.1	23.9	30.5	31.4	32.0	32.6	34.2	34.5
	三产	11.7	13.0	16.9	23.8	29.3	29.5	31.5	31.9	32.7	33.8
江苏省	一产	53.2	48.7	48.9	41.3	30.9	28.6	23.7	22.3	20.8	20.1
	二产	32.7	34.5	31.5	31.0	37.2	38.4	41.1	42.0	42.7	42.9
	三产	14.1	16.8	19.6	27.7	31.9	33.0	35.2	35.7	36.5	37.0
广东省	一产	54.90	52.70	45.20	33.44	24.50	22.63	18.32	16.00	14.14	13.67
	二产	31.70	30.50	34.80	36.10	45.07	45.78	48.05	49.79	50.96	49.97
	三产	13.40	16.70	20.00	30.46	30.43	31.59	33.63	34.21	34.90	36.36

按照产业结构相似系数计算公式,将山东省三次产业从业人员和同期的江苏省、广东省从业人员进行相似系数计算(见表3-13)。从山东省与江苏省和广东省的就业结构相似系数看,长远趋势表现出山东省三次产业就业人员更接近江苏省的就业结构特点。1994 年两省就业最高相似系数达到0.986,其后逐渐减小,到2010 年降低为0.960,其后就业结构相似系数又开始趋同。山东省跟广东省的就业结构相似系数在1985 年较高,其后最高上升至1989 年的0.981,从此到2010 年,总体趋势是两省的就业结构相似系数呈下降趋势,2010 年后,开始上升。在2013 年两省的就业结构相似系数达到0.970。将江苏省和山东省就业结构相似系数和产业结构相似系数进行比较发现,截至2013 年两省的就业结构相似系数比较接近,但产业结构相似系数却有背离趋势,从一个层面反映山东省的三次产业从业人员的劳动生产率存在差别,江苏省的人力资源禀赋更强。山东省和广东省的就业结构相似系数比较,二者背离现象明显,截至2013 年两省的相似系数为0.926,跟1985 年相比,下降了0.044,对比两省的产业结构相似系数看(见表3-11),两省产业结构相似系数反而越来越接近,到

2013 年达到了 0.993，反映出山东省的追赶趋势明显。

表 3 - 13　山东省与江苏省、广东省三次产业就业结构相似系数

省份	1985 年	1989 年	1994 年	2001 年	2005 年	2006 年	2009 年	2010 年	2012 年	2013 年
江苏省	0.963	0.961	0.986	0.976	0.979	0.974	0.962	0.960	0.966	0.970
广东省	0.970	0.981	0.969	0.926	0.934	0.931	0.918	0.908	0.916	0.926

第三节　三省不同行业城镇单位就业人员比较

为从细分产业层面识别三省产业结构和就业人员吸纳能力，表 3 - 14 列举了三省 2010—2013 年的产业分城镇单位就业人员情况。从不同年份城镇单位总就业人员情况看，不同年份的有一定的变化，但在分析的四年间，广东省城镇单位就业人员始终是处在第一位。从变化趋势看，广东省和江苏省的城镇单位就业人员变化速度要超过山东省，而且就江苏省和山东省而言，山东省的城镇单位吸纳劳动力逐渐被江苏反超。城镇单位吸纳劳动力数量反映出各省的城镇化进程和农村劳动力的转移情况，表中的数据也说明山东省在城镇化进程和农村劳动力转移方面要落后于广东省和江苏省。

再从典型细分行业就业人员情况看，农林牧渔业作为山东省在全国的比较优势产业，统计的四年中的吸纳劳动力能力都低于同期的江苏省和广东省。山东省作为矿产资源相对丰富的省份，采矿业人员就业在三省中具有比较明显的优势地位。制造业也是山东省的优势产业，从吸纳人员情况看，三省中的广东省具有明显的数量优势，山东省和江苏省不相上下。作为自热垄断行业中的电力、燃气及水的生产和供应业，山东省用人要多于其他两省，在 2010—2012 年间山东省的建筑业用人有明显优势，但 2013 年，江苏省有了井喷式的用人，在 2013 年江苏省在建筑业中的用工一度达到 420.5 万人，这一数据说明江苏省的农村劳动力转移情况和江苏省在全国范围内的建筑业人员输出情况较好。信息传输、计算机服务和软件业方面，作为知识和技术型产业的典型代表，该产业中吸纳的大部分是高级技术人才，广东省作为我国改革开放的桥头堡和人才洼地，吸纳的就业人员能力最强；其次是江苏省，该产业吸纳人员就业能力在 2013 年接近山东省的两倍，分别为 30.5 万和 17.5 万人。在租赁和商务服务业方面，江苏省和广东省比山东省吸纳人员就业能力要强，2013 年，三省的就业情况是 31.9 万人、20.8 万人、55.8 万人。在科学研究、技术服务和地质勘查业中，江苏省、山东省和广东省的就业情况为 19.2 万人、16.9 万人和 29.5 万人。金融业作为助推经济发展的润滑剂，是产业结构调整和升级的重要支撑，山东省金融业发展要滞后于江苏省和广东省，从产业吸纳人员的情况看，江苏省和山东省的纯就业人员相差不大，但相对山东的人口数量看，山东省在该产业的相对人员吸纳能力要低于江苏省。

表 3-14　江苏、山东和广东三省按行业分城镇单位就业人员

单位：万人

	2010 年			2011 年			2012 年			2013 年		
	江苏	山东	广东	江苏	山东	广东	江苏	山东	广东	江苏	山东	广东
城镇单位	763.8	956.2	1118.5	811.3	1050.4	1238.2	830.9	1110.2	1304.0	1503.3	1290.6	1967.0
农林牧渔业城镇单位	9.9	5.1	8.8	9.4	4.8	8.2	8.6	2.8	7.2	6.6	1.8	6.2
采矿业城镇单位	12.6	66.8	3.4	12.9	73.4	3.2	12.8	78.8	3.4	13.6	74.6	2.9
制造业城镇单位	335.5	346.4	476.7	353.7	372.2	519.0	359.7	395.0	540.9	555.4	437.2	1020.3
电力、燃气及水的生产和供应业城镇单位	12.9	20.4	18.8	13.2	20.8	19.9	12.9	21.0	20.1	18.1	23.9	32.2
建筑业城镇单位	52.3	80.3	64.4	65.2	121.9	92.7	69.5	136.8	107.6	420.5	188.7	162.3

	2010 年			2011 年			2012 年			2013 年		
	江苏	山东	广东	江苏	山东	广东	江苏	山东	广东	江苏	山东	广东
交通运输、仓储及邮电通信业城镇单位	31.2	34.7	56.1	31.4	35.7	61.9	30.6	37.4	61.8	48.4	50.6	83.3
信息传输、计算机服务和软件业城镇单位	8.7	6.6	17.6	9.9	8.4	19.7	10.8	9.1	18.6	30.5	17.5	33.3
批发和零售业城镇单位	29.0	38.2	42.6	32.1	48.2	55.6	33.5	48.9	65.0	61.4	67.3	95.5
住宿和餐饮业城镇单位	10.6	11.0	25.2	11.7	13.6	29.0	11.9	15.2	32.3	19.2	19.3	39.3
金融业城镇单位	26.9	33.2	41.2	28.9	34.6	46.1	29.4	32.7	47.6	30.8	34.8	43.3
房地产业城镇单位	7.3	11.4	29.0	7.9	13.4	33.4	8.2	15.8	34.9	21.2	23.7	52.5
租赁和商务服务业城镇单位	12.0	11.9	30.1	11.2	10.3	31.7	12.3	11.5	37.0	31.9	20.8	55.8
科学研究、技术服务和地质勘查业城镇单位	10.9	11.0	18.1	12.0	10.8	18.6	12.8	12.4	21.3	19.2	16.9	29.5
水利、环境和公共设施管理业城镇单位	12.3	11.6	14.0	13.0	12.0	14.4	13.3	12.5	14.3	14.0	14.9	16.3
居民服务和其他服务业城镇单位	1.0	3.5	6.4	1.1	3.6	6.8	1.3	3.9	5.8	3.6	3.3	7.3
教育业城镇单位	85.5	109.1	112.3	87.1	107.9	116.1	88.9	109.8	117.7	89.5	120.1	118.6

	2010 年			2011 年			2012 年			2013 年		
	江苏	山东	广东	江苏	山东	广东	江苏	山东	广东	江苏	山东	广东
卫生、社会保障和社会福利业城镇单位	36.3	43.5	50.3	39.7	46.4	53.9	41.1	49.6	56.1	43.9	56.2	55.9
文化、体育和娱乐业城镇单位	5.7	6.7	9.4	6.0	6.6	9.2	6.1	6.9	9.5	7.7	7.2	10.9
公共管理和社会组织城镇单位	63.1	105.0	94.2	65.0	105.8	98.9	67.4	109.8	102.9	67.8	112.1	101.7

第四节　基于要素分类的三省就业结构对比分析

一、按投入要素分类法的产业细分

为更深入地分析我国产业结构在调整过程中与就业结构的关系，以下分析将打破传统的三次产业划分与就业的吸纳关系，而是根据生产要素的投入将产业区分为劳动密集型产业、资本密集型产业和知识技术密集型产业。姚明明、陈丹（2013）认为在目前我国统计年鉴中将产业划分为以下三类：即劳动密集型产业，包括农林牧渔业、建筑业、住宿和餐饮业、居民服务和其他服务业；资本密集型产业，包括采矿业、制造业、电力、燃料及水的生产和供应业，交通运输业、仓储和邮政业，批发和零售业，金融业，房地产业；技术密集型产业，包括信息传输、计算机服务和软件业，租赁和商务服务业，科学研究、技术服务和地质勘察业，教育业，文化、体育和娱乐业。其中，由于水利、环境和公共设施管理业，卫生社会保障和福利，公共管理和社会组织三个产业属于中性的公共部门，在投入要素上难以区别，为避免误差较大，不予容纳。

二、山东省劳动、资本和技术密集型产业吸纳就业能力

首先将所属各个要素密集型产业的子产业年度增加值和吸纳劳动就业的人口汇总，然后将同年度的各个数据加总，得到本年度包括所有要素密集型产业在内的总的 GDP 增加值和就业总量。最后将三个要素密集型产业的增加值除以当年的 GDP 增加值，得到按要素投入划分的产业贡献率，同样，将三个要素密集型产业吸纳的劳动就业数量除以当年总就业量得到各要素密集型产业吸纳就业的比例。得到表 3－15，2009—2013 年各要素密集型产业对 GDP 的贡献及就业吸纳比例。从山东省劳动密集型产业看，从 2009—2013 年，该产业对 GDP 的贡献在小幅降低，基本保持在 0.18 左右，吸纳就业人员的能力保持在 0.5 以下，说明劳动密集型产业尽管劳动生产率不高，但还是山东省吸纳劳动力的主战场。资本密集型产业对山东省的 GDP 的贡献较大，五年间始终保持在 0.7 以上，但该产业吸纳劳动力就业的能力有限，一直没超过 0.4，该产业中的加工制造业尽管作为山东省的优势产业，但这些年随着企业的做大做强和机械化程度的不断提高，资本替代劳动的现象凸显，像大型的家电企业海尔、海信、澳柯玛等，像潍柴动力、雷沃重工等汽车、内燃机等机械加工企业中利用机器人等柔性制造设备，设备的机械化程度越来越高，效率也在不断提升。该产业中的交通运输业、仓储和邮政业、批发和零售业、金融业、房地产业等部分新兴产业作为未来吸纳就业的主要领域，要么是发展还处在较低层次，如山东省的金融业，要么是处在扩张阶段，如批发和零售业、仓储业，要么是发展过速，出现的市场需求限制，如房地产等，这些原因都是影响资本密集型产业吸纳劳动力的主要因素。从技术密集型产业看，山东省该产业无论是在 GDP 的贡献方面还是在吸纳劳动力就业方面，都表现出较低层次，但有一点非常重要，就是从时间序列上发现其贡献率和吸纳劳动力的变化是在逐渐增加的。

表 3 – 15   山东省各要素密集型产业对 GDP 的贡献率及吸纳就业的比例

年份	GDP 贡献率			吸纳就业比例		
	劳动密集型产业	资本密集型产业	技术密集型产业	劳动密集型产业	资本密集型产业	技术密集型产业
2009	0.182	0.712	0.054	0.499	0.361	0.040
2010	0.179	0.717	0.053	0.494	0.370	0.043
2011	0.178	0.716	0.055	0.489	0.380	0.043
2012	0.178	0.715	0.057	0.482	0.386	0.045
2013	0.177	0.710	0.057	0.471	0.392	0.049

三、江苏省劳动、资本和技术密集型产业吸纳就业能力

我们仍然按照以上要素分类方法，即劳动密集型产业包括：农林牧渔业、建筑业、住宿和餐饮业、居民服务和其他服务业；资本密集型产业包括：采矿业，制造业，电力、燃料及水的生产和供应业，交通运输业、仓储和邮政业，批发和零售业，金融业，房地产业；技术密集型产业包括：信息传输、计算机服务和软件业，租赁和商务服务业，科学研究、技术服务和地质勘察业，教育，文化、体育和娱乐业。因江苏省统计年鉴在部分统计年份没有细分行业产值，为简便起见，我们只是对江苏省的要素密集型产业吸纳人员就业情况进行分析（见表 3 – 16）。江苏省劳动密集型产业吸纳就业能力明显比山东省要低，但变化趋势是在增强，2013 年出现较大突变，是因建筑业出现了井喷式的用人状况。江苏省的资本密集型产业吸纳劳动力的就业能力要比山东省强，这是因为作为该类产业统计对象采矿业、制造业、电力、燃料及水的生产和供应业、交通运输业、仓储和邮政业、批发和零售业、金融业、房地产业，这些产业中像吸纳就业能力较强的批发和零售业、金融业等要比山东发展得要早，且比较成熟。在技术密集型产业中，江苏省在该产业中的吸纳劳动力能力要远远超过山东省，说明江苏省的产业人力资源支撑能力要超过山东省。但从数据的变化看，技术密集型产业的就业人员吸纳能力存在下降的趋势。

表 3 –16　江苏省各要素密集型产业吸纳就业的比例

年　份	劳动密集型产业	资本密集型产业	技术密集型产业
2009	0. 091	0. 592	0. 166
2010	0. 092	0. 599	0. 162
2011	0. 102	0. 603	0. 156
2012	0. 11	0. 587	0. 158
2013	0. 294	0. 498	0. 119

四、广东省劳动、资本和技术密集型产业吸纳就业能力

我们仍然沿用以上的分类方法，广东省要素分类法产业吸纳劳动力情况见表 3 –17。广东省吸纳劳动力能力最强的产业是资本密集型产业，吸纳人口占据了一多半。广东省劳动密集型产业始终保持在 0. 1 左右，时间序列上没有明显趋势，该产业用工情况和江苏省有相近之处，二者均比山东省要小。在技术密集型产业吸纳劳动力方面，广东省略强于江苏省，但要远远超过山东省技术密集型产业对人才的吸纳。该表也反映出广东省在较高产业层次上的人力支撑能力要强于山东省。

表 3 –17　广东省各要素密集型产业吸纳就业的比例

年　份	劳动力密集型产业	资本密集型产业	技术密集型产业
2009	0. 094	0. 5933	0. 1687
2010	0. 09	0. 6	0. 1671
2011	0. 1026	0. 6034	0. 1581
2012	0. 1058	0. 6025	0. 1575
2013	0. 0987	0. 6843	0. 1274

第五节　基于个体私营经济成分的三省劳动密集型产业就业对比

个体私营企业作为民营经济的主要形式是劳动力密集型产业的主战场，我们以山东省、江苏省和广东省的个体私营经济作为比较对象，从中可以发现三省劳动密集型产业对劳动力的吸纳能力。

首先，从三省整个民营经济的高度看：一是山东省市场主体数量偏少。据统计，2013 年，全国共有民营市场主体 5788.4 万户，山东省仅占全国的 6.9%，广东省和江苏省分别占全国的 7.9% 和 7.6%。近年来，山东省民营市场主体与先进省份差距有拉大的趋势，2013 年，山东省民营市场主体新增注册登记 69 万户，列广东省（110.8 万户）、湖北省（109 万户）、江苏省（96.7 万户）、浙江省（71.9 万户）之后，居全国第五位。二是山东省市场主体层次较低。2013 年，山东省个体工商户与私企之比是 4.1∶1，与全国（3.54∶1）、江苏省（2.6∶1）、广东省（2.61∶1）、浙江省（2.77∶1）相比，山东省个私之比明显偏高。山东省每万人口拥有私营企业 77.4 户，远低于江苏省（183.2 户/万人）、浙江省（171.0 户/万人）、广东省（144.4 户/万人）和全国（92.6 户/万人）的比例。

其次，从个体民营经济的产业结构层次看，山东省以个体私营企业组成的民营经济产业结构普遍不太合理。山东省民营企业多数仍以原材料初加工为主，产业层次较低，产业链条偏短。"2013 年中国民营企业 500 强"中山东省有 54 个，江苏省、浙江省分别有 91 个、139 个。其中，从事工业"六大高耗能行业"的民营企业，山东省有 21 个，比例偏高。同时，民营企业中服务业龙头企业少、产业结构不优。"2013 年中国民营企业服务业 100 强榜单"中，山东省有 6 个，而浙江省达到 22 个，江苏省达到 17 个。山东省上榜民营企业所属行业 4 个均为"批发零售业"，而浙江、广东、江苏省民营企业均有"软件和信息技术服务业"上榜。

最后，观察表3-18列举的2004—2013年间三省的私营企业就业人数和个体企业就业人数，江苏省私营就业人数在观察年份分别比山东省高出171.95万人、353.03万人、410.32万人、543.37万人、786.67万人、794.62万人、880.93万人、890.37万人、907.04万人、1126.3万人；而个体就业人数基本和山东持平，这一数据反映出山东省私营企业发挥就业的能力存在一定的问题，因为若考虑到山东省常住人口要远远超过江苏省的常住人口，作为吸纳劳动力就业的主渠道，山东省私营企业在吸纳劳动力就业方面要借鉴江苏省的经验。山东省的私营企业就业人数跟广东省私营企业就业人数比较，我们发现从2004—2013年间差距分别是44.32万人、82万人、144.96万人、227.5万人、301.75万人、284.12万人、204.19万人、275.3万人、342.36万人、425.81万人，从中说明山东省跟广东省也存在加大的差距；在个体就业方面，观察年份中，广东省也超过山东省，到2013年广东省的个体就业人数比山东省高出112.47万人。

表3-18 三省私营和个体就业人员对比

单位：万人

省份	单位性质	2004	2005	2006	2007	2008	2009	2010	2011	2012	2013
广东省	私营企业就业人数	434.47	526.13	652.56	750.26	802.33	857.16	851.87	977.07	1097.77	1218.36
	个体就业人数	423.69	489.60	536.41	605.53	657.98	696.17	688.88	693.78	711.18	822.25
江苏省	私营企业就业人数	562.10	797.16	917.92	1066.12	1287.25	1367.66	1528.61	1592.14	1662.45	1918.85
	个体就业人数	249.76	321.21	301.30	307.46	344.60	408.86	475.75	533.01	570.43	624.18
山东省	私营企业就业人数	390.15	444.13	507.60	522.75	500.58	573.04	647.68	701.77	755.41	792.55
	个体就业人数	344.53	364.87	386.92	399.81	410.03	466.70	537.33	578.95	619.61	709.78

第四章 投入产出视角下的山东省
产业吸纳劳动力分析

第一节 产业吸纳劳动力的投入产出分析框架

里昂惕夫的投入产出表（见表 4-1）横向反映了各类产品和劳动力的分配使用情况，其中包括了作为中间产品的分配使用和作为最终产品的分配使用。投入产出表的纵列反映了各类产品在生产过程中所消耗的各种产品数量和劳动力数量，反映了整个社会主要最终产品的构成和各种产品的总量。因此，运用投入产出表能够较好地利用数量关系构建地区行业吸纳就业能力，其基本分析框架是通过设计一系列相互关联的指标，利用里昂惕夫矩阵的数量关系从多个侧面测算各个行业在吸纳就业能力方面的差异。投入产出分析框架中的主要计算指标如下。①

---

① 武盈盈：《投入产出分析视角下的行业吸纳就业能力研究》，《统计与决策》2012 年第 16 期。

表 4 − 1　实物型投入产出表

		计量单位	中间产品			最终产品	总产品
			产品 1	产品 2	产品 n		
中间投入	产品 1 产品 2 · · · 产品 n			Ⅰ		Ⅱ	X_1 X_2 · · · X_n
初始投入	劳动力	人	L_1　$L_2 \cdots L_n$ Ⅲ				

一、山东省地区投入产出表向量矩阵

投入产出表中的纵向和横向数值反映某一年度内，一个地区各个行业部门产品的投入来源和使用去向的相互关联的平衡关系。投入产出表可以获得如下向量：

中间使用以及中间投入矩阵表达式为：$X = (x_{ij})_{n \times n}$；

最终使用矩阵表达式为：$Y = (y_i)_{n \times 1}$；

增加值向量矩阵表达式为：$Z = (z_i)_{n \times 1}$；

总产出或者总投入向量矩阵表达式为：$X = (x_i)_{n \times 1}$

二、各产业部门的消耗系数

产业部门的直接消耗系数表达式为：$a_{ij} = x_{ij}/X_j (i, j = 1, 2, \cdots, n)$，直接

消耗系数 a_{ij} 反映生产经营过程中第 j 部门（产品）的单位总产出所直接消耗的第 i 部门（产品）的数量,直接消耗系数矩阵表达式为: $A = (a_{ij})_{n \times n}$。

产业部门的完全消耗系数矩阵为: $b_{ij} = a_{ij} + \sum_{k=1}^{n} b_{im} a_{mj} (i, j = 1, 2, \cdots, n)$, 完全消耗系数 b_{ij} 反映第 j 部门每提供一个单位最终使用时,对第 i 部门产品或服务的直接消耗和间接消耗之和,完全消耗系数矩阵表达式为:

$$B = (b_{ij})_{n \times n} = \begin{pmatrix} b_{11} & b_{12} & \cdots & b_{1n} \\ b_{21} & b_{22} & \cdots & b_{2n} \\ \vdots & \vdots & \vdots & \vdots \\ b_{n1} & b_{n2} & \cdots & b_{nn} \end{pmatrix}。$$

里昂惕夫矩阵表达式为: $D = B - I$。因为仅仅考虑山东省内就业视角,在作投入产出分析时需要将地区外产品调入的部分扣除,这部分对山东省内部就业没有产生任何贡献,为此,在处理上须以各行业自产率对消耗系数作出调整。投入产出核算表中列出的行业总产出是地区内的总产出,所以调整公式如下:

总产出 + 行业调入额 = 行业中间使用 + 行业最终使用

自产率 = 总产出/（行业中间使用 + 行业最终使用）

即满足: 调入率 + 自产率 = 1

三、产出乘数和影响力系数

（一）产业产出乘数

j 行业的总产出乘数: $E_j = \sum_{i=1}^{n} d_{ij} = \sum_{i=1}^{n} b_{ij} + 1$ （4 - 1）

E_j 含义是为配合第 j 行业最终使用增加 1 单位,其他行业最终使用均不增加,各行业总产出的增加额之和。它反映了 j 行业带动国民经济规模的能力,也能间接反映 j 行业吸纳就业的能力。

（二）产业的影响力系数

j 行业的影响力系数：$e_j = E_j / \dfrac{1}{n} \sum\limits_{i=1}^{n} E_i$ （4 – 2）

从影响力系数大小看，影响力系数 e 小于 1 的产业是带动山东省其他产业发展能力弱的产业，反之，e 大于 1 的产业发展能够对其他产业有较强的带动能力。

四、劳动力投入系数和就业效应

（一）劳动力投入系数

投入产出表第Ⅲ象限被省略的工资行向量如果改用实物量表示，则为各个行业就业者人数行向量（L_1，L_2，L_3，$\cdots$，L_n），L_m 的含义是第 m 行业投入的劳动力人数。X_m 是 m 部门的总产出。我们可以定义劳动力投入系数公式为：

$$I_m = L_m / X_m$$ （4 – 3）

I_m 含义是生产 m 行业的单位产品所需要投入的劳动力数量。若设 m 行业劳动力投入系数为常数，则总产出增量的变化导致对劳动力需求量的变化有如下关系式：

$$\Delta L_m = l_m \times \Delta X_m$$ （4 – 4）

$$\sum_{m=1}^{n} \Delta L_m = \overline{I'} \times \Delta \overline{X}$$ （4 – 5）

其中公式（4 – 5）中 $\overline{I'} = (I_1,\ I_2,\ \cdots,\ I_n)$ 是各个行业的劳动力投入系数向量。

公式（4 – 4）表明第 m 行业总产出增量 ΔX_m 引发的 m 行业劳动力增加数量，公式（4 – 5）表示总产出增量 $\Delta \overline{X}$ 引发的各个行业劳动力增加数。利用式（4 – 4）、式（4 – 5）可以计算总产出增量对就业的影响。但是劳动力投入系数和直接消耗系数类似，它只反映一个行业产出增加导致本行业就业增加的能力，并没有反映该行业产出增加引发直接、间接消耗各个行业产品导致的各个行业就业的变化。因而这个指标反映行业吸纳就业能力是不全面的。

（二）就业效应公式

我们将就业效应定义为一个行业产出增加所直接、间接地对各个行业就业产生的综合影响，公式表述如下：

$$\sum_{m=1}^{n} \Delta L_m = \overline{I'} \times \overline{D_j} = \sum_{m=1}^{n} I_m D_{mj} \tag{4-6}$$

$$f_j = \sum_{m=1}^{n} I_m D_{mj} \tag{4-7}$$

这个等式的含义是，第 j 行业最终使用增加一个单位，其他行业最终使用均不增加，导致各个行业劳动力的增加数。就业效应的大小能够反映一个行业吸纳就业能力的大小。

五、对就业效应的修正

（一）就业总产值弹性

就业增加值弹性 $= \dfrac{\Delta L_m}{\Delta Z_m} \times \dfrac{Z_m}{L_m}$，$L_m$ 为行业 m 就业人数，Z_m 为行业 m 增加值，可以证明就业总产值弹性等于就业增加值弹性。

（二）就业总产值弹性对就业效应的修正

考虑就业总产值弹性的劳动力投入系数为：

$$I_m^* = I_m \times \zeta_m$$

根据修正后的劳动力投入系数对上述公式进行修正，得到调整后的就业效应公式：

$$f_j^* = \sum_{m=1}^{n} l_m^* D_{mj} \tag{4-8}$$

由于农村剩余劳动力的存在，农业产出受气候和环境的影响很大，就业人数和产出增减没有显著关系，因而这里将农业的就业总产值弹性设为0，即 $\zeta_1 = 0$。

六、行业的成本利税率估算

成本利税率作为反映行业效率的指标，在完全竞争的市场机制下，市场价格的调节作用会使得资源市场配置将向成本利税率较高的行业流动，因而使该行业因获得资源优势而拥有竞争优势，发展空间大，吸纳人员能力强。因此，成本利税率也是间接反映行业吸纳就业能力的重要指标。

第二节　基于投入产出分析的山东省行业吸纳就业能力

因我国投入产出表仅公布到 2007 年，我们利用投入产出核算方法对山东省行业吸纳就业能力进行分析，投入产出表的数据来源主要来自于：山东省发布的 2007 年 42×42 部门投入产出表、山东省各年统计年鉴、山东省经济普查年鉴等统计资料。根据上述提供的数据分析表达式，我们将具体指标计算中的数据及结果表示如下：

一、消耗系数、产品自产率计算处理

利用投入产出表，我们可以较容易地计算出直接消耗系数 A 和完全消耗系数 B、里昂惕夫矩阵 D。需要说明的是该投入产出表并没有给出行业调入额等相关数据，也就无从计算行业产品自产率这一指标，但参照以往学者们利用投入产出对其他地区和全国计算的自产率经验结果看，资产率基本都保持在 95% 左右，为此，我们认为自产率不做调整不会对本书的研究结论产生多大影响。

二、总产出乘数、影响力系数和成本利税率分析

行业的产出乘数是反映行业带动各个行业生产能力的重要指标，其带动能力强说明该产业发展能够波及它的上下游等关联产业的快速发展，从而实现该产业对包括劳动力的产业资源需求。我们利用自产率调整的里昂惕夫矩阵可以计算出各行业总产出乘数和影响力系数以及各行业成本利税率指标数值，计算结果如下（见表4-2）。

表4-2 各行业产出乘数、影响力系数和成本利税率

行业名称	按产出乘数排列	总产出乘数	影响力系数	成本利税率（%）
电气、机械及器材制造业	1	3.957	1.502	-5.09
金属冶炼及压延加工业	2	3.755	1.426	7.94
金属制品业	3	3.501	1.327	12.55
煤炭开采和洗选业	4	3.451	1.311	12.03
交通运输设备制造业	5	3.447	1.308	9.41
通用、专用设备制造业	6	3.385	1.283	14.32
石油加工、炼焦及核燃料加工业	7	3.311	1.255	4.32
建筑业	8	3.304	1.254	9.33
仪器仪表及文化、办公用机械制造业	9	3.206	1.217	10.10
通信、计算机及其他电子设备制造业	10	3.181	1.208	21.13
纺织业	11	3.127	1.188	10.46
木材加工及家具制造业	12	3.096	1.174	11.43
金属矿采选业	13	3.092	1.174	4.45
工艺品及其他制造业	14	2.994	1.136	21.43
造纸印刷及文教用品制造业	15	2.981	1.132	12.10
非金属矿物制品业	16	2.968	1.127	17.11
服装皮革羽绒及其制品业	17	2.930	1.112	15.85
化学工业	18	2.924	1.110	19.15

续表

行业名称	按产出乘数排列	总产出乘数	影响力系数	成本利利润率（%）
非金属矿及其他矿采选业	19	2.907	1.104	6.69
食品制造及烟草加工业	20	2.743	1.042	13.63
住宿和餐饮业	21	2.689	1.020	8.41
电力、热力的生产和供应业	22	2.630	0.998	23.14
交通运输及仓储业	23	2.457	0.935	10.96
卫生社会保障和社会福利业	24	2.435	0.925	10.31
批发和零售业	25	2.430	0.920	17.52
信息传输、计算机服务和软件业	26	2.385	0.907	6.08
综合技术服务业	27	2.290	0.871	7.85
水利环境和公共设施管理业	28	2.280	0.864	17.14
公共管理和社会组织	29	2.283	0.868	1.00
居民服务和其他服务业	30	2.140	0.813	33.07
金融保险业	31	2.122	0.810	31.55
文化、体育和娱乐业	32	1.961	0.746	5.12
邮政业	33	1.953	0.741	74.96
水的生产和供应业	34	1.913	0.726	31.96
房地产业	35	1.857	0.706	13.44
石油和天然气开采业	36	1.760	0.666	31.05
燃气生产和供应业	37	1.706	0.653	1.24
教育事业	38	1.552	0.590	8.20
租赁和商务服务业	39	1.480	0.559	9.18
科学与试验发展业	40	1.450	0.552	23.24
废品废料	41	1.003	0.524	*
行业平均	42	2.650	1.007	14.85

（一）总产出乘数、影响力系数指标分析

从表4-2的计算结果中不难发现，山东省在产出乘数和影响力系数排名前十位的几乎都是传统制造业，山东省服务业的产出乘数和影响力系数均处于中下游，这充分说明在山东省产业结构中，制造业仍然占据着十分重要的位置。相对制造业来说，第三产业在经济增长中的作用还不够强大。作为总产出乘数这一指标，其大小从一定程度上也能反映对就业的影响，计算结果表明山东省要想在短期内实现由传统加工制造业的转型升级，大力发展生产性服务业是一种选择。

（二）成本利税率分析

成本利税率排名前十位的分别是以下行业：邮政业（74.96%），居民服务和其他社会服务业（33.07%），水的生产和供应业（31.96%），金融保险业（31.55%），石油和天然气开采业（31.05%），科学与试验发展业（23.24%），电力热力的生产和供应业（23.14%），工艺品及其他制造业（21.43%），通信设备、计算机及电子设备制造业（21.13%），化学工业（19.15%）。这一计算结果跟武盈盈（2012）的计算结果比较接近。从行业特征看，其中的邮政业、水、电力生产供应以及石油天然气开采业四个行业基本属于国家垄断行业，虽然其成本利税率较高，但不能表明这些行业效率较高或者有市场发展潜力。因为，这些垄断行业缺乏市场竞争价格机制的资源引导，成本利税率未能反映市场竞争的真实信息，资源配置也不是市场竞争的结果。在这种情况下，行业成本利税率可能是因为成本信息不对称导致的企业虚高价格和排斥竞争的结果，这种垄断行业的就业带动作用有限。但随着国家对这些行业行政垄断部门的放松规制、引入竞争机制，不仅可以提高这些产业部门社会资本、劳动力等资源的参与，提高其生产水平和服务质量，而且也能提高资源的有效利用，吸纳更多的劳动力就业。在竞争性行业中若成本利税率高，则说明行业竞争力强，如通信设备、计算机及电子设备制造业的成本利税率较高，说明这些行业在山东省发展潜力较大，这些行业也具有一定的生产性服务业人员密集型特点，在今后应作为重点予以扶持以便提高吸纳就业的水平。

三、就业总产值弹性、劳动力投入系数计算

（一）就业总产值弹性计算

利用计算就业总产值弹性的公式，依据《山东统计年鉴 2012》《山东统计年鉴 2011》《山东统计年鉴 2010》中行业就业人数和行业总产值指标，求出就业总产值弹性平均数，得到各行业就业总产值弹性数值，计算结果如下（见表 4-3）。其中，计算过程中的行业就业人数数据采用分行业年底就业人数这一指标。因在山东省统计年鉴中提供的地区生产总值指标中，仅仅是按照几个较大部门给出的生产总值，其中第三产业分类和 2007 年投入产出表中大部分行业的指标相同，基本能满足数据计算要求；第二产业中有工业和建筑业两种分类，其中的工业产值是制造业、采掘业以及电力、煤气及水的生产和供应业的和值。

表 4-3　各行业劳动就业总产值弹性

行　业	劳动就业总产值弹性
采矿业	0.800
制造业	0.846
电力、燃气及水的生产和供应业	0.865
建筑业	0.987
交通运输、仓储和邮政业	0.911
信息传输、计算机服务和软件业	1.501
批发和零售业	0.946
住宿和餐饮业	1.915
金融业	1.003
房地产业	1.300
租赁和商务服务业	1.897

行　业	劳动就业总产值弹性
科学研究、技术服务和地质勘查业	0.811
水利、环境和公共设施管理业	0.707
居民服务和其他服务业	0.970
教育	0.966
卫生、社会保障和社会福利业	0.886
文化、体育和娱乐业	0.951
公共管理和社会组织	0.922

本书采用山东省统计年鉴中规模以上工业企业主要经济指标中数据，从第二产业规模以上企业中分别获得采掘业、制造业、电力、煤气及水的生产和供应业的工业增加值数据，计算发现这三个细分产业的工业增加值之和与地区生产总值中的工业产值尽管不等，但数据差异不大，因此，可以将此数据作为地区生产总值处理。利用上述方式选取了18个行业的就业人数和总产值指标，据此估计了这18个行业的就业弹性数值。但此法选取的行业分类指标计算结果和2007年投入产出表的分类指标不一致，因此我们在本书中的处理方法同样采用武盈盈的方法，根据在统计年鉴中选择的18个行业和投入产业表中的细分行业进行比对，如果处在投入产出表的某个细分行业属于表4-3中的较粗行业范围中，我们就将该细分行业的弹性值采用表4-3所属行业的弹性值来替代。另外，根据前述讨论，农业的就业总产值弹性设定为0。

表4-3的计算结果显示，劳动就业总产值弹性数值超过1的有信息传输、计算机服务和软件业、住宿和餐饮业、金融业、房地产业、租赁和商务服务业。这些产业都属于服务业，而且大都属于服务业中的生产性服务业（住宿和餐饮业除外），这类产业属于山东省未来结构调整的方向和目标，因为任何产业发展都离不开计算机服务和软件业，数字农业、数字工业和数字服务业是大数据时代不可缺少的内容。金融业作为新兴服务业，

是产业发展的润滑剂，良好的金融环境是产业快速发展不可或缺的必要条件，金融业作为山东省的短板行业，在新一届省政府的大力推动下，会产生较好的产业推动和就业吸纳作用。

（二）劳动力投入系数计算

计算劳动力投入系数和就业效应需要知道各行业的就业人数。山东省统计年鉴提供的行业就业数据有以下几种：一种提供了全行业的就业人数，但其行业分类较粗，与投入产出表的分类并不对应；一种是统计年鉴提供的行业分类与投入产出表比较接近，但是只有该行业职工人数，没有包含全行业从业人数。这里采用《山东省经济普查年鉴2008》中行业分类（小类）分组的从业人数指标，代入公式（4-3），得到未经调整的劳动力投入系数（见表4-4第1栏）。

四、就业效应的计算与分析

将劳动力投入系数的计算结果、就业总产值弹性的计算结果分别代入公式（4-7）、公式（4-8），得到未经调整的就业效应（见表4-4第2栏）和经总产值弹性调整的就业效应（见表4-4第5栏）。

表4-4　各行业劳动力投入系数和就业效应

行业细分	未经调整的劳动力投入系数（1）	未经调整的就业效应（2）	就业总产值弹性（3）	调整后的劳动力投入系数（4）	调整后的就业效应（5）	按调整后的就业效应排序（6）
煤炭开采和洗选业	0.113	4.229	0.801	0.091	3.892	1
教育事业	0.844	0.870	0.965	0.817	0.840	2
木材加工及家具制造业	0.207	0.348	0.846	0.175	0.298	3
公共管理和社会组织	0.228	0.301	0.921	0.210	0.280	4
水利、环境和公共设施管理业	0.180	0.250	0.970	0.174	0.245	5
建筑业	0.102	0.251	0.987	0.101	0.231	6

续表

行业细分	未经调整的劳动力投入系数（1）	未经调整的就业效应（2）	就业总产值弹性（3）	调整后的劳动力投入系数（4）	调整后的就业效应（5）	按调整后的就业效应排序（6）
卫生、社会保障和社会福利业	0.182	0.256	0.886	0.161	0.228	7
服装皮革羽绒及其制品业	0.134	0.237	0.844	0.114	0.205	8
金属制品业	0.093	0.230	0.846	0.079	0.200	9
工艺品及其他制造业	0.117	0.228	0.847	0.097	0.198	10
非金属矿物制品业	0.115	0.212	0.846	0.096	0.186	11
仪器仪表及文化、办公用机械制造业	0.103	0.212	0.846	0.085	0.184	12
纺织业	0.101	0.204	0.846	0.086	0.177	13
金属冶炼及压延加工业	0.036	0.198	0.846	0.032	0.175	14
非金属矿及其他矿采选业	0.106	0.203	0.800	0.085	0.173	15
通用、专用设备制造业	0.063	0.197	0.844	0.053	0.170	16
水的生产和供应业	0.136	0.195	0.864	0.118	0.169	17
造纸印刷及文教用品制造业	0.077	0.188	0.846	0.065	0.164	18
燃气生产和供应业	0.138	0.181	0.864	0.120	0.159	19
住宿和餐饮业	0.035	0.121	1.915	0.070	0.155	20
科学与试验发展业	0.158	0.182	0.811	0.128	0.153	21
电气、机械及器材制造业	0.037	0.170	0.846	0.031	0.152	22
信息传输计算机服务和软件业	0.051	0.120	1.502	0.076	0.141	23
交通运输设备制造业	0.043	0.159	0.844	0.037	0.140	24
批发和零售业	0.064	0.133	0.946	0.061	0.129	25
金属矿采选业	0.046	0.137	0.800	0.037	0.120	26
通信设备计算机及其他电子设备制造业	0.043	0.135	0.844	0.036	0.119	27
化学工业	0.046	0.130	0.844	0.039	0.117	28

续表

行业细分	未经调整的劳动力投入系数（1）	未经调整的就业效应（2）	就业总产值弹性（3）	调整后的劳动力投入系数（4）	调整后的就业效应（5）	按调整后的就业效应排序（6）
金融保险业	0.047	0.113	1.001	0.047	0.115	29
石油加工炼焦及核燃料加工业	0.012	0.126	0.846	0.011	0.111	30
租赁和商务服务业	0.045	0.069	1.897	0.084	0.109	31
电力、热力的生产和供应业	0.035	0.123	0.864	0.031	0.107	32
邮政业	0.047	0.101	0.911	0.045	0.094	33
居民服务和其他服务业	0.035	0.099	0.970	0.034	0.091	34
综合技术服务业	0.048	0.107	0.710	0.033	0.090	35
交通运输及仓储业	0.036	0.098	0.911	0.033	0.089	36
食品制造及烟草加工业	0.029	0.095	0.846	0.025	0.085	37
房地产业	0.028	0.074	1.300	0.038	0.077	38
文化、体育和娱乐业	0.015	0.061	0.951	0.014	0.058	39
石油和天然气开采业	0.024	0.056	0.800	0.020	0.050	40
平均		0.286			0.263	

（一）行业总产出乘数和行业就业效应的比较

对比表4-2行业总产出乘数和表4-4经过调整的就业效应可以看出，两者行业排序存在一定差异，利用 spearman 序数相关检验，其相关系数为0.35，在0.05的显著性水平下二者具有一定的相关性。从指标含义上分析，行业总产出乘数反映该行业带动各行业生产的能力，行业排序越靠前说明该行业带动各行业生产能力越强，因此可以从侧面反映该行业带动就业的能力，作为衡量行业吸纳就业能力的间接指标；而就业效应，反映的是行业最终使用增加一个单位，所引发的各个行业增加的就业量，因此就业效应是反映行业就业能力的直接指标。二者差异反映了地方政府在促进地区经济增长、促进充分就业两者目标上可能存在一定冲突，需要作出平衡，从促进本地区经济发展的目的出发应该根据本地资源禀赋状况选择总产出乘数较大的行业作为本地主导产业，同时兼顾就业效应较大的行业，达到经济增长和充分就业的协调发展。

（二）行业间的就业效应比较

从表4－4可以看出，就业效应调整前后排序均位第一的煤炭开采和洗选业，其就业效应远远高于位居第二的教育事业。这一结果和山东省煤炭等自然资源丰富的地貌特征相吻合，通过数据比较可以发现，作为劳动密集型行业的煤炭开采业已经成为吸纳山东省低层次劳动力的最重要领域。教育事业较高的就业效应则和山东省人口众多、重视受教育的传统相联系。就业效应排在前10位的行业中，第三产业有4个，占40%，第二产业占60%，并且都属于轻工业；排名后10位的行业中，第三产业有6个，占60%。一般认为第三产业是吸纳劳动力的重要领域，但表4－3数据表明山东省第三产业还没有充分发挥这一优势，其吸纳就业能力还有待进一步挖掘，在经济发展的产业结构转换中第三产业应通过规模扩张以及产业升级，加快吸收结构转换过程中产生的剩余劳动力，缓解日益严重的就业压力。

（三）调整前后就业效应的比较

从表4－4可以看出，除住宿餐饮和租赁商业服务业外其他行业的就业效应在经过总产值弹性调整后普遍下降，但由于各行业的弹性不同，下降幅度不同，平均值从0.284下降为0.261，下降幅度为8%，说明总产值弹性对就业效应的影响比较大。将调整前和调整后的就业效应排序进行spearman序数相关检验，其相关系数为0.978，在0.01的显著性水平下二者排序就有显著相关性，说明各个行业在调整前后就业效应的排序几乎没有变化。排序变动较大的住宿和餐饮业从调整前28位上升到调整后20位，就业效应从0.122上升到0.154，上涨26%，信息传输、计算机服务和软件业从未经调整时的30位到调整之后的23位，就业效应从0.119增加到

0.140，上升幅度达 17.6%。信息传输、计算机服务和软件业属于新兴知识密集型行业，该行业发展反映了地区信息化建设的水平，就业效应在经总产值弹性调整后的上浮，一方面说明对计算机、软件等信息服务的需求在逐步壮大，山东省信息化水平和规模在不断扩大，另一方面说明该行业已经成为吸纳年轻劳动力的重要领域。

从上述讨论可以看出，经过调整的就业效应绝对值和排序位置可以较好地反映山东省人口、资源、经济运行中的状况和特点，是评价行业吸纳就业能力的优选指标。

第三节　投入视角下山东省不同阶段产业结构调整和劳动就业政策

一、1997—2000 年国有企业改革和脱困阶段

（一）国有企业改革三年阵痛期

从全国产业组织和结构改革看，1997 年 9 月，中共十五大和十五届一中全会提出：用三年左右的时间，通过改革、改组、改造和加强管理，使大多数国有大中型亏损企业摆脱困境，力争到 2000 年年底大多数国有大中型骨干企业初步建立现代企业制度。2000 年是中国国有企业三年改革与脱困的最后一年。在前两年工作的基础上，各地区基本实现了国有企业改革与脱困的三年目标。三年国有企业改革和脱困过程中，针对结构不合理，低水平生产能力严重过剩的情况，各地区、各有关部门加大了产业政策的实施力度，进行总量调控和结构调整，制止重复建设，淘汰落后生产能力，依法关闭质量低劣、污染环境、浪费资源和不具备安全生产条件的小厂小矿。纺织产业作为本次整改的典型，属于典型的劳动力密集型产业，

承载了我国大量的农村剩余劳动力，但是，随着我国产业结构的不断升级和调整，纺织行业作为国内的夕阳产业，调整转移力度越来越大，短期内对山东省的就业形势造成较大的压力。同时，国家要求以煤炭、冶金、制糖等传统基础重工业为重点，进行总量调控和结构调整，煤炭行业已累计取缔和关闭非法及不合理的小煤矿 4.3 万处，压缩产量 3.2 亿吨；冶金行业 2000 年关闭了 103 户小钢厂，淘汰落后工艺和设备，压缩长线产品。这些产业的调整都关系到山东省职工的下岗和再就业问题。通过调整，这些行业的产品结构得到优化，供求关系得到改善，产品价格止跌回升，经济效益明显好转。因为，产业组织和结构的变化也伴随着就业结构的变化，为解决因结构调整带来的社会问题，一方面国家加大下岗分流、减员增效的力度，把多余的人员减下来；另一方面，为保持社会稳定，国家采取了一系列政策措施，加大国家财政对下岗、转岗和再上岗人员的投入力度，确保下岗职工基本生活费按时足额发放，并通过多种方式，鼓励和帮助下岗职工再就业。

（二）国有企业改革和脱困三年目标执行情况

这一阶段，从山东产业组织结构改革和产业结构调整情况看，山东根据国家政策的引导，国有企业改革和脱困三年目标基本完成。围绕资本组织形式、公司法人治理结构、国有资本出资人制度等三个关键问题，推进了国有企业公司制改革和建立现代企业制度。山东省国有大中型企业改制面达 81.8%，111 户重点国有企业有 100 户实行了公司制改造，中小企业中有 80% 以上进行了多种形式的改革，涉及产权关系变革的占 50.6%。为做好"扶优扶强"工作，重点扶持 8 大集团、111 户重点国有企业和 136 个重点企业集团发展，年投入资金达到 300 亿元，用于国有重点工业企业技术改造；成立企业信用担保机构，筹集资金 3.3 亿元，帮助中小企业解决资金不足的问题。这一阶段使全省国有大中型企业亏损面降到 15.5%，列入国家重点考核的 371 户亏损企业已有 261 户实现了扭亏，脱困面达

72.2%。这种针对国有企业现代企业制度改革的组织变革，使整个山东省经济结构逐步向合理的方向发展，经济结构得到了战略性调整，推进了产业优化升级。三次产业结构中，第一产业比重下降 1.1 个百分点，第二产业提高 1.1 个百分点，第三产业持平，三次产业结构进一步优化。同时，面对山东省经济所有制结构单一，国有企业一枝独大，市场竞争不够充分的现实，山东省加大发展私有经济，非公有制经济有进一步的发展，全省个体业户和私营企业已达 312 万户，从业人员 883 万人，以公有制为主体、多种所有制共同发展的格局初步形成，非公有制经济占国民经济的比重达 31.6%。伴随着改革的进度，山东省下岗职工也创了新高，到 2000 年年初企业下岗人数为 234855 人，2000 年年底实有下岗职工人数为 204441 人。城镇登记失业人员到达了 37.5 万，城镇失业登记率为 3.2%，2000 年年底全省县以上机关企事业单位在岗职工人数为 791.7 万人，比上年减少 17.4 万人。这阶段针对国有企业减员增效的组织结构性调整，使山东省的就业压力凸现，下岗职工的再就业面临很大困难（见表4-5）。

表4-5　山东 2000 年各市企业下岗职工及再就业情况统计

单位：人

地区	年初下岗职工人数	新增加下岗职工人数		本年度减少下岗职工					年底实有下岗职工人数
			进入再就业服务中心的人数			从中心转出人数			
						解除终止劳动关系的人数	再就业人数	协议到期人数	
总计	234855	167316	144804	197730	174357	72923	164613	40174	204441
济南市	37943	14436	14436	26712	26712	26712	26712	24912	25667
青岛市	19628	54779	36151	39979	21351	21351	21351	1864	34428
淄博市	15845	5974	5974	8295	8295	2974	7951	—	13524
枣庄市	11770	3414	3414	4086	3956	722	3325	562	11098
东营市	3892	2153	2153	3585	3585	1459	3525	3525	2460
烟台市	8826	1021	1021	5698	5698	1280	5698	—	4149

续表

地区	年初下岗职工人数	新增加下岗职工人数		本年度减少下岗职工					年底实有下岗职工人数
			进入再就业服务中心的人数		从中心转出人数				
						解除终止劳动关系的人数	再就业人数	协议到期人数	
潍坊市	21274	16027	15741	14535	14534	2442	12436	453	22766
济宁市	14003	12914	11212	9679	8748	1366	7897	763	17238
泰安市	11374	9899	9899	11214	11214	3527	11209	1301	10059
威海市	1314	20	20	662	662	504	260	275	672
日照市	1792	2007	1816	2254	2254	58	2230	—	1545
莱芜市	873	—	—	106	106		106	—	767
临沂市	14251	2481	2481	6539	6539	2730	3645	164	10193
德州市	19878	7292	7014	12538	12089	6044	12084	5161	14642
聊城市	9351	4339	2912	6534	3290	—	2566		7156
滨州市	6790	4662	4662	7261	7261	1364	6704	435	4191
菏泽市	36051	25898	25898	38063	38063	390	36914	759	23886

资料来源：摘编自《山东统计年鉴2001》。

二、国家"十五"计划对山东产业结构调整和就业的影响

（一）国家"十五"计划经济发展目标

2001 年是实施"十五"计划的第一年。2000 年 10 月 15 日，中共中央十五届五中全会通过了《中共中央关于制定国民经济和社会发展第十个五年计划的建议》。"十五"计划是我国初步建立社会主义市场经济体制后的第一个五年计划，也是我国完成经济发展第二步战略目标，向第三步战略目标迈进，全面建设小康社会的第一个五年计划。在 2001—2005 年期间，经济和社会发展的主要目标是：国民经济保持较快的发展速度，经济结构战略性调整取得明显成效，经济增长质量和效益显著提高，为到 2010 年国内生产总值比 2000 年翻一番奠定坚实基础；国有企业建立现代企业制

度取得重大进展，完善社会主义市场经济体制迈出实质性步伐，在更大范围内和更深程度上参与国际经济合作与竞争；就业渠道拓宽，城乡居民收入持续增加，物质文化生活有较大改善，生态建设和环境保护得到加强；科技、教育加快发展，国民素质进一步提高，精神文明和民主法制建设取得明显进展。"十五"计划期间，宏观调控的主要预期目标是：经济增长速度年均为7.1%左右。2001年11月10日，在卡塔尔首都多哈举行的世界贸易组织第四届部长级会议上，通过了中国加入世界贸易组织的决定。同年12月11日，中国正式成为世界贸易组织成员。这标志着中国对外开放进入一个新阶段。

（二）山东省"十五"期间面临的产业结构调整和就业形势

面对山东省国有企业改革三年整顿产生的结构效应和国家"十五"期间提出的新的经济发展规划目标。到2001年，山东省已改制的省重点企业有88.6%实现了投资主体多元化；同时为响应国家"抓大放小"的产业重组政策，加大企业重组力度，积极培育发展大型企业集团，进一步巩固扭亏脱困成果，经国务院批准的债转股企业中有37%的企业完成了新公司注册登记。积极发展非公有制经济，2001年，非公有制经济实现增加值占国内生产总值的比重达32.6%。全省个体业户和私营企业151万户，从业人员490.2万人，个体、私营经济实现的增加值占国内生产总值的26.1%。产业结构不断优化。初步计算，2001年山东省实现国内生产总值9438.3亿元，按可比价格计算，比上年增长10.1%。其中，第一产业增加值1359.5亿元，比上年增长4.2%；第二产业增加值4654.5亿元，增长11.3%；第三产业增加值3424.3亿元，增长10.7%。三次产业结构由上年的14.9:49.6:35.5变为14.4:49.3:36.3，产业结构进一步优化。

"十五"期间产业结构的进一步调整，对山东省人口就业产生了较大的影响，使的山东省的就业形势更加严峻。从总就业人口看，从2000年的5441.8万人增长到2001年的5475.3万人，增长了33.5万，经济活动人口由 2000 年的 5533.7 万人增长到 2001 年的 5569 万人，增长了 35.3 万人。地区就业人口占经济活动人口的比例没有发生变化，保持在 98% 的水平。从城镇就业人口看，2001 年，城镇就业人口为 1885.4 万人，城镇失业人口为 35.4 万人，尽管城镇登记失业人口较上年减少了 2.1 万，城镇登记失业率却增加了 0.1 个百分点。城镇登记失业率的增加反映出山东省的就业形势依然紧迫，从短期看，产业结构的优化调整没有形成就业的正向效应。

2003 年 10 月，中共中央十六届三中全会明确提出，"坚持以人为本，树立全面、协调、可持续的发展观，促进经济社会和人的全面发展"，确立了科学发展观。2003 年 12 月 23 日，国务院办公厅发出《转发国家发改委等部门关于制止钢铁、电解铝、水泥行业盲目投资若干意见的通知》。2005 年 10 月 11 日，中共中央十六届五中全会提出了建设社会主义新农村的重大历史任务。2005 年 2 月 24 日，国务院发出《关于鼓励支持和引导个体私营等非公有制经济发展的若干意见》，即"加快民营经济发展三十六条"。这些国家政策的密集出台，正是在转方式调结构中实现科学发展、人员就业、市场竞争。在经济转型期，大量下岗和转岗人员的消化吸收是政府面临的关键问题，在国家财力还处在比较紧张的时期，政府性的公共投资捉襟见肘，解决人员吃饭问题的无二选择就是毫不动摇地巩固和发展公有制经济，毫不动摇地鼓励、支持和引导非公有制经济发展，使两者在社会主义现代化进程中相互促进，共同发展，是必须长期坚持的基本方针。为此，"十五"期间国务院提出了：一、放宽非公有制经济市场准入；二、加大对非公有制经济的财税金融支持；三、完善对非公有制经济的社会服务；四、维护非公有制企业和职工的合法权益；五、引导非公有制企业提高自身素质；六、改进政府对非公有制企业的监管；七、加强对发展非公有制经济的指导和政策协调等七个方面三十六条意见。

在既要坚持实现产业结构调整优化，又要保证下岗职工的再就业的政策基调下，2003 年山东省高新技术企业达到 2258 家，比上年增加 96 家。

规模以上高新技术工业实现增加值809.4亿元，比上年增长23.8%，增幅高于规模以上工业1.1个百分点；高新技术产业产值占规模以上工业总产值的比重为19.6%，提高2.6个百分点；非公有制经济比重快速提升。实现增加值5015.2亿元，占全省生产总值的比重为40.3%，比上年提高3.8个百分点；其中，民营经济实现增加值3753.5亿元，占生产总值的30.2%，提高1.1个百分点。全省个体工商户158.6万户，增长8.6%；从业人员347.1万人，增长16.5%。城乡私营企业22.9万户，增长29.9%；从业人员366.5万人，增长44.6%。伴随着我国加入世贸组织，山东省凭借优越的区位优势，积极发展外向型经济，外经外贸增速加快。实现进出口总额446.6亿美元，增长31.6%，增幅达到近年来新高；实际利用外资首次突破百亿美元，达112.6亿美元，增长73.2%。产业结构进一步得到调整，其中，第一产业增加值1505.0亿元，增长5.6%；第二产业增加值6650.0亿元，增长17.0%；第三产业增加值4275.0亿元，增长11.9%。三次产业结构由上年的13.2:50.3:36.5调整变化为12.1:53.5:34.4，第一、第三产业比重分别下降1.1和2.1个百分点，第二产业上升3.2个百分点。

（三）山东省"十五"期间面临的就业压力

人口就业方面，总就业人口由2002年的5527万人，增长到2003年的5620万人，城镇就业人口由1948.6万人增加到2029.7万人，城镇就业增长率达到了4%，城镇登记失业人口较2002年增加了1.6万人，登记失业率由2002年的3.6%增加到2003年的3.7%，增加了0.1个百分点。从产业结构和人口就业情况看，山东省劳动力的主要从业领域是第二产业，半岛城市群8市（济南、青岛、淄博、东营、烟台、潍坊、威海、日照）共实现生产总值8336.1亿元，占全省生产总值的64.5%，按可比价格计算增长16.2%，比全省平均水平高2.5个百分点。以青岛、烟台、威海三市为主体的胶东半岛制造业基地建设正式启动，吸纳了大量的产业工人。从服务业结构变动的情况看，山东省服务业发展严重滞后，再就业依然存在较大的压力。

到"十五"末，据 2005 年 1% 人口抽样调查结果推算，2005 年山东省 16 岁及以上就业人口共计 5676 万人，与 2000 年第五次人口普查相比，增加 236.3 万人，增长 4.3%；就业人口占劳动年龄（16 岁及以上）人口总数的比例为 74.8%，比 2000 年下降 2.4 个百分点；就业人口占总人口比重（即总就业率或称粗就业率）为 61.4%，比 2000 年提高 0.9 个百分点。就业人口占劳动年龄人口的比重下降，主要是大力发展教育事业、低年龄组人口就业率下降的结果。总就业率不降微升的主要原因，一是劳动力资源规模扩大，新成长的劳动力增加；二是"退而不休"，老年人口再就业比例上升；三是家务劳动社会化程度逐步提高，广大妇女的社会劳动参与率上升。这在一定程度上也说明山东省经济发展活力强。

（四）山东省"十五"期间就业结构细分

分城乡看，山东省城镇就业人口 2476.3 万人，比 2000 年增加 650.3 万人，增长 35.8%，占全省就业人口的比重为 43.6%，提高 10.1 个百分点；乡村就业人口 3199.7 万人，减少了 415.7 万人，占全省就业人口比重 56.4%，下降 10.1 个百分点（见表 4-6）。城镇就业人口大量增加，除了城镇建成区的扩大、城镇自身劳动力增加以外，农村劳动力向城镇流动转移是主要原因，说明山东省工业化和城镇化步伐加快。从就业率看，乡村高于城镇。2005 年城镇人口总就业率为 59.5%，乡村 62.9%，相差近 3.4 个百分点。农村人口就业率高于城镇的主要原因，一是乡村青少年参加劳动较早，低年龄组就业率高于城镇；二是农村没有严格的退休年龄，老年人口劳动参与率高于城镇。各市就业人员总量分布与其总人口规模分布大体一致。分地区看，临沂市就业人口达 659 万人，据全省首位；潍坊市 546.1 万人，位居第二；菏泽市 503.7 万人，排第三位；其后是济宁、青岛，分别为 490.6 万人、445.6 万人；烟台市的就业人口也在 400 万人以上。从就业率看，临沂市的总人口就业率最高，达 67.7%；济南、淄博、东营三市较低，均在 55% 以下。

表 4 - 6　2005 年山东省各市分城乡就业情况

单位：万人

地区别	全省			城镇			乡村		
	总人口	就业人口	就业率（%）	总人口	就业人口	就业率（%）	总人口	就业人口	就业率（%）
全省总计	9248.2	5676.0	61.4	4161.7	2476.3	59.5	5086.5	3199.7	62.9
济南市	642.9	341.7	53.1	398.2	192.8	48.4	244.7	148.9	60.9
青岛市	819.6	445.6	54.4	518.0	277.3	53.5	301.6	168.3	55.8
淄博市	442.4	237.1	53.6	264.2	126.8	48.0	178.2	110.3	61.9
枣庄市	359.8	225.7	62.7	164.1	101.2	61.7	195.7	124.5	63.6
东营市	194.8	101.8	52.2	108.4	53.5	49.4	86.4	48.3	55.9
烟台市	693.5	420.9	60.7	364.5	222.2	61.0	329.0	198.7	60.4
潍坊市	871.6	546.1	62.7	412.2	263.4	63.9	459.4	282.7	61.5
济宁市	781.7	490.6	62.8	315.8	180.8	57.2	465.9	309.8	66.5
泰安市	538.6	345.2	64.1	242.8	153.0	63.0	295.8	192.2	65.0
威海市	277.6	163.4	58.9	157.3	100.4	63.8	120.3	63.0	52.4
日照市	269.5	172.3	63.9	113.0	74.9	66.3	156.5	97.4	62.2
莱芜市	126.0	77.0	61.1	61.7	36.3	58.9	64.3	40.7	63.3
临沂市	973.3	659.0	67.7	341.7	230.2	67.4	631.6	428.8	67.9
德州市	537.5	360.8	67.1	189.5	136.3	71.9	348.0	224.5	64.5
聊城市	546.1	354.6	64.9	173.8	113.7	65.4	372.3	240.9	64.7
滨州市	362.9	230.5	63.5	114.1	82.8	72.6	248.8	147.7	59.4
菏泽市	810.2	503.7	62.2	227.0	139.2	61.3	583.2	364.5	62.5

第一产业就业比重大幅下降。在全省 5676 万就业人口中，有 3566 万人分布在第一产业，占 62.8%；有 1087 万人分布在第二产业，占 19.2%；有 1023 万人分布在第三产业，占 18.0%。三次产业就业人口比例为 62.8：19.2：18.0。与 2000 年比较，一产就业比重下降近 6 个百分点，二、三产业比重分别上升 3.5、2.5 个百分点。与同期增加值的产业结构相比，一产的增加值比重（10.4%）大大低于一产就业比重，即 60% 多的农业劳动者所创造的价值仅占 GDP 的 10%。这说明一产劳动生产率依然相当低下。个体、私营企业劳动者已占到将近五分之一。从就业单位或工作类型看，在全省就业人口中，除土地承包者（3447 万人）仍占绝大比重（60.7%）外，居第二位的就是个体工商户（包括未领取营业执照而实际从事个体经营活动的），达 677 万人，占全省就业人口的 11.9%，加上私营企业劳动者 431 万人，所占比重达到 19.5%；自谋职业者数量也相当可观，已达 260 万人，占全部就业人数的 4.6%；机关、社会团体、事业单位 275 万人，占 4.84%；国有及国有控股企业 268 万人，占 4.6%；在集体企业就业的有 210 万人，占 3.7%；其他类型单位（主要指外商投资和港、澳、台投资企业及民办非企业单位）108 万人，占 1.9%。由此可见，山东省多元化就业格局初步形成，非公有制单位已成为吸纳劳动力的主渠道。

就业人口的构成情况看。全省就业人口中，男性 3008 万人，占 53.0%；女性 2668 万人，占 47.0%，性别比为 112.72（以女性为 100），且随年龄增长而上升。与 2000 年相比，男、女就业人口分别增加 102 万人和 134.3 万人，性别比下降了 1.7 个百分点。分年龄看，23 岁以下的就业人口性别比均低于 100，其中 16 岁就业人口的性别比仅为 87.74。这说明女孩辍学就业的比例高于男孩。大约从 23 岁开始，各年龄组就业人口男性超过女性，44 岁以前均在 110 以内。这说明青壮年时期男女的就业优势旗鼓相当。但从 50 岁以后，就业人口性别比迅速上升到 120 以上，60 岁以后超过 150。这说明女性 40 岁以后的就业竞争力全面减弱，伴随着提前退休、离岗等原因，女性就业人口的比重显著下降。2005 年全省女性人口总就业率为 57.7%，比 2000 年上升 0.5 个百分点，但与男性 65.1% 的就业率相比仍低 7.4 个百分点。

从就业人口的年龄构成看，2005 年全省就业人口的平均年龄为 40.8 岁，比 2000 年提高 2.5 岁，比 1990 年提高了 6.1 岁；年龄中位数为 40 岁（即有半数在 40 岁以上），比 2000 年提高 3.2 岁，比 1990 年提高 7 岁。就业人口年龄渐趋中老年化的主要原因有以下几个方面：一是山东省长期以来实行严格的计划生育政策，人口出生率大幅度下降，青少年人口比重一再降低。2005 年全省 0—14 岁少年儿童占总人口比重为 15.9%，比 2000 年下降 4.9 个百分点，比 1990 年下降 10.7 个百分点，比 1982 年的 31.0% 下降了近一半。二是低年龄组的就业率下降。由于山东省近几年在巩固提高基础教育的同时，大力发展高等教育和职业技术教育，2005 年全省 16 岁及以上在校生达 377 万人，因此相应的低年龄就业人数大为减少。2005 年全省 16—19 岁的就业人口 268.9 万，比 2000 年减少 43.1 万人，该年龄段人口就业率为 42.5%，比 2000 年下降 11.7 个百分点。三是 20 世纪五六十年代出生的庞大人口群体现已步入中老年。新中国成立以后，山东省与全国一样，人口迅速膨胀，50 年代至 60 年代（除三年困难时期）全省人口出生率均在 30‰以上，每年平均出生人口 193 万，相当于现在每年出生人口数的 2 倍。这一庞大的人口群体已陆续进入中老年，成为就业人口的主体。根据 2005 年 1% 人口抽样调查资料推算，全省 36—42 岁（1963 年至 1969 年出生）的就业人口有 2074 万人，占全省就业人口总数的 36.6%；48—52 岁（1953 年至 1957 年出生）的有 1307 万人，占 23.0%。也就是说，这 12 个年龄组的就业人口占到全部就业人口的近 60%。四是老年人口比重上升。目前山东省人口的平均预期寿命已达 75.02 岁。随着人口平均预期寿命的延长，老年人口比重在不断上升。

表 4 – 7 2005 年山东省分年龄、性别就业情况

单位：万人

年龄（岁）	全省		男		女	
	就业人数	就业率（%）	就业人数	就业率（%）	就业人数	就业率（%）
合计	5676.0	74.8	3008.3	80.5	2667.7	69.2
16—19	268.9	42.5	128.0	39.6	140.9	45.5
20—24	429.9	83.4	214.8	84.4	215.1	82.4
25—29	524.2	90.6	270.5	96.8	253.7	84.8
30—34	696.3	92.2	362.4	97.1	333.9	87.5
35—39	903.4	93.8	460.2	97.4	443.3	90.4
40—44	810.1	93.2	408.8	96.5	401.1	90.0
45—49	619.0	89.7	328.8	95.4	290.2	84.09
50—54	623.7	82.9	346.6	91.2	277.1	74.4
55—59	390.0	72.3	222.9	82.3	167.1	62.2
60—64	211.0	56.6	129.5	68.1	81.5	44.6
65 及以上	199.5	21.7	135.8	32.1	63.8	12.8

就业人口的行业构成。"十五"期间，随着山东省经济结构的不断调整，就业人口的行业结构也发生了一些变化，主要表现以下几个方面：一是农林牧渔业劳动者比重进一步下降。2005 年全省农林牧渔业劳动者共计3566 万人，占全部就业人口的 62.8%，比 2000 年减少 177 万人，所占比重下降 6 个百分点。其中，农业劳动者 3459 万人，减少 191 万人；林、牧、渔业分别增加 3 万人、1 万人和 8 万人；农、林、牧、渔服务业增加2.3 万。二是工业劳动者增加 143 万人。2005 年全省从事工业的劳动者为 872 万人，占就业总人数的 13.4%，比 2000 年增加 143 万人，比重提高近 2 个百分点。其中，制造业增加 138 万人，电力、燃气及水的生产和供应业增加 5.8 万人。采矿业与 2000 年基本持平。三是建筑业劳动者增加88 万人。全省从事建筑业的劳动者 215 万人，比 2000 年增加 88 万人，增长 69.3%，占全部就业人口的比重为 3.8%，提高 1.5 个百分点。其中，

房屋和土木工程建筑业增加近 60 万人，建筑安装业增加 11.3 万人，建筑装饰业增加 11.2 万人。四是交通运输、仓储及邮政业增加 47 万人。全省从事交通运输、仓储及邮政业的劳动者共计 145.6 万人，比 2000 年增加 47 万人，增长 47.5%。其中公路运输业增加 19 万人，城市公共交通业增加 8 万人。五是批发和零售业增加近 100 万人。全省从事批发和零售业的劳动者共有 317.4 万人，比 2000 年增加近 100 万人，增长 47.5%。其中，零售业增加 113.6 万人，而批发业减少 13.7 万人，说明零售业尤其是现代零售业规模在迅速扩大。六是住宿和餐饮业增加近 21 万人。全省从事住宿和餐饮业的劳动者计有 86 万人，比 2000 年增加 20.9 万人，增长 32.1%。七是各种服务业共增加 38.5 万人。其中居民服务和其他服务业 83.5 万人，比 2000 年增加 66.3 万人，增长 3.8 倍，充分说明山东省服务业吸纳就业潜力很大。八是公共管理和社会组织减少 42 万人。2005 年全省从事公共管理和在社会组织工作的人员 117.2 万人，比 2000 年减少 42 万人，这主要是 2000 年以来山东省加大机构改革力度，大量调整合并乡镇建制，实行交叉任职，大量精简村（居）干部职数的结果（见表 4－8）。

表 4－8　2000 年、2005 年就业人口行业构成情况

单位：万人

行业大类	2000 年		2005 年	
	就业人数	比重（%）	就业人数	比重（%）
全省总计	5439.7	100.0	5676.0	100.0
农、林、牧、渔业	3742.1	68.8	3565.5	62.8
工业	729.0	13.4	872.4	15.4
建筑业	127.0	2.3	215.0	3.8
交通运输、仓储和邮政业	98.8	1.8	145.6	2.6
信息传输、计算机服务和软件业	8.6	0.2	17.2	0.3
批发和零售业	216.6	4.0	317.4	5.6
住宿和餐饮业	65.1	1.2	86.0	1.5
金融业保险业	27.9	0.5	26.5	0.5

续表

行业大类	2000 年		2005 年	
	就业人数	比重（%）	就业人数	比重（%）
房地产业	7.7	0.1	11.7	0.2
租赁、商务服务、居民服务及其他服务业	66.5	1.2	104.0	1.8
科学研究、技术服务和地质勘查业	9.3	0.2	8.7	0.2
水利、环境和公共设施管理业	13.2	0.2	14.6	0.3
教育、卫生、社会保障和社会福利业	152.3	2.8	160.2	2.8
文化、体育和娱乐业	16.7	0.3	14.1	0.3
公共管理和社会组织	158.9	2.9	117.2	2.1

从以上分析可以看出，山东的就业人口规模大，就业比较充分，就业人口结构趋于优化，文化素质继续提高，并由此折射出山东省的经济发展活力、产业结构调整的力度，以及教育事业发展成就。但同时也看出三大问题：一是农业劳动者比重高，"传统型"的就业结构没有根本改变；二是第三产业的就业比重偏低，甚至低于全国18.8%的平均水平；三是劳动者文化素质总体上不高，尤其是农业劳动力素质偏低，与建立现代农业的要求极不适应。今后所面临的主要任务是，加速农村劳动力的有序转移，提升劳动力文化水平和技术素质。

三、国家"十一五"规划对山东产业结构调整和就业结构的影响

（一）国家"十一五"规划关于国民经济与社会发展目标

2005 年 10 月 11 日，中共中央十六届五中全会通过了《中共中央关于制定国民经济和社会发展第十一个五年规划的建议》。"十一五"时期的主要目标是：在优化结构、提高效益和降低消耗的基础上，实现2010 年人均国内生产总值比2000 年翻一番；资源利用效率显著提高，单位国内生产总值能源消耗比"十五"期末降低20%左右，生态环境恶化趋势基本遏制，耕地减少过多状况得到有效控制；形成一批拥有自主知识产权和知名品

牌、国际竞争力较强的优势企业；社会主义市场经济体制比较完善，开放型经济达到新水平，国际收支基本平衡；普及和巩固九年义务教育，城镇就业岗位持续增加，社会保障体系比较健全，贫困人口继续减少；城乡居民收入水平和生活质量普遍提高，价格总水平基本稳定，居住、交通、教育、文化、卫生和环境等方面的条件有较大改善；民主法制建设和精神文明建设取得新进展，社会治安和安全生产状况进一步好转，构建和谐社会取得新进步。2006 年全面取消农业税以后，与农村税费改革前相比，全国农民共减轻负担 1265 亿元。2007 年 3 月 16 日，第十届全国人民代表大会第五次会议通过了《中华人民共和国物权法》，自 2007 年 10 月 1 日起施行。2007 年 6 月 29 日，第十届全国人民代表大会常务委员会第二十八次会议通过了《中华人民共和国劳动合同法》，自 2008 年 1 月 1 日起施行。《劳动法》的制定，是为了完善劳动合同制度，明确劳动合同双方当事人的权利和义务，保护劳动者的合法权益，构建和发展和谐稳定的劳动关系。2008 年 11 月到 2009 年 2 月，为应对国际金融危机对我国经济的影响，根据国务院部署，国家发展改革委等部门陆续制定发布了钢铁、汽车、船舶、石化、纺织、轻工、有色金属、装备制造业、电子信息以及物流业十个重点产业调整和振兴规划。

（二）山东省"十一五"期间产业结构的调整

根据国家提出的"十一五"规划目标，在优化结构、提高效益和降低消耗的基础上，实现 2010 年人均国内生产总值比 2000 年翻一番；资源利用效率显著提高，单位国内生产总值能源消耗比"十五"期末降低 20% 左右。为响应国家规划目标，2006 年山东省的投资结构发生了很大的变化，第一、二、三产业投资分别比上年增长 20.8%、20.1% 和 18.7%。重点领域和薄弱环节投资加强，计算机服务和软件业投资增长 82.9%，环境管理业投资增长 37.0%，文化、体育和娱乐业投资增长 41.1%，高新技术和信息产业投资分别增长 31.5% 和 38.7%。国家重点调控行业的投资下降或增速回落，煤炭行业投资下降 31.5%，冶金行业投资下降 10.3%；纺织和电力行业投资分别增长 0.4% 和 12.6%，增幅分别回落 31.7 个和 32.0 个百分点。规模以上工业企业（全部国有和年主营业务收入 500 万元及以上的非国有工业企业）达到 31331 家，比上年增加 4464 家，增长 16.6%。实现增加值 11122.8 亿元，增长 23.6%；其中，非公有工业增加值 7254.3 亿元，增长 30.0%。全省实现生产总值（GDP）21846.7 亿元，按可比价格计算，比上年增长 14.7%。第一产业增加值 2138.9 亿元，增长 5.2%；第二产业增加值 12729.0 亿元，增长 16.8%，其中，工业增加值 11556.0 亿元，增长 17.8%；第三产业增加值 6978.8 亿元，增长 14.2%。三次产业比例为 9.8:58.2:32.0。人均生产总值 23546 元，增长 13.9%。

2007 年山东省继续加大产业结构调整力度，从山东省的传统优势产业——加工制造业开始，优化工业产品结构。装备制造产品产量增长较快，光通信设备、手机、内燃机、金属成型机床、汽车产量分别比上年增长 77.3%、72.3%、61.6%、52.9%、31.0%。部分高耗能高污染产品产量增幅回落，生铁增长 13.7%，比上年回落 21.1 个百分点；钢材增长 20.1%，回落 15.8 个百分点；水泥下降 1.9%，回落 20.4 个百分点；纯碱增长 3.7%，回落 2.3 个百分点；合成氨增长 2.7%，回落 12.5 个百分点；焦炭增长 17.9%，回落 2.7 个百分点。全省实现生产总值（GDP）25887.7 亿元，按可比价格计算，比上年增长 14.3%。其中，第一产业增加值 2509.1 亿元，增长 4.0%；第二产业增加值 14773.4 亿元，增长 15.8%，其中，工业增加值 13411.2 亿元，增长 16.7%；第三产业增加值 8605.2 亿元，增长 14.5%。三次产业比例由 9.7:57.7:32.6 调整为 9.7:57.1:33.2。人均生产总值 27723 元（按年均汇率折算为 3646 美元），增长 13.5%。

2008—2009 年是进入 21 世纪以来山东经济社会发展最为困难的时期，2008 年的全球经济危机对山东形成了严重冲击，尤其是 2009 年，外贸形势非常严峻，对外贸依存度较大的行业几乎是一场灾难。山东省面对现实，寻找经济增长点和增长极。在区域经济发展方面，利用国务院正式批复黄河三角洲高效生态经济区发展规划的国家战略。山东省委、省政府出台了打造山东半岛蓝色经济区的指导意见，积极规划实施发展行业产业，黄河三角洲高效生态经济区实现生产总值5014.8亿元，比上年增长12.9%。胶东半岛高端产业聚集区和鲁南临港产业带建设起步良好，生产总值分别增长12.8%和14.1%。省会城市群经济圈实现生产总值12273.6亿元，增长12.9%。县域经济趋好。2008年全省实现生产总值（GDP）31072.1亿元，按可比价格计算，比上年增长12.1%，增幅回落2.2个百分点。其中，第一产业增加值3002.7亿元，增长5.1%；第二产业增加值17702.2亿元，增长12.1%；第三产业增加值10367.2亿元，增长14.0%。三次产业比例为9.6∶57.0∶33.4。人均生产总值33083元，增长11.4%；按年均汇率折算为4749美元，增长21.6%。2009年全省实现生产总值（GDP）33805.3亿元，按可比价格计算，比上年增长11.9%。季度GDP累计增速稳步提高，经济呈现"下行—见底—企稳—回升"的运行轨迹。其中，第一产业增加值3226.6亿元，增长4.2%；第二产业增加值19035.0亿元，增长13.7%；第三产业增加值11543.7亿元，增长10.7%。三次产业比例调整为9.6∶56.3∶34.1。其中，第一行产业比重没变，第二产业比重减少了0.7个百分点，第三产业比重增加了0.7个百分点。人均生产总值35796元，增长11.3%，按年均汇率折算为5240美元。制造业发展较快，实现增加值16836.8亿元，比上年增长15.9%，占规模以上工业比重由上年的86.3%提高到89.3%；实现利润3787.0亿元，增长26.3%，占规模以上工业利润比重由77.9%提高到86.3%。装备制造业增加值5402.8亿元，增长18.2%，占规模以上工业比重由26.1%提高到28.7%。十大高耗能行业增加值占规模以上工业的43.5%，比重下降3.7个百分点。高新技术产业比重持续上升，实现产值23558.7亿元，增长18.2%，占规模以上工业总产值的32.9%，比重提高2.2个百分点。

　　2010年，工业结构渐趋优化。制造业发展较快，实现增加值比上年增长 16.1%，高于规模以上工业 1.1 个百分点。装备制造业保持高速增长，实现增加值增长 23.1%，高于规模以上工业 8.1 个百分点。高新技术产业比重不断上升，实现产值 31602.1 亿元，增长 28.9%，占规模以上工业总产值的 35.2%，比重比上年提高 2.3 个百分点。十大高耗能行业生产趋缓，实现增加值增长 11.0%，低于规模以上工业 4.0 个百分点。经济实现平稳较快发展。初步核算，全省实现生产总值（GDP）39416.2 亿元，按可比价格计算，比上年增长 12.5%。其中，第一产业增加值 3588.3 亿元，增长 3.6%；第二产业增加值 21398.9 亿元，增长 13.4%；第三产业增加值 14429.0 亿元，增长 13.0%。产业结构调整取得明显成效，三次产业比例为 9.1∶54.3∶36.6。其中第一产业产值比重减少了 0.2 个百分点，第二产业比重回落了 2 个百分点，第三产业产值比重增加了 2.2 个百分点。产业结构调整呈现出多层面、协调性特点。在第一产业中，现代农业发展水平提高，高效特色产业的产值占农业的比重达到 60% 以上。第二产业调整注重传统产业转型升级加快，装备制造业增长值增长 23.1%，比规模以上工业增幅高 8.1 个百分点。战略性新兴产业比重提高，高技术产业产业产值占规模以上工业的比重达 35.2%，比年初提高 2.26 个百分点。为克服山东省经济发展中服务业滞后的"短板"问题，山东省探讨从体制上消除发展服务业的制度环境，培育服务业"四大载体"见到明显效果，银行、证券、保险业等现代服务业发展较快。

（三）山东省"十一五"期间就业结构的调整

山东省作为人口大省，比较产业结构调整和劳动力的就业情况，"十一五"时期，山东省面临的就业形势在国际金融危机的冲击及其影响下得以蔓延，进一步加大了全省就业再就业工作压力，使全省就业中的总量矛盾、结构矛盾非常突出。面对严峻的就业形势和复杂局面，全省积极作为，不断提高公共就业服务能力和服务水平，着力抓好就业再就业培训，突出解决三大重点群体的就业，取得了积极成效，全省就业人员规模不断扩大，就业增长与经济发展实现了一定的良性互动。2009 年年末，全省城乡就业人员总量达到了 6081.4 万人，比 2005 年增加 453.5 万人，增长 7.8%；年均增加 113.4 万人，年均增长 1.9%。与"十五"时期相比，年均多增加 33.6 万人，年均增速加快 0.5 个百分点。特别是 2008 年和 2009 年，虽然受国际金融危机的影响，但经过各方面的共同努力，年净增就业人数依然达到了 106.2 万人和 106.6 万人。经测算，2006—2009 年全省 GDP 平均每增长 1 个百分点，可拉动净增就业人数在 8.5 万人以上，比"十五"时期多增 2.4 万人。就业弹性系数由"十五"时期的 0.1084 提高到"十一五"的 0.1423。

"十一五"时期，在就业人员规模不断扩大的同时，就业结构也稳步调整。三次产业就业结构由 2005 年 40.2∶30.5∶29.3 调整为 2009 年的 36.5∶32.0∶31.5。研究中我们发现山东省就业结构呈现出四个特点。一是就业人员城乡结构进一步调整，更多的农村剩余劳动力转移到城镇。2009 年末，全省城镇就业人员为 2803.4 万人，比 2005 年增加 526.6 万人，增长 23.1%，占全部就业人员的比重达到了 44.5%，提高 4.5 个百分点。2006—2009 年，全省城镇就业人员年均增加 131.7 万人，年均增长 5.3%，所占比重提高 1.1 个百分点；与"十五"时期相比，全省城镇就业人员年均多增加 41.4 万人，年均增速加快 0.8 个百分点。伴随着农村剩余劳动力不断流向城镇，全省乡村就业人员延续了"十五"时期发展态势，人数不断减少，占全部就业人员的比重下降，减少速度加快。2009 年年末，全省乡村就业人员 3490.8 万人，比 2005 年减少 73.1 万人，减少 2.1%，占全部就业人员的比重降低到 55.5%。2006—2009 年全省乡村就业人员年均减少 18.3 万人，年均减少 0.5%，占全部就业人员的比重降低 1.4 个百分点；与"十五"时期相比，全省乡村就业人员年均减少幅度扩大为 7.7 万人，减速扩大 0.2 个百分点。二是服务业就业人员迅速增加，所占比重快速提升。伴随着山东省服务业的加快发展，全省服务业就业人员迅速增加。2009 年年末，全省服务业就业人员为 1982.7 万人，比 2005 年增加

273.7 万人，增长 16%，所占比重达到了 31.5%，上升 2.2 个百分点。2006—2009 年，全省服务业就业人员年均增加 68.4 万人，年均增长 3.8%，所占比重提高 0.6 个百分点。山东省是传统制造业基地，第二产业就业人员规模大，比重高。2009 年年末，全省第二产业就业人员为 2014.1 万人，比 2005 年增加 232.7 万人，增长 13.1%，所占比重为 32%，上升 1.5 个百分点。2006—2009 年，全省第二产业就业人员年均增加 58.2 万人，年均增长 3.1%，所占比重提高 0.4 个百分点。第一产业就业人员继续呈减少之势。2009 年年末，全省第一产业就业人员为 2297.4 万人，比 2005 年减少 52.9 万人，减少 2.3%，所占比重为 36.5%，下降 3.7 个百分点。2006—2009 年，第一产业就业人员年均减少 13.2 万人，年均减少 0.6%，所占比重下降 0.9 个百分点。三是非公有经济单位成为吸纳就业的主渠道。2009 年年末，全省个体工商户数达到 215.7 万户，比 2005 年增加 47 万户，增长 27.9%；就业人员为 466.7 万人，比 2005 年增加 101.8 万人，增长 27.9%，所占比重由 2005 年的 6.2% 提高到 7.4%，提高了 1.2 个百分点。私营企业 47.1 万户，同比增加 15.6 万户，增长 49.5%；就业人员为 573 万人，增加 128.9 万人，增长 29%，所占比重由 2005 年的 7.6% 提高到 9.1%，提高了 1.5 个百分点。港澳台企业 2831 家，就业人员 28 万人，比重为 0.4%；外商投资企业 5659 家，就业人员 109.5 万人，比重为 1.7%。

（四）山东省"十一五"期间就业调整目标绩效

新增就业方面，山东省连续 7 年城镇新增就业突破百万人。从 2004 年起，山东已连续 7 年城镇新增就业突破 100 万人。2010 年城镇新增就业达到 115.3 万人，完成了全年新增就业 100 万人目标，连续 7 年实现"过百万"。连续 8 年新增农村劳动力转移突破百万人。"十一五"时期，山东省为贯彻落实关于农民工的有关政策，不断加大职业培训力度，积极鼓励和引导农民工就地就近就业、外出就业和返乡创业，转移规模扩大，转移速度加快。2009 年年末，全省农村劳动力在外务工人数达到了 890 万人，2006—2009 年累计新增农村劳动力转移就业 587.1 万人，年均新增农村劳动力转移就业 146.8 万人，比"十五"时期增加 31 万人，增长 26.6%。2010 年全省新增农村劳动力转移就业 129.4 万人，连续 8 年实现"过百万"。2009 年年末，全省城镇登记失业人员为 45.1 万人，比 2005 年增加 2.2 万人，年均增加 0.6 万人，年均增长 1.3%，低于城镇新增就业年均增速 20 个百分点。2006—2010 年城镇登记失业率分别为 3.3%、3.21%、3.51%、3.4% 和 3.36%，实现了"十一五"时期城镇登记失业率控制在 4% 以内的目标，并始终低于全国平均水平。同时，城镇登记失业率峰值比"十五"时期低 0.19 个百分点。

四、国家"十二五"规划实对山东省产业结构调整和就业的影响

（一）国家"十二五"产业结构调整规划目标

国家"十二五"规划在产业结构调整方面的基本基调是坚持把经济结构战略性调整作为加快转变经济发展方式的主攻方向。提出了构建扩大内需作为产业发展的长效机制，并要依靠消费、投资和出口协同推进。在工业结构优化方面，提出要突破战略性新兴产业，明确提出服务业发展目标，使其增加值占国内生产总值比重提高 4 个百分点。需要重点调整的产业主要有装备制造业、船舶行业、汽车行业、冶金建材行业、石化行业等，对以上资本密集型产业发展提出了条件和要求。对劳动力密集型产业，如轻纺行业、包装行业、电子信息行业、建筑行业提出了调整方向。

（二）山东省"十二五"期间就业压力凸显

山东省属于国家产业结构调整政策覆盖产业较多的省份，国家产业调整方向也是山东省产业调整的目标。但山东省产业结构调整面临着比全国更大的下岗职工安置问题。为此，伴随着"十二五"规划的实施，山东省制定了《山东省促进就业规划（2011—2015）》，制定该规划的背景是"十

一五"时期就业主要指标实现较好（见表4－9）。

表4－9　山东省"十一五"时期就业主要指标情况

指标	2005 年基数目标	"十一五"规划目标	2010 年完成数量
五年城镇新增就业人数（万人）	[452.9]	[550]	[553.1]
城镇登记失业率（%）	3.35	<4	3.36
五年转移农业劳动力（万人）	[580]	[600]	[716.5]
全省城乡就业人员万（万人）	[5840.7]	/	[6401.9]
一、二、三产业从业人员比重	40.2:30.5:29.3	/	35.5:32.6:31.9
五年高校毕业生就业（万人）	/	/	[146.5]
全省农民工总量（万人）	/	/	2249
专业技术人才总量（万人）	231.6①	/	372.6②

注：[ ] 表示过去五年累计数①为年统计数②为 2008 年统计数。

"十二五"时期面临的就业形势。"十二五"时期，山东省就业总量压力将继续加大，结构性压力进一步凸显，就业形势依然严峻，就业任务更加繁重。一是劳动力供大于求的总量压力持续加大（见表4－10）。城镇需要就业的劳动力年均万人左右，还有相当数量的农业富余劳动力需要转移就业。二是就业结构性矛盾更加突出。随着技术进步加快和产业结构优化升级，技能人才短缺问题将更加凸显，部分院校人才培养模式与社会需求脱节，高校毕业生供需结构失衡，造成企业"招工难"与劳动者"就业难"并存。以高校毕业生为重点的青年就业、农业富余劳动力转移就业、失业人员就业，以及就业困难群体实现就业难度依然很大。三是经济社会环境变化对促进就业提出了新挑战。转变经济发展方式，推进产业升级、科技进步和管理创新对劳动者素质提出了更高的要求，推进城镇化对农业富余劳动力转移就业工作提出了新的任务。调整经济结构，节能减排、淘汰落后产能以及企业兼并重组将加大失业调控的压力。同时，经济社会转型过程中劳动者利益诉求发生新的变化，劳动关系协调难度不断加大。四是公共就业和人才服务不能满足需要。职业培训有待进一步加强，人力资源市场信息化建设滞后，广大劳动者对提高就业质量、共享均等化公共服务、保障平等就业权益的期望越来越高，妨碍劳动力流动就业的体制机制障碍依然存在。

表 4 - 10 山东省"十二五"时期就业主要指标情况

指 标	2010 年	2015	属性
城镇新增就业人数（万人）	［553.1］	［500］	预期
城镇登记失业率（％）	3.36	<4	预期
转移农业劳动力（万人）	［715.9］	［600］	预期
高技能人才总量（万人）	117	200	预期
专业技术人才总量（万人）	372.6①	615	预期
最低工资标准年均增长率（％）	14.7	13	预期
企业劳动合同签订率（％）	78	90	预期
企业集体合同签订率（％）	75	90	预期
劳动人事争议仲裁结案率（％）	88	93	预期

注：［ ］表示过去五年累计数①为 2008 年统计数。

（三）山东省"十二五"期间实施产业与就业结构调整的措施

山东省在产业结构调整中针对"十二五"时期制定的就业指标，采取投入资金到位、技术引领、产业配套、三次产业结构联动、政策法律保障多管齐下的措施。资金到位是指用于各产业发展的结构性投资目标明确，专款专用。技术引领是指在三次产业发展方面采取激励机制吸纳海内外专业人员进行创业，产业配套是指针对农村劳动力转移就业问题，创造适于农民工就业的劳动力密集型产业，包括物流产业、建筑业、家政服务业、纺织服装业、城建公共服务业等。以工业中的装备制造业为例，该产业作为在全国有一定竞争力的产业，涌现出海尔、海信、澳柯玛、潍柴动力、雷沃重工等国内驰名品牌，在这些企业的发展中，随着其在产业链上下游延展和众多的配套企业的出现，创造了很多工作岗位。在"十二五"开局的第一年，山东省由投资结构引领产业结构，三次产业投资结构由上年的

2.4∶48.7∶48.9 调整为 2.1∶47.9∶50.0。结构性投资更加明显，资金向重点产业领域倾斜。其中在服务投资就达到 12969.7 亿元，比上年增长 23.8%；为提高山东省科技企业的创新能力，山东省加大高新技术产业的投资力度，用于高新技术产业投资达到 3450.6 亿元，增长 31.5%；改建和技术改造投资 6417.8 亿元，增长 27.2%；山东省文化资源丰富，文化产业具有巨大的市场需求和发展空间，文化产业 2011 年投资高达 1434.4 亿元，增长 22.8%。农业产业结构调整重点放在提高农产品的质量和安全性方面，通过划定农产品标准化基地面积和无公害农产品基地面积，大力推广绿色无公害产品的种植面积，同时实现农产品的认证登记"三品一标"（无公害农产品、绿色食品、有机农产品和农产品地理标志），使得到认证的产品数量达到 5786 个。伴随着产业结构的调整，在就业方面，山东省实现城镇新增就业 118.7 万人，新增农村劳动力转移就业 135.9 万人，连续 8 年实现城镇新增就业和农村劳动力转移就业双过百万。失业人员再就业 55.0 万人，其中困难群体再就业 11.8 万人，零就业家庭全部实现动态消零。城镇登记失业率为 3.35%，低于 4% 的全年控制目标。

在 2012 年，山东省为实现省内产业结构调整目标，三次产业投资结构继续调整，由上年的 2.1∶47.9∶50.0 调整为 2.2∶47.6∶50.2。发展服务业作为山东省的重点投资领域，服务业投资高达 15207.1 亿元，增幅超过了上年的 20.1%，仅在文化及文化创意相关产业投资就为 2782.0 亿元；在产业技术政策方面，鼓励企业实现技术创新，改建和技术改造投资 7721.9 亿元，增长 23.9%；高新技术产业投资 4617.0 亿元。投资结构使得产业结构由上年的 8.8∶52.9∶38.3 调整为 8.6∶51.4∶40.0，服务业上升了接近 2 个百分点。在就业方面，城镇新增就业 119.9 万人，新增农村劳动力转移就业 137.4 万人。失业人员再就业 55.6 万人，其中困难群体再就业 12.0 万人，零就业家庭全部实现动态消零。城镇登记失业率为 3.33%。在不断的结构性政策资金支持下，山东省在 2013 年实现了规模以上工业企业 38654 家，比上年年末净增 1796 家。全部工业增加值 24222.2 亿元，比上年增长

10.9%。其中，规模以上工业增加值增长 11.3%。在规模以上工业中，非公有企业增长 13.2%，私营企业增长 14.9%；41 个行业大类中，39 个行业实现增长，重要行业中，石油加工、炼焦和核燃料加工业增长 18.9%，橡胶和塑料制品业增长 17.2%，有色金属冶炼和压延加工业增长 15.1%，汽车制造业增长 14.9%，通用设备制造业增长 14.6%，化学原料和化学制品制造业增长 14.0%，电气机械和器材制造业增长 12.5%。就业方面，城镇新增就业 119.98 万人，新增农村劳动力转移就业 133.3 万人。失业人员再就业 55.5 万人，其中，困难群体再就业 11.7 万人，零就业家庭全部实现动态消零。城镇登记失业率为 3.24%，低于 4% 的全年控制目标。2014 年规模以上工业企业 38962 家，比上年年末增加 308 家。全部工业增加值 25340.9 亿元，比上年增长 9.3%。其中，规模以上工业增加值增长 9.6%。在规模以上工业中，轻工业增长 8.5%，重工业增长 10.1%。41 个行业大类中，35 个行业实现增长。其中，化学原料和化学制品制造业增长 11.7%，农副食品加工业增长 10.4%，石油加工、炼焦和核燃料加工业增长 11.5%，通用设备制造业增长 11.1%，电气机械和器材制造业增长 11.8%，汽车制造业增长 10.9%，铁路、船舶、航空航天和其他运输设备制造业增长 22.5%。三次产业比例由上年的 8.3∶49.7∶42.0 调整为 8.1∶48.4∶43.5。就业形势保持稳定。城镇新增就业 118.5 万人，农村劳动力转移就业 131.2 万人。失业人员再就业 52.3 万人。其中，困难群体再就业 11.9 万人。零就业家庭全部实现动态消零。城镇登记失业率为 3.30%，低于 4% 的全年控制目标。

第五章 山东省三次产业的就业弹性分析

第一节 山东省产业结构与就业结构关系的弹性分析

为了分析山东省三次产业对就业的影响变化，我们使用三次产业各自的就业弹性系数来考察。该系数是描述某个产业 GDP 的增量对从业人员增量的弹性，产业就业弹性系数公式如下：

$$E_i = (\Delta l_i / \Delta L)/(\Delta GDP_i / \Delta GDP) \times 100\%$$

式中 Δl_i 表示某个地区或全国某产业就业的增加量，ΔL 表示国内所有产业总就业增加量，ΔGDP_i 表示某地区或全国某产业产值的增加量，ΔGDP 表示国内生产总值增加量。该公式表明，某一产业产值在 GDP 总量中每增加或者减少一个百分比，所带来的该产业产值增量对就业增量的贡献率。

一、山东省三次产业结构分类下的就业弹性分析

为分析山东省三次产业的就业弹性，我们将山东省三次产业产值、三次产业的就业人员和三次产业就业弹性汇总在表 5 - 1 中。就业弹性是衡量经济增长对产业就业的敏感程度，三次产业的就业弹性反映的是三次产业产值变化所引起的三次产业对人员就业的吸纳能力。为了便于在图形中直观地反映出山东省三次产业的就业吸纳弹性，我们将表 5 - 1 中的个别特殊年份弹性较大的数据抛出得到图 5 - 1，对比图表可以发现山东省从 1980—

2013 年间三次产业吸纳就业的能力的变化特征。总体变化有一定的规律性：一是第二产业的就业吸纳弹性系数温和变化，没有出现大的波动，第一产业和第三产业的就业吸纳弹性变化比较活跃，尤其是第一产业的波动比较大；二是第三产业就业弹性明显出现逐渐增强的趋势；三是第一产业的就业弹性呈现出由正变负的特征。从图 5-1 中我们发现，除了以上抛出的几个特殊年份就业吸纳弹性有较大的突变，一产就业吸纳弹性系数变化比较大的年份还有 1996 年、1998 年、2000 年、2003 年和 2011 年，这些年份的弹性系数变化都超过 10%，这也从侧面反映出一产中劳动力的储水池作用和剩余劳动力情况，一产从业人员呈现出流动性、兼业化和不稳定的特点。

表 5-1　山东省就业吸纳弹性分析

年份 项目	一产 GDP （亿元）	二产 GDP （亿元）	三产 GDP （亿元）	一产从 业人员 （万人）	二产从 业人员 （万人）	三产从 业人员 （万人）	一产就 业弹性 （%）	二产就 业弹性 （%）	三产就 业弹性 （%）
1980	106.43	146.11	39.59	2458.10	382.50	276.90			
1981	132.21	155.41	58.95	2508.20	389.00	295.20	1.41	0.51	0.69
1982	154.07	166.05	75.26	2520.80	442.20	307.00	0.36	3.14	0.46
1983	185.57	178.75	95.51	2950.80	465.80	378.50	1.68	0.23	0.43
1984	222.13	239.27	120.16	2509.10	528.80	525.80	6.36	-0.55	-3.14
1985	235.96	293.07	151.43	2438.60	705.30	417.20	193.91	-124.79	132.11
1986	252.73	313.21	176.11	2431.10	776.00	444.10	-0.31	2.40	0.75
1987	287.31	384.57	220.41	2422.60	848.20	494.90	-0.32	1.33	1.50
1988	331.94	497.10	288.62	2474.50	905.10	507.50	2.16	0.94	0.34
1989	359.14	579.65	355.15	2527.60	902.60	510.10	6.47	-0.10	0.13
1990	425.29	635.98	449.92	2585.70	922.50	535.00	1.85	0.75	0.55
1991	521.85	745.90	542.79	2708.00	958.70	552.60	2.15	0.56	0.32
1992	534.62	999.11	662.80	2705.10	1000.80	596.70	-1.05	0.77	1.70
1993	596.63	1355.71	818.03	2689.90	1070.40	619.00	-1.83	1.46	1.07
1994	775.03	1891.43	1178.04	2541.60	1098.00	742.50	-318.89	19.76	131.60
1995	1010.13	2355.78	1587.44	2832.30	1305.50	1069.60	1.66	0.60	1.07

年份 项目	一产 GDP （亿元）	二产 GDP （亿元）	三产 GDP （亿元）	一产从 业人员 （万人）	二产从 业人员 （万人）	三产从 业人员 （万人）	一产就 业弹性 （％）	二产就 业弹性 （％）	三产就 业弹性 （％）
1996	1200.17	2784.09	1899.54	2788.00	1286.10	1153.30	-10.84	-2.11	12.48
1997	1195.00	3147.37	2194.70	2812.50	1311.90	1131.60	-108.24	1.62	-1.68
1998	1215.81	3408.06	2397.49	2837.30	1245.80	1204.50	18.26	-3.89	5.51
1999	1221.00	3644.32	2628.52	2811.70	1245.70	1257.30	-86.00	-0.01	3.98
2000	1268.57	4164.45	2904.45	2887.70	1286.00	1268.10	10.60	0.51	0.26
2001	1359.49	4556.01	3279.53	2863.60	1308.60	1303.10	-6.79	1.48	2.39
2002	1390.00	5184.98	3700.52	2769.60	1375.10	1382.30	-64.39	2.21	3.93
2003	1480.67	6485.05	4112.43	2638.30	1474.30	1508.00	-27.89	1.47	5.88
2004	1778.45	8478.69	4764.70	2542.10	1581.00	1605.00	-8.85	1.47	4.07
2005	1963.51	10478.6	5924.74	2350.30	1781.40	1709.00	-30.79	2.98	2.66
2006	2138.90	12574.0	7187.26	2328.00	1870.30	1761.70	-3.77	1.26	1.24
2007	2509.14	14647.5	8620.24	2265.20	1989.90	1826.30	-5.42	1.84	1.44
2008	3002.65	17571.9	10358.6	2313.50	1955.50	1918.60	4.75	-0.57	2.58
2009	3226.64	18901.8	11768.2	2297.40	2014.10	1982.70	-2.00	1.22	1.26
2010	3588.28	21238.5	14343.1	2273.10	2086.70	2042.10	-3.29	1.52	1.13
2011	3973.85	24017.1	17370.9	2211.60	2185.60	2088.40	-11.80	2.63	1.13
2012	4281.70	25735.7	19995.8	2168.00	2245.20	2141.10	-9.59	2.35	1.36
2013	4742.63	27422.5	22519.2	2086.00	2270.2	2224.3	-8.67	2.64	5.88

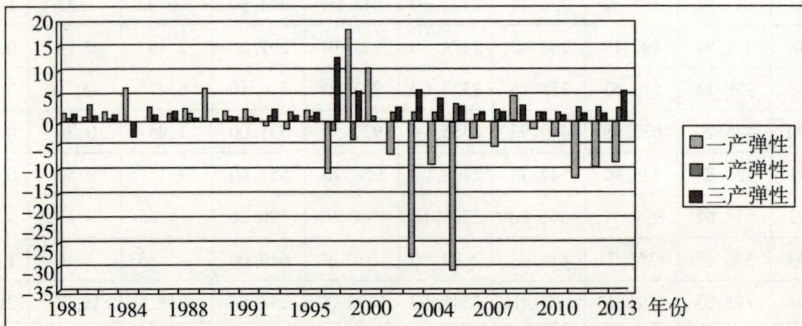

图 5-1 1980—2013 年山东省三次产业就业吸纳弹性

结合表 5 - 1 中的 GDP 的变化情况看，如果按照人均 GDP 是否达到万元，可划分为 1991—2000 年和 2001—2009 年两段，在 1990—2000 年这 11 年间，第一产业的平均就业吸纳弹性为 - 8.5，第二产业的就业吸纳弹性为 0.66，第三产业的就业吸纳弹性为 2.9；而在 2001—2009 年这 9 年内，各产业的就业吸纳弹性系数变化较大，在三次产业中，第一产业的就业吸纳弹性为 - 26.47，第二产业的就业吸纳弹性为 3.02，第三产业就业吸纳弹性为三个产业中的最大值，达到 3.03。这表明，在 20 世纪 90 年代第一产业就业已基本达到饱和，就业吸纳弹性下降幅度最大，不仅不能吸收劳动力，而且表现出向第二、第三产业转移劳动力的趋势。第二和第三产业的就业吸纳弹性为正值，表明第二和第三产业都对就业具有促进作用，但由于第三产业的就业吸纳弹性在三者中最大，从而表明发展第三产业对就业增加不仅具有促进作用，并且明显大于第二和第一产业。由此得出结论：当国内生产总值增量一定时，即经济增长速度保持稳定时，通过大力发展第三产业能够更好地促进就业增加，从而也证明了通过发展第三产业促进就业不仅是可能的，而且是有效的。

二、山东省分行业就业弹性分析

（一）山东省 17 个典型行业的就业弹性

根据山东省统计年鉴计算的各行业的就业弹性数据（见表 5 - 2），该表共列举了包含从一、二、三产业划分的 17 个行业，时间跨度选择 2012、2013 年两年。从静态比较看，2012 年就业弹性处在第一梯队的行业是农林牧渔业、建筑业、信息传输、计算机服务和软件业，这些行业的就业弹性超过了 8，信息传输、计算机服务和软件业的就业弹性更是高达 19.70，说明这些行业经济增长变化对人员就业的敏感度较强，产业产值每变化一个百分数就会引起就业增长量达到百分之八以上。第一产业的就业弹性系数为负值，说明经济增长使得有更多的农民工外流。从 2013 年各产业的就业弹性系数看，农林牧渔业高达 -21.64，该产业就业人员随着经济增长继续外流，速度超过去年，除农林牧渔业外，弹性系数排在前面的几个行业分别是：信息传输、计算机服务和软件业达到 90.54，卫生、社会保障和社会福利业达到 45.93，交通运输、仓储和邮政业达到了 18.8，教育产业达到 17.72，住宿和餐饮业达到 -14.59，科学研究、技术服务和地质勘探业达到 12.53，水利、环境和公共设施管理业达到 11.53，这些产业的就业弹性都超过 10 以上（见图 5-2）。住宿和餐饮业弹性系数是负值，说明该产业有人员外流现象，这与最近几年我国缩小各级政府公务招待费支出，控制三公经费有一定的关系。

两年的时间跨度较短，很难反映一个产业弹性变化的一般规模，但能够粗略地反映近期的产业结构调整引起的就业敏感度。从 2012—2013 两年动态的变化情况分析，就业弹性变化比较大的行业有信息传输、计算机服务和软件业，其就业弹性由 2012 年的 19.70 变化到 2013 年的 90.54；卫生、社会保障和社会福利业的就业弹性变化也比较大，从 2012 年的 2.67 巨变到 2013 年的 45.93；交通运输、仓储和邮政业由 2012 年的 0.81 变化到 2013 年的 18.80；教育产业由 2012 年的 0.76 变化到 2013 年的 17.72；住宿和餐饮业业由 2012 年的 2 变化为 2013 年的 -14.59；农林牧渔业的弹性始终是负值，由 2012 年的 -10.71 变化为 2013 年的 -21.64。以上变化较大的产业绝大部分是生产性服务业，而且呈现出就业弹性正向变化，说明这些产业有较强的就业人员吸纳能力，而农业的就业弹性出现负值，说明农业的就业吸纳能力在减弱。

表 5 – 2 山东省 2012—2013 年各行业就业弹性

年份 行业	2012	2013
农林牧渔业	– 10. 71	– 21. 64
工 业	1. 53	1. 34
建筑业	8. 42	5. 55
交通运输、仓储和邮政业	0. 81	18. 80
信息传输、计算机服务和软件业	19. 70	90. 54
批发和零售业	1. 47	2. 08
住宿和餐饮业	2. 00	– 14. 59
金融业	– 0. 49	0. 69
房地产业	1. 14	2. 75
租赁和商务服务业	3. 83	4. 08
科学研究、技术服务和地质勘探业	4. 22	12. 53
水利、环境和公共设施管理业	1. 24	11. 53
居民服务和其他服务业	2. 12	3. 41
教 育	0. 76	17. 72
卫生、社会保障和社会福利业	2. 67	45. 93
文化、体育和娱乐业	2. 79	2. 00
公共管理和社会组织	1. 58	1. 13

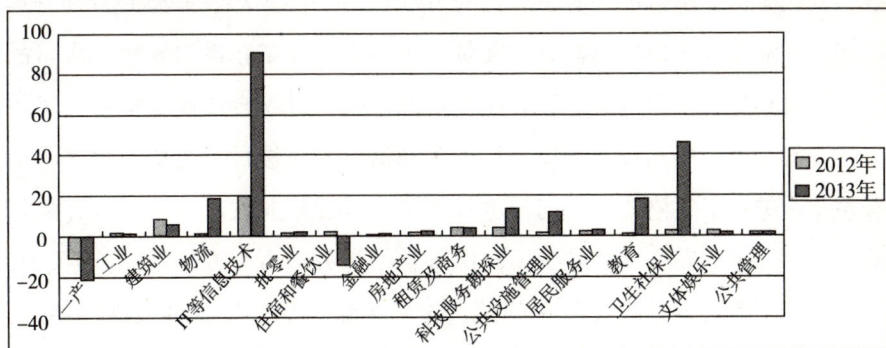

图 5 – 2 山东省 2012—2013 年各行业就业弹性

（二）山东省规模以上工业企业就业弹性分析

规模以上工业企业是山东省第二产业中的中坚力量，是在行业中具有有效竞争的产业。工业企业作为拉动山东省 GDP 增长的重点行业，其规模以上各行业的就业人员吸纳能力，反映出山东省工业的产业结构层次和产业人才支撑能力。为从弹性的角度分析山东省工业规模以上行业吸纳劳动力的能力大小，根据山东统计年鉴提供的统计数据，计算得到的山东省工业规模以上各行业的就业弹性。从行业细分来看，许多行业就业弹性系数很不稳定，数值较小甚至为负数，尤其是 2002 年以前，正负交替或负数的情况较多。意味着很多行业每年虽有产值增加，但吸纳的劳动力却是减少的。而且工业各行业的就业弹性系数即使为正，也大都不超过 0.3，再次说明工业行业吸纳劳动就业的有限性。

1. 能源产业就业弹性

采掘业总体波动大，1999 年就业弹性高达 7.1，2000 年却变为负值，其总体趋势是下降的，2004 年亦为负。其中的煤炭采选业 1997 年就业吸纳系数达到了 0.91，随后下降，至 2001 年成为负值，说明其产业增长率超过就业率增长率，2004、2007 年这种现象更加明显，这一特征也和我国近年来的煤炭产业结构调整相吻合。煤炭产业作为我国的主要基础能源产业，其能源贡献基本占到能源总量的 70%。由于煤炭产业典型的劳动密集型产业，随着煤炭价格的提升，大量的小型煤矿开工建设，导致了大量的资源浪费和经营安全事故。针对此类情况，国家对煤炭产业结构进行了较大规模的结构调整和行业整顿，从进入和退出方面进行了改革，很多小型煤炭企业进行了关停，进入门槛也提高了，尽管从业人员变化不大，但行业效率提高了，安全事故减少了。山东省作为劳动力资源丰富的国家，其产业结构调整要兼顾人员就业问题，这两年随着整个行业进入良性循环，其行业吸纳弹性又有所恢复。石油和天然气开采业属于典型的垄断行业，由于我国汽车产业井喷式的发展，对石油原料的需求缺口很大，在石油原料外贸依存度较大的情况下，我国也在积极寻找国内石油资源，今年来产业发展较快，就业弹性 2009 年达到了 2.61 的历史高值。有色金属矿采选业就业吸纳弹性系数呈总体下降趋势。

2. 农副食品加工业就业弹性

制造业的就业弹性总体呈上升趋势，2001 年之后就业弹性系数变为正数，这意味着随着经济的发展，制造业的就业吸纳能力在逐渐增强。细分制造业中的具体行业：除饮料制造业外，农副食品加工业、食品制造业的就业弹性一直为正数，说明这些行业的发展在积极吸纳就业人口；烟草制品业作为我国典型的垄断行业，1999 年烟草制品业就业弹性一度达到7.24，但随后开始减小，到 2002 年变为负值，2004 年减至 -1.5，到 2008年又开始为正，2009 年接近为 1。

3. 传统日用品行业就业弹性

作为山东省劳动力密集型的传统产业纺织业、纺织服装、鞋、帽制造业、皮革、毛皮、羽毛（绒）及其制品业、木材加工及木、竹、藤、棕、草制品业、家具制造业、造纸及纸制品业、印刷业和记录媒介的复制等，仍然是吸纳劳动力的主战场，就业弹性系数几乎全为正，一直呈现出就业增加态势（如图 5 - 3），这些传统的加工制造业目前还在很多地区作为支柱产业，不仅为当地农民工创造了大量的就业机会，其产业产品凭借廉价

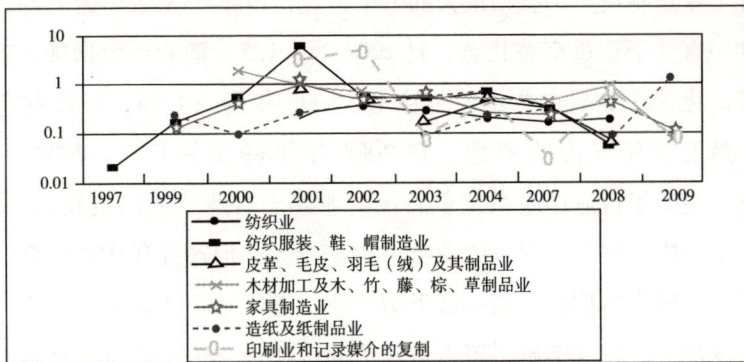

图 5 - 3　山东省劳动力密集行业的就业弹性

的劳动力和原材料价格的投入在国际市场上还存在一定的竞争力，但随着国内资源掠夺式的开发和国内劳动力价格的提升，这种资源和劳动力成本优势很快就会丧失。产业结构的调整已成为必然，这种产业结构的调整带来的人员就业结构的调整在不久的将来会显现。

随着山东省经济的快速增长，人们的需求层次也在不断变化，对健康的需求表现在体育活动等方面，文教体育用品需求激增，文教体育用品制造业发展迅速。医药化工产业发展迅速，诸如石油加工、炼焦及核燃料加工业、化学原料及化学制品制造业、医药制造业、化学纤维制造业、橡胶制品业、塑料制品业等产业，随着产值的增加，其吸纳就业人员也在增加，绝大多数年份呈现出正值。

4. 其他典型产业就业弹性

电子及其通信设备制造业和仪器仪表及文化办公机械制造业，这些行业的就业吸纳弹性系数几乎全为正，说明这些行业一直在积极促进就业的增加。有色金属用冶炼及压延加工业在 2002 年系数曾达到 17.61，属工业弹性系数之最，近两年虽有所下降，2009 年为 -0.10。而皮革、毛皮、羽绒及其制品业和印刷业、记录媒介的复制两个行业 2004 年的系数相对其他行业也数值较大，均在 0.5 以上。尤其是后者曾一度达到 3.15（2001 年）和 4.32（2002 年）。相对这两年，2004 年的系数已经是有较大幅度下降。烟草加工业是制造业中波动最大的一个行业，1999 年系数高达 7.24，但近四年却一直处于正负交替状态，且 2004 为 -1.5，随着产值增加，就业减少较多。化学纤维制造业也极不稳定，1999 年为 -4.14，2002 年却高达 2.16，最近两年又变为负数，且 2004 年下降至 -1.26，2009 年变为 -2.18，为该年行业中系数最低，该行业属于行业进入门槛较高的产业，前些年由于膨胀式的发展，产业整体规模较大，但产业集中度较低，产业效率不高，属于典型的三高一低类型产业，近年来由于国家对这类产业的调整力度加大，积极实施了资本替代劳动，使得类似产业进一步提高了劳动生产率，很多下岗职工完成了转岗培训和下岗再就业。石油加工及炼焦业的系数值波动较厉害，尤其是近四年，一直处于正负交替状态，且连续两年波动幅度在 3.6 个百分点以上，2004 年系数由 2003 年的较大数值 1.33 下降为负值。饮料制品业自 1999 年以来，其系数就一直为负，说明这些年该行业产值增加越多，就业减少就越多。橡胶制品业虽自 2001 年开始变为正值，但数值一直较低，且 2004 年下降为负数。剩下的制造业的其他行业，虽有些年份为负或数值接近于 0，但 2004 年均为正值，其中大于 0.3 的还有食品制造业、金属制品业、通用机械制造业和其他制造业，均属于工业中就业弹性系数较大的行业。水电燃料供应等行业中，电力、煤气及水的生产供应业和电力、蒸汽、热水的生产供应业两个行业，2004 年以前系数均为正数，且都在 2002 年达到过较大数值，分别为 1.19 和 1.52。水的生产和供应业虽曾在 1997 年达到较大数值 1.21，但此后几年负数居多，而且为正数的时候绝对值较小，2004 年亦变为负数。燃气生产和供应业虽然也是负数居多，但最近两年有所改善，2004 年达到 0.23，对扩大就业做出了一定贡献。从就业弹性计算结果中我们发现，制造业中的通用机械、电器机械及器材、电子及通信设备制造业这三个行业的就业弹性系数呈逐年上升的趋势，化学原料及化学制品制造业以及燃气生产和供应业两个产业的就业弹性也同样呈上升趋势。另外，服装及其他纤维制品制造业的就业弹性系数在 2001 年达到历年最高点（高达 5.24），但抛去这一年的数据，也是呈逐渐上升趋势的。从近几年的数据来看服装及其他纤维制品制造业和电子及通信设备制造业两个行业的就业弹性系数比其他行业明显要高，尤其是后者，在 2003 年和 2004 年分别达到 0.83 和 0.96，产值和就业几乎同比增长。

第二节　山东省三次产业的产业扩张
弹性和就业扩张弹性分析

产业扩张弹性可以动态地描述一个产业扩张和萎缩的程度，即产业规模变化的趋势。通过对产业扩张弹性的计算，可以分析出产业结构调整的方向，并从中发现就业结构调整的方向。其计算公式是：

$$\delta = \frac{Q_{i,t+1} - Q_{i,t}}{Q_{i,t}} \div \frac{\sum\limits_{i}^{n} Q_{i,t+1} - \sum\limits_{i}^{n} Q_{i,t}}{\sum\limits_{i}^{n} Q_{i,t}}$$

其中，δ 表示由 t 年到 $t+1$ 年中的产业扩张弹性，$Q_{i,t}$ 表示 t 年第 i 产业的产值，$\sum\limits_{i}^{n} Q_{i,t}$ 表示 t 年各产业的产值之和。

当 $\delta > 1$ 时，表示 i 产业增长速度大于总产出的增长速度，呈扩大趋势；

当 $0 < \delta < 1$ 时，表示 i 产业增长速度小于总产出的增长速度，呈相对萎缩趋势；

当 $\delta < 0$ 时，表示 i 产业呈绝对萎缩趋势。

为便于分析，我们选取了 2004—2013 年 10 年的数据，对就业扩张弹性的计算是经过对产业扩张弹性中的产量用就业量替代。经过计算得出山东省三次产业扩张弹性和就业扩张弹性如表 5 – 3 所示。

表 5-3 山东省三次产业扩张弹性和就业扩张弹性

三次产业	年份	2004	2005	2006	2007	2008	2009	2010	2011	2012	2013
第一产业	产值	0.83	0.47	0.46	0.98	0.98	0.78	0.72	0.68	0.76	1.15
	就业	-1.91	-3.84	-0.46	-1.32	1.22	-0.40	-0.62	-2.07	-1.86	-9.46
第二产业	产值	1.26	1.06	1.04	0.93	1.00	0.79	0.79	0.83	0.70	0.70
	就业	3.78	6.45	2.44	3.14	-0.99	1.74	2.11	3.63	2.57	2.79
第三产业	产值	0.65	1.09	1.11	1.13	1.01	1.42	1.41	1.34	1.47	1.35
	就业	3.36	3.30	1.51	1.80	2.89	1.94	1.75	1.73	2.38	9.72

一、三次产业的产业扩张弹性

从表 5-3 中产业扩张弹性数值变化情况看，十年来山东省第一产业的产业扩张弹性值除 2013 年以外都一直小于 1，总体趋势表现为先增大后减少，这说明山东省第一产业从 2008 年开始处于萎缩状态，而这符合产业结构演变规律。第二产业在 2004—2008 年间产业扩张弹性几乎都大于 1，这说明这期间山东省第二产业处于扩张状态，并由此带动山东省经济的发展，有能力吸纳更多的劳动力，从 2008 年全球经济危机发生后，跟全国经济形势一样，山东省的经济发展速度呈现出放缓的迹象，因市场疲软，投资不振、外贸出口受阻，靠出口和投资拉动经济发展的模式有调整需求。第三产业的产业扩张弹性呈现一定的波动性，近十年中有三年其产业扩张弹性值小于 1，但其产业扩张弹性均值为 1.08，因此从总体上来看，山东省第三产业亦处于扩张状态，虽然这种状态并不是很稳定，但是根据产业结构演变规律，第三产业应该得到更好的发展，最终成为经济支柱产业，吸纳更多的劳动力就业。

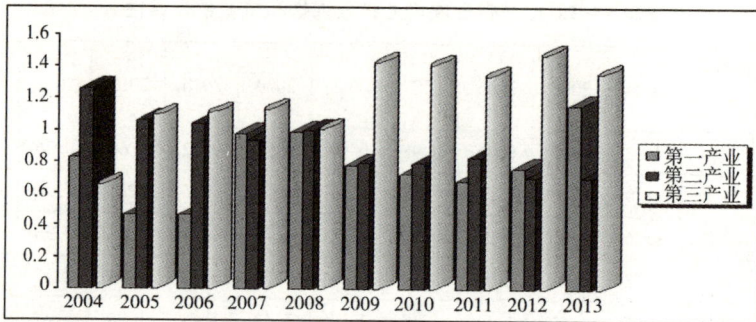

图 5-4 三次产业的产业扩张弹性

二、三次产业的就业扩张弹性

参照三次产业的产业扩张弹性公式，我们利用其数量关系构建了三次产业就业扩张弹性公式，就业扩张弹性系数也分为三种情况：当就业扩张弹性系数大于1时，说明该产业吸纳就业的能力超过三次产业总吸纳就业的能力；当就业扩张弹性介于0和1之间时，表明该产业吸纳产业工人的能力略小于三次产业总的吸纳产业工人的能力，产业吸纳能力呈弱萎缩状态；当就业扩张弹性系数小于0时，表明该产业吸纳产业工人的能力要远低于三次产业总吸纳产业工人的能力，产业吸纳产业工人能力呈强萎缩状态。从图5-5看出，第一产业除2008年的产业就业扩张弹性系数大于1外，其他年份的就业扩张弹性系数值都小于0，而在2013年第一产业的就业扩张弹性系数更是到了-9.46，说明在随着总用工人数的增长过程中，第一产业就业吸纳能力是在逐渐减弱的，而且呈强产业人员转移状态。从第二产业的就业扩张能力看，在观察年份表现出两个阶段性变化，2008年以前产业的就业扩张能力大于1，而在2008年之后小于1，说明第二产业就业吸纳能力在2008年是一个分界线，2008年之前第二产业的就业扩张能力要超过三次产业总的就业吸纳能力，2008年之后第二产业的就业扩张能力要略低于三次产业总的就业人员吸纳能力。从第三产业就业扩张能力看，该产业就业吸纳弹性系数始终大于1，而且呈现出弹性系数逐渐增大的趋势，到 2013 年就业扩张弹性系数到达 9.72，说明该产业发展吸纳人员就业的能力明显要远远超过三次产业总吸纳人员就业的能力。

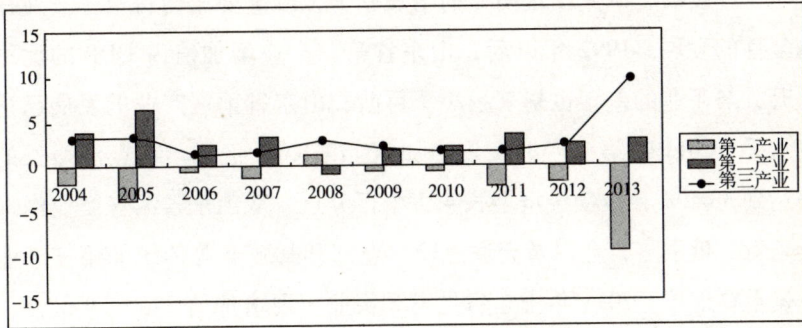

图 5—5　三次产业的就业扩张弹性

第三节　山东省服务业结构调整的就业效应分析

一、山东省服务业发展阶段

从第二节三次产业的就业扩张弹性看，山东省服务业呈现出较强的就业弹性。服务业是产业结构发展的较高层次，也是经济发展到一定层次，财富驱动经济发展的必然结果。山东省服务业发展大致经过了三个主要阶段：一是缓慢发展阶段。从 50 年代初期至改革开放前，我国实施的赶超战略，集中国家人力、物力和财力优先发展重工业，这种产业发展战略导致农业和服务业完全被忽视，投入严重不足，重工抑商以及重积累轻消费的观念又严重压制了第三产业的需求。二是快速纠偏阶段。改革开放以后至 20 世纪 90 年代初期，中国由计划经济向市场经济转型，被扭曲的消费需求重新和产品供给由市场经济得到矫正，第三产业迎来了恢复性的高速发展，其中以商业、饮食、外贸、运输和邮电等关系到国计民生的服务产业最早得到响应，发展得也最为迅速。三是全面开花阶段。1992 年以后，伴随着我国改革开放程度的不断深入和产业结构的不断优化升级，第三产业实现了全面发展，开始出现明显的增长趋势，改革开放使得第三产业得到了恢复性的发展。1992 年以后，山东省第三产业增加值占 GDP 的比重继续上升，与工业的差距也越来越小。目前，山东省第三产业的发展已达到较高水平，2011 年第三产业实现增加值 17370.89 亿元，对经济增长的贡献率达到 38.2%，拉动经济增长 4.2 个百分点。从山东省第三产业内部各行业来看，批发零售业以及交通运输、仓储和邮政业等传统的第三产业仍然占据重要地位。2011 年山东省批发零售业实现增加值 5400.19 亿元，占第三产业增加值的比重达 31.09%，交通运输、仓储和邮政业实现增加值 2328.38 亿元，占第三产业增加值的比重为 13.40%。另外，金融业和房地产业发展也较迅速，2011 年二者增加值之和达 3478.55 亿元，占到第三产业增加值的 20%。

二、山东省第三产业发展存在的问题

尽管改革开放以来山东省第三产业的发展取得了显著的成效，但与我国其他较发达省份相比，山东省的第三产业仍然存在不少问题，具体表现在：一是服务业发展与经济发展水平不匹配。山东省服务业滞后于经济发展是不争的事实。2002 年，山东省 GDP 首次突破 1 万亿元，跟江苏并肩进入国家"万亿俱乐部"。2011 年，山东又紧追广东和江苏，正式成为迈入"4 万亿俱乐部"的三个省份之一。然而，2011 年山东省第三产业增加值占 GDP 的比重仅为 38.2%，在全国 31 个省市区中排名处在第 14 的中游位置，低于全国第三产业 40.2% 的平均水平。而和山东省同属"4 万亿俱乐部"成员的江苏省相比，后者的第三产业比重为 42.4%。二是新兴第三产业发展滞后。山东省第三产业的发展仍以交通运输、仓储和邮政业以及批发零售业等传统第三产业为主，新兴第三产业的发展明显不足。以金融业、地产业、电商业和其他服务业作为新兴第三产业，2011 年的增加值为

8760.75 亿元，在全国排名仅为第5。新兴第三产业增加值占第三产业总增加值的比重也仅为 50.43%，在全国排名处在倒数第 2 的位置，北京这一比重达 73.33%，江苏的比重也达到了 59.75%。三是生产性服务业发展不足。生产性服务业是现代产业形成竞争力的关键，也是技术、知识型人才发挥人力资本优势的主阵地，它通过直接或间接方式为生产活动提供中间服务，可以将知识、技术和人力资本引入商品和服务的生产之中。若以物流业、金融业、信息传输、租赁和商务服务业、计算机服务和软件业、批发零售业、科学研究、技术服务和地质勘探业作为对生产性服务业的粗略估计，2011 年山东省生产性服务业增加值为 10784.77 亿元，占第三产业增加值的 62.09%，占地区生产总值的 23.78%，北京市和上海市生产性服务业占第三产业的比重都达到 70% 以上。

三、山东省第三产业阶段性调整对就业效应的影响

我们按照点弹性的计算方法用计量经济模型进行测算，模型的形式如下：

$$\ln L_t = \alpha + \beta \ln Y_t + \varepsilon$$

对上式等号两边同时微分可以得到：$\dfrac{\partial L}{L} = \beta \dfrac{\partial Y}{Y} \Rightarrow \beta = \dfrac{\partial L/L}{\partial Y/Y}$

这种方法可以将影响就业的其他因素包含在截距项中，具有完备的经济意义。不过它的缺陷在于不能获得就业弹性的逐年值，而只能得到一定时期内的值，并且在样本量较小时，运用回归方程进行估计的方法会受到限制。为了观察第三产业就业弹性的变化，将整个样本区间划分为 1980—1990 年，1991—2000 年，2001—2012 年三组，和整个样本区间 1980—2012 年的数据，分别进行 OLS 估计。估计结果如表 5-4 所示。

表5－4　山东省三次产业分阶段就业弹性的模型估计结果

发展阶段	β 系数	C 常数	R^2	备注
1980—1990 年	0. 291＊＊＊ （0. 0468）	4. 581＊＊＊ （0. 235）	0. 811	
1991—2000 年	0. 352＊＊＊ （0. 0210）	4. 269＊＊＊ （0. 130）	0. 937	
2001—2012 年	0. 271＊＊＊ （0. 0212）	5. 047＊＊＊ （0. 189）	0. 948	
1980—2012 年	0. 361＊＊＊ （0. 0111）	4. 225＊＊＊ （0. 0805）	0. 972	

注：＊表示在10％的水平下显著，＊＊表示在5％的水平下显著，＊＊＊表示在1％的水平下显著；β系数为第三产业不同发展阶段的就业弹性；括号中的数字为标准差。

第六章 山东省产业结构和就业结构关系计量分析

第一节 山东省产业结构和就业结构偏离度分析

随着产业结构的升级变动，劳动力不可避免地在三次产业中发生转移，形成新的就业结构。要保持就业的增长与经济的发展过程相适应，劳动力的转移须与三次产业的结构变动保持一致。当劳动力的转移速度偏快时，会使接收的产业部门的劳动力过多，从而产生劳动力就业不足的现象，即一部分劳动力的工作实际上只需要很少的时间就能完成或者他们的边际劳动生产率非常低。随着市场机制调节作用的加大，这部分劳动者将会在未来某个时期失去工作，他们的存在给失业带来隐患，对就业造成进一步的压力；当劳动力转移速度偏慢时，会使仍滞留在原来的产业或部门的人成为冗员，同样造成失业压力，另一方面也使其他部门得不到足够的有效劳动力，或者促使它们采取资本、技术密集型的生产方式进行生产，减少对劳动力的吸收，反而加重了失业的程度。

一、山东省产业结构与就业结构偏离度

随着产业的发展，产业结构的变迁必然带来就业结构的调整，但二者之间的这种必然联系却表现得并不均衡，就业结构的变化方向和程度与产业结构存在较大的滞后性。为了描述产业结构与人口就业之间的这种不均

衡性，书中我们也引进了结构偏离度指标来对山东省产业发展与人口就业之间的关系状况进行分析。结构偏离度指就业结构对产业结构的偏离程度，其计算公式为：结构偏离度 = 地区生产总值的产业构成百分比/就业的产业构成百分比 – 1，即具体表达式如下。

$$结构偏离度 = (\Delta GDP_i/GDP)/(\Delta L_i/L) - 1 \qquad （公式 6-1）$$

根据结构偏离度的计算方法，可以对这一指标的属性作出如下判断：结构偏离度的绝对值越小，结构越均衡。结构偏离度与劳动生产率成反比，结构偏离度小于零时，产值份额小于就业份额，称为负偏离，意味着该产业的劳动生产率较低，需要较多的劳动力才能创造出同样的产出，为了提高劳动的边际生产率，要求减少劳动力数量，此类产业存在劳动力转出的可能性；结构偏离度大于零时，产业产值份额大于就业份额，称为正偏离，意味着该产业的劳动生产率较高，只需较少的劳动力就能创造较多的产出，为了实现总产出的最大化需要增加劳动力数量以降低劳动的边际生产率，此类产业存在劳动力转入的可能性；如果国民经济各产业都是开放的，产业间没有行政壁垒，即呈完全竞争状态，那么通过市场对劳动力资源的重新配置，会使各产业的生产率逐步趋于一致，各产业的结构偏离度也就逐步趋于零，当结构偏离度等于零时，结构处于完全均衡状态。

根据结构偏离度的公式，某产业的结构偏离度数值大小除了跟自身的产值份额和参与就业的劳动力数量的存量和增量有关外，还跟整个国民经济总量和就业人员数量的存量和增量有关，而以上相关指标在不同的年份变化是不一致的。为比较山东省三次产业的结构偏离度随时间的动态变化趋势，我们利用山东省统计年鉴提供的 1979—2014 年的历史数据，将各年份的产值份额、就业人员份额进行了汇总，并计算出山东省改革开放以来的产业结构偏离力度（见表 6-1）。同时，为直观地表示出时间序列的偏离度变化趋势，我们也采用图形（见图 6-1）的形式绘制出一产、二产和三产的结构偏离度。这种利用一个数据表格进行多指标体现的陈列，既可以进行单一指标和多指标的时间序列对比，又可以进行单一指标和多指标的横向数据对比，也可以进行不同指标的纵横向对比。

表6-1 改革开放以来山东省三产结构偏离度情况

年份	一产产值比重	二产产值比重	三产产值比重	一产就业比重	二产就业比重	三产就业比重	一产偏离度	二产偏离度	三产偏离度
1978	33.30	52.90	13.80	79.20	12.30	8.50	-0.58	3.30	0.62
1980	36.40	50.00	13.60	78.90	12.30	8.90	-0.54	3.07	0.53
1981	38.20	44.80	17.00	78.60	12.20	9.30	-0.51	2.67	0.83
1982	39.00	42.00	19.00	77.10	13.50	9.40	-0.49	2.11	1.02
1983	40.30	38.90	20.80	77.80	12.30	10.00	-0.48	2.16	1.08
1984	38.20	41.10	20.70	70.40	14.80	14.80	-0.46	1.78	0.40
1985	34.70	43.00	22.30	68.50	19.80	11.70	-0.49	1.17	0.91
1986	34.10	42.20	23.70	66.60	21.30	12.20	-0.49	0.98	0.94
1987	32.20	43.10	24.70	64.30	22.50	13.10	-0.50	0.92	0.89
1988	29.70	44.50	25.80	63.70	23.30	13.10	-0.53	0.91	0.97
1989	27.80	44.80	27.40	64.20	22.90	13.00	-0.57	0.96	1.11
1990	28.10	42.10	29.80	64.00	22.80	13.20	-0.56	0.85	1.26
1991	28.80	41.20	30.00	64.20	22.70	13.10	-0.55	0.81	1.29
1992	24.30	45.50	30.20	62.90	23.30	13.90	-0.61	0.95	1.17
1993	21.50	49.00	29.50	61.40	24.40	14.10	-0.65	1.01	1.09
1994	20.20	49.20	30.60	58.00	25.10	16.90	-0.65	0.96	0.81
1995	20.40	47.60	32.00	54.40	25.10	20.50	-0.63	0.90	0.56
1996	20.40	47.30	32.30	53.30	24.60	22.10	-0.62	0.92	0.46
1997	18.30	48.10	33.60	53.50	25.00	21.50	-0.66	0.92	0.56
1998	17.30	48.50	34.20	53.70	23.60	22.80	-0.68	1.06	0.50
1999	16.30	48.60	35.10	52.90	23.40	23.70	-0.69	1.08	0.48
2000	15.20	50.00	34.80	53.10	23.60	23.30	-0.71	1.12	0.49
2001	14.80	49.50	35.70	52.30	23.90	23.80	-0.72	1.07	0.50
2002	13.50	50.50	36.00	50.10	24.90	25.00	-0.73	1.03	0.44
2003	12.30	53.70	34.00	46.90	26.20	26.80	-0.74	1.05	0.27

年份	一产产值比重	二产产值比重	三产产值比重	一产就业比重	二产就业比重	三产就业比重	一产偏离度	二产偏离度	三产偏离度
2004	11.80	56.50	31.70	44.40	27.60	28.00	-0.73	1.05	0.13
2005	10.70	57.00	32.30	40.20	30.50	29.30	-0.73	0.87	0.10
2006	9.80	57.40	32.80	39.10	31.40	29.50	-0.75	0.83	0.11
2007	9.70	56.80	33.50	37.25	32.72	30.03	-0.74	0.74	0.12
2008	9.70	56.80	33.50	37.40	31.60	31.00	-0.74	0.80	0.08
2009	9.50	55.80	34.70	36.50	32.00	31.50	-0.74	0.74	0.10
2010	9.20	54.20	36.60	35.50	32.60	31.90	-0.74	0.66	0.15
2011	8.80	52.90	38.30	34.10	33.70	32.20	-0.74	0.57	0.19
2012	8.60	51.40	40.00	33.10	34.20	32.70	-0.74	0.50	0.22

资料来源：依据 1979—2013 年山东省统计年鉴整理所得。

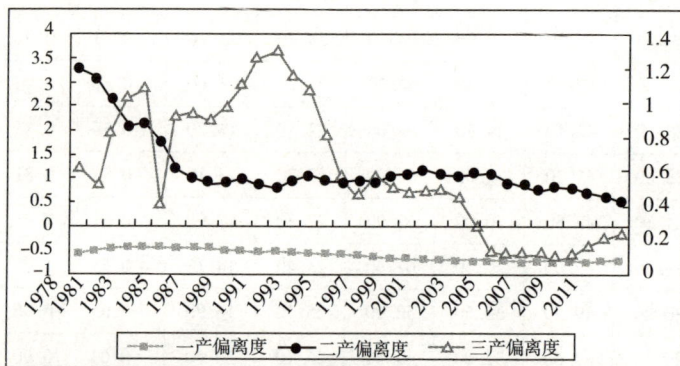

图 6-1　山东省三次产业结构偏离度

二、第一产业结构偏离度分析

通过表 6-1 计算结果发现，从第一产业来看，自 1978 年以来，山东省第一产业的结构偏离度的绝对值总体上呈上升趋势，从 1978 年的 -0.58 上升到 2012 年的 -0.74，总的变化幅度不是很大，但第一产业的结构偏离度小于零，说明山东省农业产值份额小于就业份额，成为负偏离，意味着该产业的劳动生产率较低，需要较多的劳动力才能创造出同样的产出，为了提高山东省第一产业劳动的边际生产率，原则上要求减少第一产业的劳动力数量，因此，第一产业存在劳动力转出的可能性。实践表明，从20世纪80年代中后期开始，山东乡镇企业开始有了较快发展，使第一产业的产值比重开始下降，并促进了农民向非农产业转移，其结果是第一产业的结构偏离度的绝对值开始上升。20世纪90年代中期前后，第一产业的结构偏离度的绝对值又出现下降现象，其主要原因在于经济体制改革的深化以及卖方市场向买方市场的转变，暂时减缓了农村劳动力的转移速度。

三、第二产业结构偏离度分析

从第二产业来看，改革开放以来，第二产业的结构偏离度呈现出较大的波动，1978年出现了3.3的高值，随后逐渐减少，到2012年减少到0.5。1978年，第一产业的结构偏离度达到 −0.58，农业的隐性失业严重，受国家各项管理制度的制约和产业结构的畸形发展，使得山东省非农产业的发展缓慢，重重轻轻现象明显，产业结构的这一发展模式表现在商品供给方面，就是工业品中的生产资料相对丰富，工业品中的消费品（生活资料）相对不足。新中国成立后，经过一段时间的积累，国民具备一定的消费品购买能力，但由于国家进出口管制严格，国内消费品短缺使得短期内难以形成消费品购买热潮。改革开放后，由于存在巨大的国内消费品市场，国内外资本纷纷在国内寻找市场商机，建立各种类型的投资企业，第二产业出现较高的投资热，从而带动了就业效应。短期内第二产业呈现出较高的偏离度，第二产业吸纳了大量的就业人员。同国内其他地区一样，山东省第二产业发展中，生产制造企业数量过多，规模较小，管理散乱，效率低下现象普遍存在，尽管中小企业的发展为振兴山东经济作出了突出贡献，但这种发展模式由于缺乏规模和效率优势，不仅规模不经济，而且范围也不经济。产品低端、结构趋同、缺乏差异化的技术支撑，加工生产不计成本，在初期国内消费品市场为卖方市场时，还能支撑企业发展，但随着改革开放和国有企业改制力度加大，第二产业的结构偏离度出现降低，但始终是大于 0，说明山东省第二产业劳动生产还处在较高水平上，产业发展对就业的吸纳能力继续存在，没有产生就业饱和的现象。第二产业结构偏离度出现阶段性下降的主要原因是改革开放以前，国家主导的赶超战略呈现出大跃进式的发展模式，以牺牲第一产业为代价的大力发展第二产业，使第二产业短期内吸纳了国内大量的劳动力，随着国际和国内形势的变化，国家的政治和经济重心发生了转移，原来分散的、无序的、资源高度浪费的经济发展模式得到矫正，第二产业逐渐回归到正常的发展轨道上，结构偏离度保持在一个始终大于零的范围内上下波动。

四、第三产业结构偏离度分析

从第三产业来看，改革开放以来，山东第三产业的结构偏离度呈现比较明显的倒 U 型趋势，从 1978 年的 0.62 上升到 1991 年的 1.29，再下降到 2012 年的 0.22，第三产业的就业比重和产值比重日趋均衡。山东第三产业的结构偏离度只在 20 世纪 80 年代末 90 年代初出现过短暂的反复，从 1988 年的 0.97 迅速升至 1991 年的 1.29，其主要成因在于市场形势的转变带来的需求冲击，第二产业的萧条引发了第三产业的萎缩，这次反复虽然幅度较大，但是持续时间较短。从 1991 年以来，第三产业的结构偏离度逐年下降，1991—2006 年间，结构偏离度下降了近 92%。尽管第三产业结构偏离度也呈现阶段性波动，但从数值看始终大于零，说明山东省第三产业一直是劳动生产率和从业人员较高的行业，但比较第二产业的结构偏离度，山东省第三产业结构偏离度较小。

第二节　三次产业发展对劳动力的吸纳能力分析

尽管随着产业的发展，产业结构的变迁必然带来就业结构的调整，但以上对产业结构就业弹性和产业结构偏离度的分析，前者只是从产业结构调整对就业敏感度上分析了产业结构和就业的关系，后者是从产业结构调整和就业结构的协调性方面分析了二者之间的关系，下边我们从产业发展的角度进一步定量分析其对就业的影响。

一、模型设定

观察产值和就业间的散点图发现两个变量间的关系是非线性的，故设立模型：

$$EM = \alpha_0 + GDP^{\alpha_1} + e^{\mu} \qquad （公式6-2）$$

通过两边取对数转化为双对数线性模型：

$$LnEM = Ln\alpha_0 + \alpha_1 LnGDP + \mu \qquad （公式6-3）$$

其中：EM 表示某产业就业人数，GDP 表示某产业的产值，α_1 表示就业吸纳弹性。双对数线性模型的一个非常好的特点就是斜率系数测度了因变量对自变量的弹性，在式（6-3）中也就是度量了由给定 GDP 的百分比变化引起 EM 的百分比变化，即当 GDP 增加 1% 时的社会劳动就业人数的变动程度。

二、数据来源及处理

本书选取的样本期间为 1981—2012 年。从山东统计年鉴（2013），可以得到按当年价格计算的第一、二、三产业的产值，将各次产业的 GDP 数据用 GDP 平减指数换算成以 1989 年的不变价格计算的 GDP；各产业的就业人数直接采用年鉴的统计数据。用 LGDPi 和 LEMi 分别代表三大产业的实际 GDP 和就业人数，DLGDPi 和 DLEMi 表示其相应的一阶差分。

三、三大产业劳动就业吸纳能力的具体测度

为避免由于时间序列的非平稳而造成的伪回归，在进行回归分析前，首先对各变量进行单位根检验。本文采用由迪基和福勒（1974）提出的

ADF 检验法对各变量进行单位根检验，检验时采用 AIC 最小准则自动选择滞后阶数。检验结果见表 6 – 2。

表 6 – 2　时间序列 LGDPi 和 LEMi 的平稳性检验结果

变量名称	ADF 统计量	检验形式（C，T，L）	临界值（5%）	P 值	结论
LGDP1	– 1.352981	（C，T，0）	– 3.568379	0.8541	非平稳
LGDP2	– 1.425250	（C，T，0）	– 3.568379	0.8324	非平稳
LGDP3	– 1.769399	（C，T，1）	– 3.574244	0.6933	非平稳
LEM1	– 0.303700	（C，T，0）	– 3.568379	0.9867	非平稳
LEM2	– 1.783165	（C，T，1）	– 3.568379	0.6876	非平稳
LEM3	– 0.518819	（C，T，0）	– 3.568379	0.9768	非平稳
DLGDP1	– 2.927474	（C，T，1）	– 3.574244	0.1690	非平稳
DLGDP2	– 3.452710	（C，T，4）	– 2.976263	0.0177	平稳
DLGDP3	– 3.863951	（C，0，0）	– 2.967767	0.0064	平稳
DLEM1	– 3.205755	（C，0，0）	– 2.967767	0.0299	平稳
DLEM2	– 4.439811	（C，T，0）	– 3.574244	0.0074	平稳
DLEM3	– 5.580005	（C，T，0）	– 3.574244	0.0005	平稳

注：检验形式（C，T，L）中的 C，T，L 分别表示检验模型中的常数项、时间趋势和滞后阶数。

数据来源：1982—2013 年山东统计年鉴。

检验结果表明，LGDPi 和 LEMi 6 个序列在 5% 显著性水平均存在单位根，为非平稳序列。但经过一阶差分后，只有 LGDP1 在 5% 的显著性水平下仍然是非平稳的，其余都拒绝了单位根假设，变为平稳序列，表明 LG-DP2 和 LEM2、LGDP3 和 LEM3 都是一阶单整序列，即 I（1）。这说明第一产业的产值与就业人员不存在长期的协整关系，只有二、三产业的产值和就业人员存在协整关系。对三次产业中的二次产业 LGDP2 和 LEM2 建立回归方程如下：

$$LEM2 = 8.200099 + 0.146567LGDP2$$

$$[ar（1）= 0.857703]　　　　　（公式 6 – 4）$$

$$R^2 = 0.987766，Adjusted\ R^2 = 0.986860，DW = 1.852759$$

通过一阶自回归方程得到 R 系数高达 0.987766，调整后的系数为 0.986860，说明方程的弥合度很高，但 DW 为 1.852759，存在自相关。为进一步减少共振现象，我们引入二阶滞后因子，再对 LGDP2 和 LEM2 建立回归方程：

$$LEM2 = 8.124910 + 0.152329LGDP2$$

$$[ar(1) = 0.925133，ar(2) = -0.083175]$$

$$R^2 = 0.985860，Adjusted\ R^2 = 0.984164，DW = 2.046872$$

$$F = 581.0243$$

观察拟合度系数 $R^2 = 0.985860$，调整后 $R^2 = 0.984164$，回归方程拟度较好，DW 的值到达 2.046872，消除自相关。对三次产业 LGDP3 和 LEM3 作 OLS 回归，回归方程为：

$$LEM3 = 8.699028 + 0.138626LGDP3$$

$$[ar(1) = 0.936190] \hspace{2cm} （公式 6 - 5）$$

$$R^2 = 0.995966，Adjusted\ R^2 = 0.995667，DW = 2.277143$$

四、模型结论

第二产业 GDP 增长与就业人数之间存在长期的均衡关系，方程中第二产业的 LGDP2 系数为 0.152329，说明第二产业 GDP 增长对就业有正向的拉动作用，即第二产业产值每提高 1 个百分点，将增加 0.152329 个就业点数。第三产业 GDP 增长与就业人数之间存在长期的均衡关系；方程中第三产业的 LGDP3 系数为 0.138626，说明第三产业 GDP 增长对就业具有显著的正向拉动作用，第三产业产值每提高 1 个百分点，将增加 0.138626 个就业点数。非线性模型的结果和三次产业结构偏离度的结果得到互相认证，一个共同的结论是山东省二、三产业发展对就业存在正的贡献，但山东省第三产业对就业的贡献还未超过第二产业，第三产业的主导地位还在确立当中。

第三节　山东省与全国产业结构和
就业结构的协调性测度分析

一、产业结构与就业结构协调系数

结合联合国工业发展组织构筑的产业结构相似性经验公式，学者们构筑了用以衡量产业结构和就业结构协调程度的协调系数，该公式的表达形式如公式 6 – 6 所示。

$$H_{se} = \frac{\sum\limits_{k=1}^{n}(S_k E_k)}{\sqrt{\sum\limits_{k=1}^{n}S_k^2 \sum\limits_{k=1}^{n}E_k^2}} \qquad （公式6-6）$$

H_{se} 表示产业结构与就业结构协调系数，表示在描述地区产业结构与就业结构的协调发展或均衡程度，且有 $0 \leqslant H_{se} \leqslant 1$。其中，$S_k$ 为第 i 产业的产业结构，E_k 为第 i 产业的就业结构。产业的划分，即 i 的取值，既可以按照三次产业的标准进行，也可以细分到具体的行业。H_{se} 越接近于 0，说明一国或地区产业结构与就业结构协调性较差，产业结构与就业结构二者之间越不均衡，H_{se} 越接近于 1，表明产业结构与就业结构越具有良好的协调性，就业结构与产业结构越均衡。

二、山东省与全国产业结构与就业结构协调性比较

根据公式 6 – 6 计算的结果作图（见图 6 – 2），山东省产业结构和就业结构的协调系数（HSE）与全国产业结构和就业结构的协调系数（GHSE）均呈现明显的波动性的结构形状。这主要与改革开放以来我国产业政策的转变与劳动力转换的滞后性有关。1978—1983 年间山东省与全国产业结构

和就业结构协调性都处于改善时期，但山东省的改善速度滞后，这是由于1978—1990年是我国经济体制转轨的初期阶段，经济转轨尚未全面展开，广大农村实施了家庭结构联产承包责任制，在经济相对发达和对外开放度大的地区，农业生产效率的提高为乡镇企业和城镇国有的发展提供了更多廉价劳动力。但山东省作为农业大省，大部分农民缺乏经商意识，乡镇企业和私营个体经济发展缓慢，加上山东省城乡户籍管理制度严格，隐性失业农民非农就业机会少，非农转移滞后，尽管这一阶段的国家经济改革使广大国民处于"普遍受益"状态，长期以来我国扭曲的产业结构与就业结构失衡状态在很多户籍管制较松的地方得到改善，但山东省在这一阶段没有赶上全国水平，其产业结构和就业结构的协调系数滞后于全国的协调系数。1991—1993年山东省的协调系数急剧下降，这主要是1988年上半年，我国出现了席卷全国的涨价和抢购风潮，从国家安全角度考虑，于1989—1991年采取了通货紧缩政策，对经济领域进行治理整顿，抓大放小。山东省当时存在数量众多的小型国有工业企业，为响应国家抓大放小的政策，对产品质量差、经济效益低，并与大企业争原材料的小纱厂、小烟厂、小炼油厂等企业停止了贷款，这一措施使很多规模较小的乡镇和个体企业受到很大的打击，很多倒闭退出。

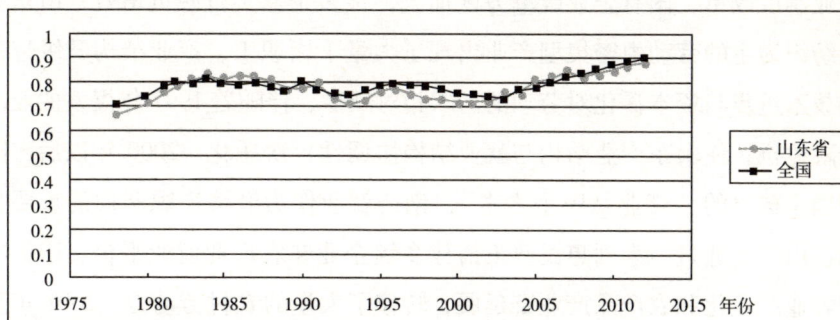

图6-2　山东省及全国产业与就业协调系数拟合图

表 6 - 3　1978—2012 年就业结构与产业结构协调系数

年份	山东	全国	年份	山东	全国	年份	山东	全国	年份	山东	全国
1978	0.6600	0.6979	1987	0.8191	0.7903	1996	0.7774	0.7905	2005	0.8042	0.7797
1979	0.7020	0.7427	1988	0.7961	0.7838	1997	0.7518	0.7835	2006	0.8109	0.7952
1980	0.7091	0.7357	1989	0.7681	0.7694	1998	0.7334	0.7810	2007	0.8344	0.8163
1981	0.7554	0.7665	1990	0.7753	0.7979	1999	0.7291	0.7663	2008	0.8275	0.8284
1982	0.7883	0.7876	1991	0.7827	0.7666	2000	0.7118	0.7509	2009	0.8395	0.8444
1983	0.8056	0.7942	1992	0.7347	0.7399	2001	0.7182	0.7449	2010	0.8543	0.8576
1984	0.8204	0.8117	1993	0.7102	0.7322	2002	0.7286	0.7360	2011	0.8713	0.8765
1985	0.8104	0.7868	1994	0.7283	0.7568	2003	0.7449	0.7340	2012	0.8832	0.8915
1986	0.8231	0.7864	1995	0.7680	0.7765	2004	0.7607	0.7660			

　　1994—2002 年间山东省与全国产业结构与就业结构调系数又经历了一个上升下降的轮回阶段，并于 1996 年达到阶段最高值 0.7905。1992 年我国提出建立社会主义市场经济体制并强调两个转变的重大战略决策，改革开放的力度再次加大，农村劳动力转移速度进一步加快，产业结构与就业结构协调性再次得到改善。但是，在 20 世纪 90 年代后期，我国开始现代企业制度改革，国有企业改革力度加大，很多企业实行减员增效，山东省以纺织为主的劳动力密集型产业出现了大量下岗职工，产业结构升级带来的技术进步与资本深化对劳动的需求相对减少，伴随着 1997 年爆发的亚洲金融危机，使山东产业结构与就业结构协调性再次恶化。2000 年以后，随着国家提出的"就业是民生之本"，创造就业作为经济宏观调控的重要目标，山东省通过一系列惠民政策搭建乡镇企业非农产业就业平台、积极实施农业产业化和农产品产业链延展，转移了大量的农村劳动力，2001 年至今产业结构与就业结构协调系数呈明显上升趋势，协调性较差的状况正在得到逐步改善。

三、山东省与全国产业结构与就业结构协调性关系分析

本文采用 1978—2012 年我国产业结构与就业结构协调性数据（GHSE）以及山东省产业结构与就业结构协调性数据（HSE）进行因果关系检验。为消除异方差和数据剧烈波动的影响，对数据分别取对数，记为 LNGHSE 和 LNHSE，一阶差分记为 DLNHSE 和 DLNHSE。

（一）单位根检验

协整分析之前必须检查序列的平稳性和单整阶数，通过 EVIEWS5.0 软件用 ADF 法来检验时间序列的平稳性，滞后项数 P 按照 Akaike 信息准则（AIC）来选取。检验结果如表 6 - 4 所示。山东省与全国产业结构和就业结构的协调性一阶差分后平稳，是一阶单整的 I（1）。

表 6 - 4　协调系数平稳性检验

变量	检验形式	ADF	临界值		检验结果
LNGHSE	C, t, 2	-2.619588	1%	-4.309824	非平稳
	C, t, 2		5%	-3.574244	非平稳
	C, t, 2		10%	-3.221728	非平稳
LNHSE	C, t, 2	-1.996922	1%	-4.296729	非平稳
	C, t, 2		5%	-3.568379	非平稳
	C, t, 2		10%	-3.218382	非平稳
DLNGHSE	C, t, 2	-4.919135	1%	-4.296729	平稳
	C, t, 2		5%	-3.568379	平稳
	C, t, 2		10%	-3.218382	平稳
DLNHSE	C, 0, 2	-3.854561	1%	-3.670170	平稳
	C, 0, 2		5%	-2.963972	平稳
	C, 0, 2		10%	-2.621007	平稳

（二）协整关系检验

协整分析的经济意义在于揭示时间序列变量的长期稳定关系。根据以上单位根检验，他们都是一阶单整的，符合协整的前提条件。山东省与全

国的产业结构协调性可能存在长期的协整关系，关于协整检验与估计的方法已经有很多种，其中主要有恩格尔 - 格兰杰（Engle – Granger）两步法和 Johansen 极大似然法。本文使用 E – G 两步法来检验 GHSE 与 HSE 的协整关系，检验结果表 6 – 5 表明，在没有常数项和趋势项，滞后期为 2 时，残差的检验结果为平稳，说明二者之间存在长期的协整关系。

利用 OLS 对 GHSE 和 HSE 进行回归得到两者之间的协整回归方程为：

$$LNHSE = 0.080398 + 1.348392 * LNGHSE + E_t \quad （公式 6 – 7）$$

其中 E_t 位残差序列，其估计值为：

$$E_t = LNHSE – 0.080398 – 1.348392 * LNGHSE \quad （公式 6 – 8）$$

对残差序列进行单位根检验，结果如下表所示：

表 6 – 5　协整检验结果

变量	检验形式（C，T，K）	ADF 统计量	5% 临界值	检验结果
E_t	(0, 0, 2)	– 2.5715	– 1.9520	平稳

计算结果表明，R 统计量为 0.805，调整后的 R 值为 0.798，拟合度较好，F 值为 124.1，F 统计概率接近 0。ADF 检验统计量小于 5% 显著性水平下的临界值，且 AIC 值和 SC 值较小，所以残差序列是平稳序列，（1，– 1.348392）为协整向量。

（三）误差修正模型

误差修正最早是由萨金特（Sargen，1964）提出的，但是误差修正模型基本形式的形成是在 1978 年由戴维森（Davidson，1978）、Srba 和 Yeo 提出的，因此称为 DHSY 模型。传统的经济模型通常表述是变量之间的一种"长期均衡"关系，而实际经济数据却是由"非均衡过程"生成的。因此，建模时需要根据数据的动态非均衡过程来逼近经济理论的长期均衡过程。误差修正模型的使用就是为了建立短期的动态模型以弥补长期静态模型的不足，它既能反映不同时间的长期均衡关系，又能反映短期偏离向长期均衡修正的机制。

$$DLNHSE = 0.002144 + 0.957317 * DLNGHSE - 0.306917 * E_{t-1}$$

（公式 6 - 9）

$$t = (0.585254) \qquad (6.448624) \qquad (-2.230716)$$

$$R^2 = 0.603803 \qquad D.W = 1.837346$$

以上各统计量表明，模型通过检验。从上面模型中可以看出，经济协调性的波动可以分为两部分：一部分为短期波动，一部分为长期均衡。根据模型公式 6 - 7，从长期看，山东省产业结构与就业结构协调系数调整 1.348392，即全国产业结构和就业结构的协调系数改善 1%，可以提高山东省产业结构和就业结构协调系数的 1.348392 个百分点。根据误差修正模型公式 6 - 9，差分项反映了短期波动的影响，山东省产业结构与就业结构协调性波动可分为两部分：一部分是短期全国产业结构与就业结构协调性波动的影响；一部分是二者偏离长期均衡的影响。误差修正值 E_{t-1} 项的系数反映了对偏离长期均衡的调整力度。从系数估计值 (-0.306917) 来看，当短期波动偏离长期均衡时，将以 (-0.306917) 的调整力度将非均衡状态拉回到均衡状态。因此，LNHSE 就在不断的"修正"过程中波动。

第七章　基于 VAR 模型的山东省产业结构与就业结构动态分析

第一节　产业结构和就业结构的互动关系

一、产业结构决定了就业结构

产业为劳动者的就业提供物质基础，三次产业的结构分布决定了劳动者就业的产业结构，产业的空间布局决定着劳动者就业的地理分布，产业的不同特性决定着劳动者就业的性别结构和年龄结构等，行业的兴衰变化则引导着劳动力在行业间转移变化。在农业社会，农业是产业结构中最主要的部分，与此相对应的劳动力主要分布在第一产业；在工业社会，工业成为主导产业，于是劳动力由第一产业逐渐转移到第二产业；而到了现在的后工业化时代，服务业得到迅速发展，相应地，服务业领域的劳动力规模越来越庞大。

二、产业结构的变化决定了就业结构的变化

随着经济的发展，人均国民收入的提高，劳动力首先由第一产业向第二产业移动；当人均国民收入进一步提高时，劳动力便向第三产业移动。这就是著名的配第—克拉克定理。西方发达国家工业化及后工业化进程验证了这一规律，西方发达国家产业结构演进的规律一般是先由劳动密集型产业向资本密集型产业转化，再向技术、知识密集型产业转化，而在产业

转化的过程中，劳动力在各产业的分布也随之发生变化，即就业结构随产业结构的变化发生了变化。

三、产业结构的演进升级的双重效应

一方面在产业结构优化级过程中，资本和技术对劳动力的替代效应不断加强，从而产生排挤效应。例如，农业机械化的普及减少了对农业劳动力的需求，产生大量的农村剩余劳动力；电脑以及机器流水线的广泛使用缩减了对工人的需求，出现大量的下岗失业人员。另一方面产业结构的演进、升级又会导致原有产业的技术更新和工艺进步，从而会吸纳一部分素质较高的劳动者。另外，新兴产业部门的出现，对劳动力产生的需求会吸纳一部分劳动力就业，这又体现了产业结构在演进升级过程中吸纳劳动力方面的效应。

四、就业结构反作用于产业结构

产业结构变化会促使就业结构不断的变化，与此同时，就业结构也反作用于产业结构。作为生产要素必不可少的劳动力，其结构调整也是产业结构演进的重要条件之一，因为劳动力资源的数量、质量和相对价格是推动产业结构变化的主要因素之一。它能否适应资产结构与技术结构优化的进程，关系到产业结构能否顺利演进。

第二节　山东省产业结构变化和就业
结构关系的动态分析

一、VAR 模型的一般表示

本书使用的主要计量分析工具是向量自回归模型，所用软件是 EVIEWS5.0。该模型是一种非结构化的多方程模型，突出优点是避开了结

构建模方法中对每个内生变量都要做与其他所有内生变量滞后值建模的问题。由于该模型提供了一个非常丰富的结构，能捕捉到数据的更多特征，所以在预测方面优于传统的结构模型。缺点是该模型缺乏理论基础且参数过多，通常需要相应的脉冲响应函数或者方差分解来解释向量自回归的内涵。脉冲响应函数可以考察来自随机扰动项的一个标准差冲击对内生变量当前值和未来值的影响。方差分解相反，是将系统的预测均方误差分解成系统中各变量冲击所分担的份额。

一般的 VAR（p）模型的数学表达式为：

$$Y_t = A_1 Y_{t-1} + A_2 Y_{t-2} + \cdots + A_p Y_{t-p} + BX_t + \varepsilon_t \quad t = 1, 2, \cdots, T$$

式中，Y_t 是 k 维内生变量向量，X_t 是 d 维外生变量向量。P 是滞后阶数，T 是样本个数。k×k 矩阵 A1，$\cdots$Ap 和 k×d 维矩阵是要被估计的系数矩阵，ε_t 是随机扰动项，其同时刻的元素可以彼此相关，但不能与自身滞后值和等式右边的变量相关，假设 $\sum$ 是 ε_t 的协方差矩阵，是一个 k×k 的正定矩阵，上式的展开式可以表示为：

$$
\begin{pmatrix} y_{1t} \\ y_{2t} \\ \vdots \\ y_{kt} \end{pmatrix} = A_1 \begin{pmatrix} y_{1t-1} \\ y_{2t-1} \\ \vdots \\ y_{kt-1} \end{pmatrix} + A_P \begin{pmatrix} y_{1t-P} \\ y_{2t-P} \\ \vdots \\ y_{kt-P} \end{pmatrix} + \cdots + \begin{pmatrix} x_{1t} \\ x_{2t} \\ \vdots \\ x_{dt} \end{pmatrix} + \begin{pmatrix} \varepsilon_{1t} \\ \varepsilon_{2t} \\ \vdots \\ \varepsilon_{kt} \end{pmatrix} \quad t = 1, 2, \cdots, T
$$

二、VAR 模型的单位根检验

本文用 EM2bz、EM3bz 分别表示第二和第三产业的就业比重（就业结构），用 GDP2bz、GDP3bz 分别表示第二、第三产业产值比重（产业结构），为减少异方差，先对 EM2bz、EM3bz、GDP2bz、GDP3bz 进行自然对数变换，分别记为 LEM2bz、LEM3bz、LGDP2bz、LGDP3bz。变换后原时间序列的协整关系并不会受到影响。为避免经济变量的不平稳产生的伪回归，运用 ADF 单位根方法进行平稳性检验。检验方程根据是否具有截距项或者时间趋势分为三类：第一类是既无截距项又无时间趋势，第二类是含有截距项但无时间趋势，第三类是既有截距项又有时间趋势。检验结果说明（见表7-1），各时间序列经过一阶差分后，都在5%、10%的显著性检验水平下拒绝了单位根假设，是一阶平稳序列，即Ⅰ（1）序列。可进一步对时间序列进行Johansen协整分析。

表7-1　单位根检验

变量	检验形式	ADF	临界值		检验结果
LEM2bz	C, t, 2	-1.804114	1%	-4.309824	非平稳
	C, t, 2		5%	-3.574244	非平稳
	C, t, 2		10%	-3.221728	非平稳
LEM3bz	C, t, 2	-3.018281	1%	-4.309824	非平稳
	C, t, 2		5%	-3.574244	非平稳
	C, t, 2		10%	-3.221728	非平稳
LGDP2bz	C, 0, 2	-0.531350	1%	-3.699871	非平稳
	C, 0, 2		5%	-2.976263	非平稳
	C, 0, 2		10%	-2.627420	非平稳
LGDP3bz	C, 0, 2	-0.938957	1%	-3.699871	非平稳
	C, 0, 2		5%	-2.976263	非平稳
	C, 0, 2		10%	-2.627420	非平稳
DLEM2bz	C, t, 2	-4.438163	1%	-4.323979	平稳
	C, t, 2		5%	-3.580623	平稳
	C, t, 2		10%	-3.225334	平稳
DLEM3bz	C, t, 2	-5.106863	1%	-4.323979	平稳
	C, t, 2		5%	-3.580623	平稳
	C, t, 2		10%	-3.225334	平稳
DLGDP2bz	C, 0, 2	-4.188341	1%	-3.699871	平稳
	C, 0, 2		5%	-2.976263	平稳
	C, 0, 2		10%	-2.627420	平稳
DLGDP3bz	C, 0, 2	-3.385928	1%	-3.699871	非平稳
	C, 0, 2		5%	-2.976263	平稳
	C, 0, 2		10%	-2.627420	平稳

表中 D 表示一阶差分；c、t、k 分别表示常数、趋势项和滞后期数；0 表示没有时间趋势项和常数项。

三、VAR 模型的滞后期选择

确定 VAR 模型的结构，一般用赤池信息准则（AIC）或施瓦茨（Schwartz）准则（SC），选择最大滞后期 k 值。原则是在增加 k 值的过程中使 AIC 或 SC 的值达到最小。适当加大 k 可以消除误差项中存在的自相关。但 k 值过大会导致自由度减小，影响模型参数估计量的有效性，并比较不同滞后期所建立的 VAR 模型的稳定性。经过比较，本文最后选择滞后 3 期，即 k 取 3。

表 7 - 2　滞后期的选择

Lag	LogL	LR	FPE	AIC	SC	HQ
0	92.21362	NA	$1.33e-08$	-6.785663	-6.592110	-6.729927
1	212.4074	194.1592	$4.47e-12$	-14.80057	-13.83280	-14.52189
2	242.8205	39.77102	$1.63e-12$	-15.90927	-14.16729	-15.40765
3	271.3030	28.48242 *	$8.22e-13$ *	-16.86946	-14.35327 *	-16.14489 *
4	288.5280	11.92500	$1.41e-12$	-16.96369 *	-13.67328	-16.01617

四、VAR（3）模型滞后结构的稳定性检验

进一步运用 AR 根的图表来检验 VAR（3）模型滞后结构的稳定性，根据 Lutkpohl（1991）理论，如果被估计的 VAR 模型所有根模的倒数小于 1，即位于单位圆内，则其是稳定的。如果模型不稳定，模型结果将不是有效的。经检验，所有单位根落在单位圆内，表明所设立的 VAR（3）模型是稳定的，且经检验 VAR（3）

Inverse Roots of AR Characteristic Polynomial

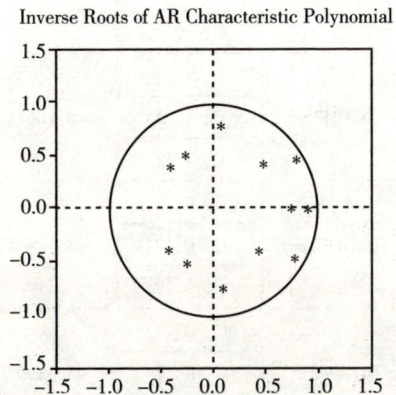

图 7 - 1　模型的稳定性检验

模型全部根的倒数值均在单位圆内满足模型是稳定的（见图 7 - 1）。

五、Johansen 协整检验

协整检验模型实际上是对无约束 VAR 模型进行协整约束后得到的 VAR 模型，该 VAR 模型的滞后期是无约束 VAR 模型一阶差分变量的滞后期。协整检验结果如表 7 - 3 所示。

表 7 - 3　Johansen 协整检验结果（迹统计量和最大特征值）

Unrestricted Cointegration Rank Test（Trace）				
Hypothesized		Trace	0. 05	
No. of CE（s）	Eigenvalue	Statistic	Critical Value	Prob. * *
None *	0. 870851	116. 1766	47. 85613	0. 0000
At most 1 *	0. 704858	62. 96008	29. 79707	0. 0000
At most 2 *	0. 626339	31. 23235	15. 49471	0. 0001
At most 3 *	0. 194939	5. 637782	3. 841466	0. 0176
Trace test indicates 4 cointegrating eqn（s）at the 0. 05 level				
* denotes rejection of the hypothesis at the 0. 05 level				
* * MacKinnon – Haug – Michelis（1999）p – values				
Unrestricted Cointegration Rank Test（Maximum Eigenvalue）				
Hypothesized		Max – Eigen	0. 05	
No. of CE（s）	Eigenvalue	Statistic	Critical Value	Prob. * *
None *	0. 870851	53. 21653	27. 58434	0. 0000
At most 1 *	0. 704858	31. 72773	21. 13162	0. 0011
At most 2 *	0. 626339	25. 59457	14. 26460	0. 0006
At most 3 *	0. 194939	5. 637782	3. 841466	0. 0176
Max – eigenvalue test indicates 4 cointegrating eqn（s）at the 0. 05 level				
* denotes rejection of the hypothesis at the 0. 05 level				
* * MacKinnon – Haug – Michelis（1999）p – values				

注：※表示在 5% 的显著性水平下拒绝原假设。

根据表 7-3 的检验结果，似然比迹检验结果和似然比最大特征值检验结果均显示，在 5% 的显著性水平下，均拒绝 0—3 个协整方程的假设，即变量 LEM2bz、LEM3bz、LGDP2bz、LGDP3bz 之间存在一种长期的均衡关系，至少有 3 个协整方程。各个变量的自回归结果如表 7-4。通过回归参数发现，拟合度系数 R2 分别达到了 0.978286、0.989223、0.975169、0.982349，调整后的 R2 达到 0.959674、0.979986、0.953886、0.967220，说明拟合度很高。

表 7-4　自回归参数

Standard errors in ( ) & t – statistics in [ ]				
	LEM2BZ	LEM3BZ	LGDP2BZ	LGDP3BZ
LEM2BZ（-1）	0.795726	-1.071419	0.034481	0.008286
	(0.20169)	(0.24424)	(0.11800)	(0.14214)
	[3.94521]	[-4.38675]	[0.29220]	[0.05830]
LEM2BZ（-2）	0.200590	1.440171	0.205068	-0.181598
	(0.26395)	(0.31963)	(0.15443)	(0.18601)
	[0.75995]	[4.50576]	[1.32792]	[-0.97627]
LEM2BZ（-3）	-0.168155	-0.937643	-0.277474	0.319344
	(0.20134)	(0.24381)	(0.11779)	(0.14189)
	[-0.83519]	[-3.84586]	[-2.35558]	[2.25070]
LEM3BZ（-1）	0.283235	0.545797	-0.019935	0.062235
	(0.12385)	(0.14998)	(0.07246)	(0.08728)
	[2.28683]	[3.63911]	[-0.27511]	[0.71302]
LEM3BZ（-2）	-0.182822	0.091096	-0.097815	0.087458
	(0.13110)	(0.15875)	(0.07670)	(0.09239)
	[-1.39456]	[0.57383]	[-1.27530]	[0.94665]
LEM3BZ（-3）	0.076011	-0.240168	0.067832	-0.023841
	(0.11062)	(0.13396)	(0.06472)	(0.07796)
	[0.68712]	[-1.79287]	[1.04806]	[-0.30581]
LGDP2BZ（-1）	-0.603453	0.549166	0.752534	-0.105035

续表

Standard errors in ( ) & t – statistics in [ ]				
	(0. 47018)	(0. 56936)	(0. 27509)	(0. 33135)
	[– 1. 28345]	[0. 96453]	[2. 73564]	[– 0. 31699]
LGDP2BZ（ – 2）	– 0. 256780	0. 478150	– 0. 871571	0. 561989
	(0. 55501)	(0. 67208)	(0. 32471)	(0. 39113)
	[– 0. 46266]	[0. 71145]	[– 2. 68412]	[1. 43684]
LGDP2BZ（ – 3）	0. 358345	0. 650258	0. 918933	– 0. 712289
	(0. 42813)	(0. 51844)	(0. 25048)	(0. 30171)
	[0. 83700]	[1. 25426]	[3. 66866]	[– 2. 36082]
LGDP3BZ（ – 1）	– 1. 251443	0. 184706	– 0. 480104	0. 864959
	(0. 47542)	(0. 57570)	(0. 27815)	(0. 33504)
	[– 2. 63230]	[0. 32084]	[– 1. 72607]	[2. 58167]
LGDP3BZ（ – 2）	– 0. 170046	– 0. 499693	0. 003271	0. 133642
	(0. 55982)	(0. 67791)	(0. 32753)	(0. 39452)
	[– 0. 30375]	[– 0. 73711]	[0. 00999]	[0. 33875]
LGDP3BZ（ – 3）	1. 106546	0. 995180	0. 648529	– 0. 393094
	(0. 40070)	(0. 48523)	(0. 23444)	(0. 28239)
	[2. 76151]	[2. 05095]	[2. 76633]	[– 1. 39205]
C	3. 121201	– 5. 170188	0. 499429	1. 511545
	(1. 13624)	(1. 37591)	(0. 66477)	(0. 80073)
	[2. 74697]	[– 3. 75764]	[0. 75128]	[1. 88770]
R – squared	0. 978286	0. 989223	0. 975169	0. 982349
Adj. R – squared	0. 959674	0. 979986	0. 953886	0. 967220
Sum sq. resids	0. 025314	0. 037120	0. 008665	0. 012572
S. E. equation	0. 042522	0. 051492	0. 024878	0. 029967
F – statistic	52. 56183	107. 0912	45. 81839	64. 93040
Log likelihood	55. 81373	50. 64600	70. 28670	65. 26235
Akaike AIC	– 3. 171388	– 2. 788593	– 4. 243459	– 3. 871285
Schwarz SC	– 2. 547466	– 2. 164671	– 3. 619538	– 3. 247364
Mean dependent	3. 178504	2. 948433	3. 874486	3. 403106

Standard errors in ( ) & t – statistics in [ ]				
S. D. dependent	0. 211750	0. 363977	0. 115852	0. 165513
Determinant resid covariance		9. 15E – 13		
Determinant resid covariance		6. 62E – 14		
Log likelihood		256. 4356		
Akaike information criterion		– 15. 14338		
Schwarz criterion		– 12. 64769		

六、格兰杰（Granger）因果关系检验

虽然通过实证研究可以得出变量 LEM2bz、LEM3bz、LGDP2bz、LG-DP3bz 之间存协整关系，但没有表明这两个序列之间是否存在因果关系。格兰杰（1980）指出，如果变量之间是协整的，则至少存在一个方向上的格兰杰原因；在非协整情况下，任何原因的推断将都是无效的。从前面确立的经济增长与就业数量的关系中，可以看出由于四者具有协整关系，所以他们之间至少存在一个方向上的因果关系。计量的检验结果表明，在95%的置信度下，第二、三产业就业结构的变化互为格兰杰成因，也即从长远来看第二产业就业率增加带来更多的二产服务业的发展，从而提供了更多的第三产业就业岗位，同时，随着产业结构的升级，三次产业的发展也为第二产业提高了服务质量和劳动效率，促使第二产业的发展和岗位的增加。LGDP3BZ 是 LEM2BZ 的格兰杰成因、LEM3BZ 是 LG-DP2BZ 的格兰杰成因、LGDP3BZ 是 LGDP2BZ 的格兰杰成因，但反之不成立。

表 7 - 5　格兰杰检验

Pairwise Granger Causality Tests			
Date: 10/19/11　　Time: 11:34			
Sample: 1980 2009			
Lags: 3			
Null Hypothesis:	Obs	F - Statistic	Probability
LEM3BZ does not Granger Cause LEM2BZ	27	3.71600	0.02838
LEM2BZ does not Granger Cause LEM3BZ		5.38810	0.00698
LGDP2BZ does not Granger Cause LEM2BZ	27	1.48790	0.24816
LEM2BZ does not Granger Cause LGDP2BZ		1.42388	0.26529
LGDP3BZ does not Granger Cause LEM2BZ	27	7.27412	0.00174
LEM2BZ does not Granger Cause LGDP3BZ		1.90412	0.16147
LGDP2BZ does not Granger Cause LEM3BZ	27	2.12757	0.12870
LEM3BZ does not Granger Cause LGDP2BZ		3.06753	0.05147
LGDP3BZ does not Granger Cause LEM3BZ	27	0.28244	0.83744
LEM3BZ does not Granger Cause LGDP3BZ		0.13183	0.93999
LGDP3BZ does not Granger Cause LGDP2BZ	27	6.97825	0.00214
LGDP2BZ does not Granger Cause LGDP3BZ		0.78681	0.51534

七、脉冲响应分析

本章采用广义脉冲响应方法进行响应分析。图 7 - 2 的结果表明, 二次产业就业结构在受到自身一个单位标准差新息作用下, 将会产生正向的响应, 并在当期达到峰值, 以后逐年减弱, 到第 6 期接近位 0, 到第 9 期之后基本趋于平稳。图 7 - 3 的结果表明, 三次产业就业结构在受到二次产业就业一个单位标准差新息作用下, 将会产生正向的响应, 在当期影响较弱, 以后逐渐变强, 到第 2 期接近峰值, 其后逐渐变弱, 第 8 期之后达到最大负响应。图 7 - 4 的结果表明, 二次产业产值结构在受到二次产业就业一个单位标准差新息作用下, 将会产生正向的响应, 在当期影响较弱, 以后逐渐变强, 到第 2 期接近峰值, 其后逐渐变弱, 第 8 期之后达到最大负响应，之后基本趋于平稳。图 7-5 的结果表明，三次产业产值结构在受到二次产业就业一个单位标准差新息作用下，将会产生负向的响应，在当期影响较弱，以后逐渐变强，到第 3 期接近负响应的峰值，其后逐渐变强，第 7 期之后转变为正响应，第 9 期之后基本趋于平稳。

Response to Cholesky One S.D.Innovations ±2 S.E.

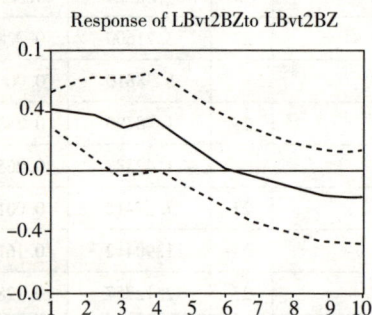

Response of LBvt2BZto LBvt2BZ

Response of LBvt2BZto LBvt2BZ

图 7-2　二产就业率的冲击反应曲线　　**图 7-3　三产就业率的冲击反应曲线**

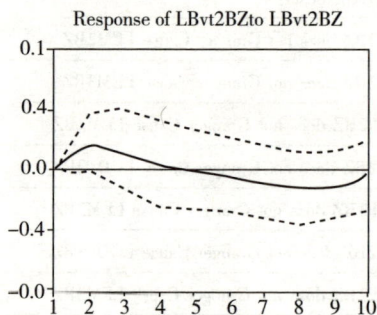

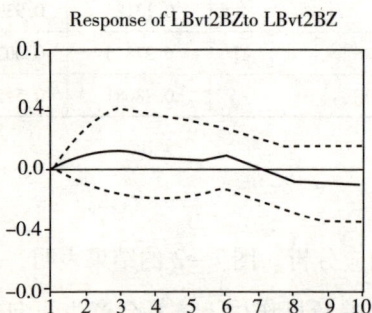

Response of LBvt2BZto LBvt2BZ

Response of LBvt2BZto LBvt2BZ

图 7-4　二产产值比重的冲击反应曲线　　**图 7-5　三产产值比重的冲击反应曲线**

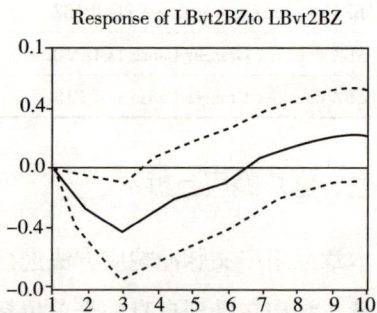

图 7-6 的结果表明，三次产业就业结构在受到二次产业就业结构一个单位标准差新息作用下，将会产生负向的响应，并在 2 期达到负的峰值，以后逐年减弱，到第 3 期接近位 0，之后基本趋于平稳，第 9 期又出现较大的负响应，以后又趋平稳。图 7-7 的结果表明，三次产业就业结构在受到自身一个单位标准差新息作用下，将会产生较大的正向响应，在当期达到峰值，以后逐渐变弱，到第 6 期接近负峰值，第 9 期之后趋于平稳。图

7 - 8 的结果表明，二次产业产值结构在受到三次产业就业一个单位标准差新息作用下，将会产生正向的响应，在当期影响较弱，以后逐渐变强，到第 4 期接近峰值，其后逐渐变弱，第 7 期之后达到最大负响应，之后基本趋于平稳。图 7 - 9 的结果表明，三次产业产值结构在受到三次产业就业一个单位标准差新息作用下，将会产生正向的响应，在当期影响较弱，以后逐渐变强，到第 5 期接近 0，其后逐渐变强，第 10 期之后基本趋于平稳。

Response of LBvt2BZto LBvt2BZ

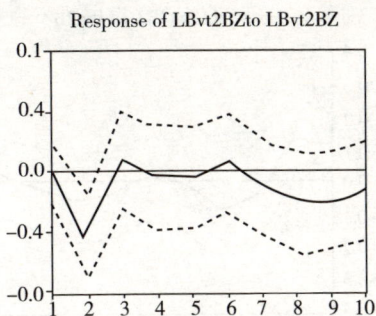

图 7 - 6　二产就业率的冲击反应曲线

Response of LBvt2BZto LBvt2BZ

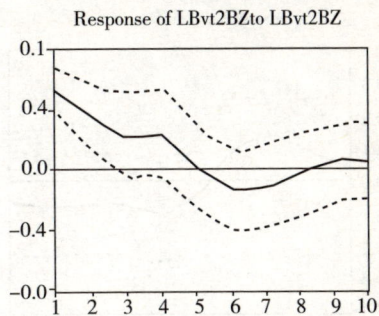

图 7 - 7　三产就业率的冲击反应曲线

Response of LBvt2BZto LBvt2BZ

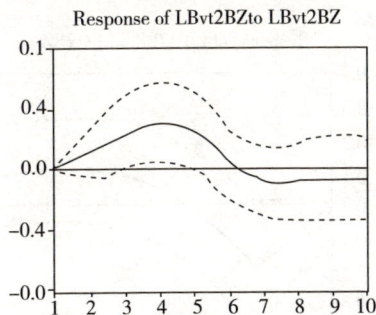

图 7 - 8　二产产值比重的冲击反应曲线

Response of LBvt2BZto LBvt2BZ

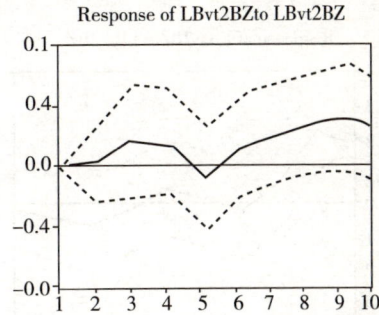

图 7 - 9　三产产值比重的冲击反应曲线

图 7 - 10 的结果表明，二次产业就业结构在受到二次产业产值结构一个单位标准差新息作用下，将会产生正向的响应，并在 3 期达到峰值，以后逐年减弱，到第 5 期接近位 0，第 7 期之后基本趋于平稳。图 7 - 11 的结果表明，三次产业就业结构在受到二次产业产值一个单位标准差新息作用下，将会产生较大的正向响应，在当期达到峰值，以后逐渐变弱，到第

4期接近负峰值，第6期之后趋于平稳。图7-12的结果表明，二次产业产值结构在受到二次产业产值一个单位标准差新息作用下，将会产生正向的响应，在当期基本达到峰值，其后逐渐变弱，第4期之后基本趋于平稳。图7-13的结果表明，三次产业产值结构在受到二次产业产值比重一个单位标准差新息作用下，将会产生负向的响应，在当期影响较弱，以后逐渐变强，到第3期接近最大值，其后逐渐变强，第7期之后基本趋于平稳。

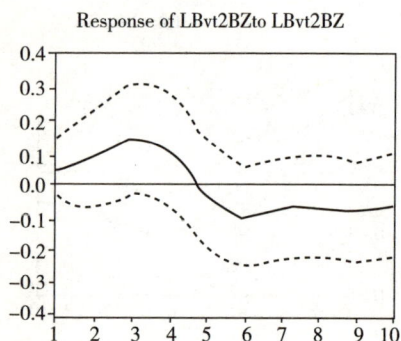

Response of LBvt2BZto LBvt2BZ

Response of LBvt2BZto LBvt2BZ

图7-10　二产就业率的冲击反应曲线　**图7-11　三产就业率的冲击反应曲线**

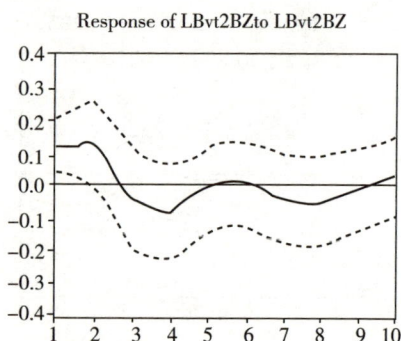

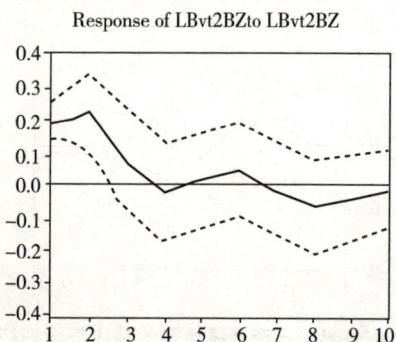

Response of LBvt2BZto LBvt2BZ

Response of LBvt2BZto LBvt2BZ

图7-12　二产产值比重的冲击反应曲线　**图7-13　三产产值比重的冲击反应曲线**

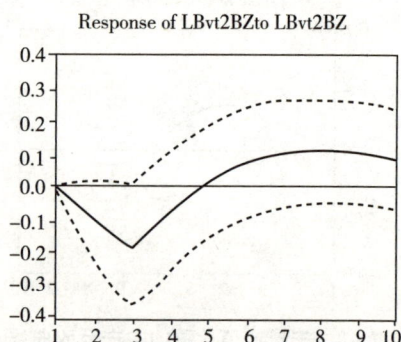

图7-14的结果表明，二次产业就业率在受到三次产业产值率一个单位标准差新息作用下，将会产生负向的响应，并在3期达到峰值，以后逐年减弱，到第5期接近位0，第6期之后基本趋于平稳。图7-15的结果表明，三次产业就业率在受到三次产业产值率一个单位标准差新息作用

下，将会产生较大的负向响应，在当期达到峰值，以后逐渐变弱，到第 3 期接近正峰值，之后趋于平稳。图 7 – 16 的结果表明，二次产业产值率在受到三次产业产值率一个单位标准差新息作用下，将会产生负向的响应，在当期基本达到峰值，其后逐渐变弱，第 7 期之后基本趋于平稳。图 7 – 17 的结果表明，三次产业产值率在受到三次产业产值比重一个单位标准差新息作用下，将会产生正向的响应，在当期达到最大值，以后逐渐变弱，到第 6 期接近位 0，其后逐渐变为负值，第 8 期之后基本趋于平稳。

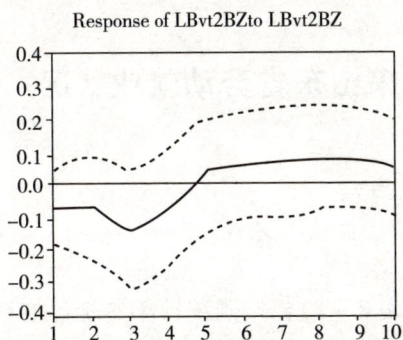

图 7 – 14　二产就业率的冲击反应曲线

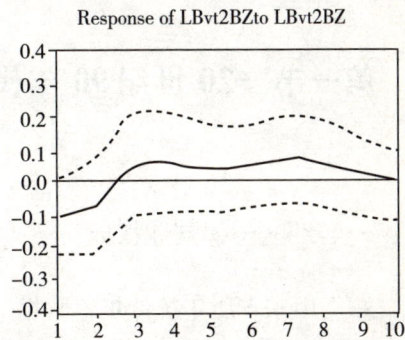

图 7 – 15　三产就业率的冲击反应曲线

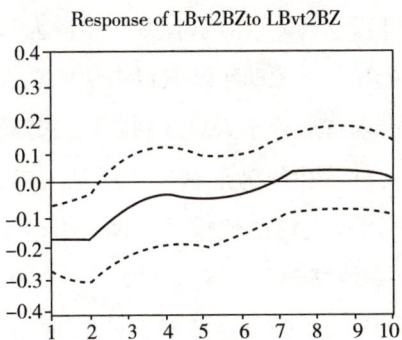

图 7 – 16　二产产值比重的冲击反应曲线

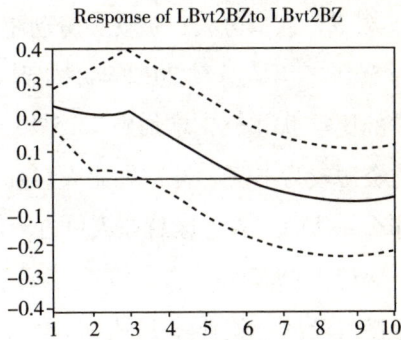

图 7 – 17　三产产值比重的冲击反应曲线

第八章 山东省产业结构调整背景下劳动力供给分析

第一节 20世纪90年代以来山东省劳动就业状况

一、地区总体就业状况

根据山东省历年统计年鉴数据（见表8-1），按照统计年鉴统计的地区人口结构情况，按照各年龄所占比重，选取15—64岁年龄段的统计人数作为山东省劳动年龄人数（我国规定男子16岁—60周岁，女子为16岁—55周岁，这部分人口被视为劳动年龄人口），1995年山东省劳动年龄人口为5919.4万人，到2012年增加到7118.4万人，劳动年龄人口占地区总人口的比重也由68%增加到73.5%。说明山东省还处于人口红利阶段，劳动力资源较为丰富。若将失业人口和就业人口总和作为地区经济活动人口，那么，从山东省地区就业人口占地区经济活动人口的比重看，这一指标始终保持在98.3%左右，1995年属于就业率较高年份，到了99.3%，2002年接近最低，就业率到达97.8%，从2002—2012年这段时间小幅增加，由97.8%增加到2012年的99.1%。

表 8 – 1　山东省主要年份劳动力供求

单位：万人，%

年份	地区总人口数	总就业人口数	经济活动人口	劳动年龄人口	城镇就业人口	城镇失业人口	城镇经济活动人口	城镇登记失业率	地区劳动年龄人口占总人口比重	地区就业人口占经济活动人口比重
1995	8705	5207.4	5245.5	5919.4	1620.9	–	1620.9	68.0%	99.3%	
2000	8997	5441.8	5533.7	6396.9	1825.2	37.5	1862.7	3.2%	71.1%	98.3%
2001	9041	5475.3	5569.0	6455.3	1885.4	35.4	1920.8	3.3%	71.4%	98.3%
2002	9082	5527.0	5652.3	6602.6	1948.6	39.7	1988.3	3.6%	72.7%	97.8%
2003	9125	5620.6	5723.5	6624.8	2029.7	41.3	2071.0	3.7%	72.6%	98.2%
2004	9180	5728.1	5827.6	6765.7	2140.4	42.3	2182.7	3.4%	73.7%	98.3%
2005	9248	5840.7	5941.8	6852.8	2276.8	42.9	2319.7	3.3%	74.1%	98.3%
2006	9309	5960.0	6063.4	6953.8	2425.0	43.7	2468.7	3.3%	74.7%	98.3%
2007	9367	6081.4	6182.9	7006.5	2561.5	43.5	2605	3.2%	74.8%	98.4%
2008	9417	6187.6	6292.5	6978.0	2680.1	44.7	2724.8	3.5%	74.1%	98.3%
2009	9470	6294.2	6392.0	6998.3	2803.4	45.1	2848.5	3.4%	73.9%	98.5%
2010	9579	6401.9	6482.3	7126.7	2927.4	44.5	2971.9	3.4%	74.4%	98.7%
2011	9637	6485.6	6546.5	7160.3	3014.4	45.1	3059.5	3.4%	74.3%	99.1%
2012	9685	6554.3	6615.8	7118.4	3084.3	43.4	3127.7	3.3%	73.5%	99.1%

注：登记失业率指在报告期末城镇登记失业人数占期末城镇从业人员总数与期末实有城镇登记失业人数之和的比重。

二、城镇劳动力供需形势分析

　　1995 年 1% 人口抽样调查数据、2000 年人口普查和 2005 年 1% 人口抽样调查数据表明，山东省城镇劳动年龄人口占总人口的比重在 60% 以上，也说明山东省正处于人口红利的窗口期，城镇劳动力资源丰富。将就业人口和登记失业人口的和作为城镇经济活动人口，城镇就业率看做城镇从业人数与城镇从业人数和城镇失业人数之和之比。这一指标反映了城镇劳动力资源的利用程度，即一定时期内城镇的从业人员数量在城镇可能参加社会劳动的人数中所占的比重。从全省看，城镇失业率从 2000—2012 年变化状况见表 8-1 中第 9 列所示，数据表明山东省失业率始终保持在 3.5% 左右，在国家规定的保证就业率在 4% 的合理区间。为进一步分析山东省城镇失业情况，我们将城镇失业人员和失业率共同呈现在图 8-1 中，图中左边纵向坐标轴表示登记失业人员，右边纵向坐标轴表示登记失业率，从 2009—2013 年两个参数值的变化情况可以发现，山东省各城镇失业人员和失业率的变化有大体一致的趋势，但也有各自的特点。省会城市济南在该段时间内，城镇登记失业人数在不断的下降；但作为山东省经济发展较快的青岛市，却表现出登记失业人员呈上升趋势；作为经济总量处在全省第三位的烟台市，五年变化不大，基本维持在一个水平上；潍坊市作为地级市，经济总量仅次于烟台市，也是人口大市，五年间的城镇登记失业人员也没有多大变化。城镇登记人员失业总量是一个绝对指标，受到城市人口数量的影响，难以反映各市的失业相对变化状况。为此，我们观察近五年的城镇登记失业率指标，该指标在图形上以线条的形式表示，从总体变化趋势看，2009 年是我国受到美国次贷危机波及较为严重的一年，在城镇登记失业率上有较强的体现，山东省各市区失业率都有一致的增大。同时，我们观察到这种因受金融危机影响导致就业率波动的强弱还跟城镇的产业结构有明显的相关性，失业率影响大的地区基本属于产业结构层次单一，重化工业较为突出的地区，服务业产值份额在地区经济总产值中的比重不高。从各市登记失业率比较情况看，威海市失业率较小，其次是临沂市。威海市作为旅游城市，近几年以旅游为主的服务业发展强劲，而临沂市近年来依托区位优势，不仅依山傍水，而且处在三省交界处，商贸业、交通物流业、红色旅游业成为地区主要产业，在全国具有影响力的木材、铝合金等集贸市场，物流贸易等服务业消化了大量的城市就业人员，受金融危机的影响也较小。

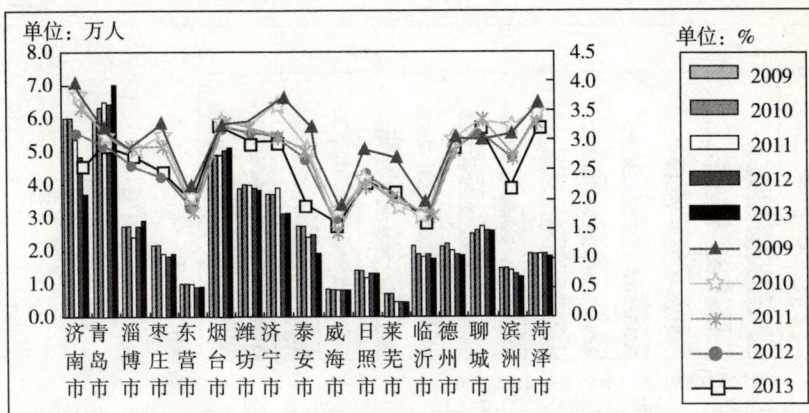

图 8-1　山东省各市城镇登记失业人员及失业率

由于登记失业人口不能完全反映城镇失业状况，因此，通过观察劳动参与率的变动来反映失业问题，更能反映实际失业的实际情况，因为计算失业率中的登记失业人员必须失业前有工作，这样就导致很多有意找工作而未登记的人员不能统计在失业人员中，使得登记失业率较真实的失业率变小。我们以就业状况间接反映失业，计算山东省城镇经济活动人口占城镇劳动年龄人口的比重（也就是劳动参与率）发现，由 1995 年的 88.6%下降到 2004 年的 86.1%，以后出现逐年反弹现象，到 2007 年又接近 1995 年 88.2%的数值，按照重新计算的就业率指标，从 2008 年开始山东省就业率达到 90%。

为从图形上直观的分析 1995—2012 年间山东省城镇经济活动人口、城镇劳动年龄人口以及二者之间的比重情况，我们作图 8-2。图中左边的纵轴线表示经济活动人口、劳动年龄人口的数量，右边的纵轴线表示由经济活动人口和城镇劳动年龄人口比值计算的城镇就业率。从经济活动人口和劳动年龄人口变化趋势看，二者有缓慢的上升趋势，从二者表示的就业率变化趋势看，在观察期中有一个比较大的波动，最低点发生在 2002 年，其后缓慢增大，2009 年有一个较小的波动，2012 年又恢复到较高的就业率水平。

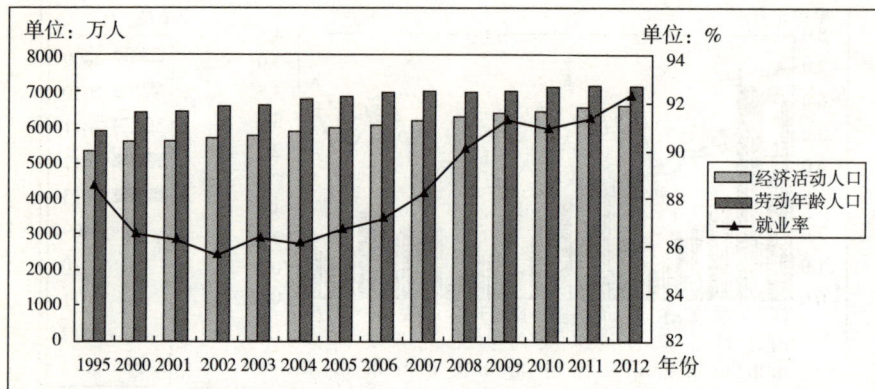

图 8-2　山东省经济活动人口、劳动年龄人口及其二者比值

第二节　山东省劳动力供给和配置结构特点

一、农村劳动力转移情况

人口流动使城镇就业人口不再是单一城镇户籍人口，目前城镇就业人口由三类就业群体构成，即城镇户籍人口、乡城迁移人口和城际迁移人口。笔者调研发现，城际迁移人口所占比重非常小，因此可以忽略不计。所以，城镇就业人口可认为由城镇户籍人口和乡城迁移人口构成。城镇户籍人口是相对稳定的，乡城迁移人口的规模和速度将对城镇就业人口产生直接影响。从山东省农村剩余劳动力转移的规模和速度看，在 1995—2000年间，山东省只有 1996 年和 1999 年两个年份向外转移了劳动力，其余年份农村劳动力不减反增，农村劳动力变化平均为正值，即农村劳动力增加。在 2001—2007 年间，山东省农村剩余劳动力转移的规模和速度加快，农村劳动力逐年减少，年平均转移量为 88.9 万人，年平均转移速度4.9%。从非农化水平看，由山东省统计年鉴数据表明，自 20 世纪 90 年代

中期以来，表征非农化水平的各变量值都有显著提高：非农产业人口就业比重由 1995 年的 45.6% 上升到 2007 年的 62.7%，12 年间提高了 17.1 个百分点；非农业人口比重由 1995 年的 24.9% 上升到 2007 年的 36.8%，12 年间提高了 11.9 个百分点；城镇人口比重由 2001 年的 39.2% 增长到 2007 年的 46.8%，6 年提高了 7.6 个百分点，与全国平均水平相比，山东省非农化程度有明显提高。

二、山东省劳动力非农化变化趋势

从各变量值增长速度看，20 世纪末，非农产业就业人口比重增速、非农就业人口比重增速和城镇人口比重增速开始加快，大致在 2003 年前后接近峰值，以后逐渐回落；城镇人口比重增速最低，乡城迁移人口增速减慢，非农产业就业人口增速和非农业人口增速较高，非农业人口比重增速大于城镇人口比重增速（见表 8－2）。这是因为，近年来盲目迁移、无序迁移现象得到遏制，经济发展理念由重增长转向重发展。由于社会主义新农村建设的推行，农村外出人口进城务工趋于理性，不再盲目流动。虽然农村部分剩余劳动力没有实现由乡村到城镇的转移，但是农业比较收益下降导致大量劳动力从农业产业中释放出来，从事农村地区的非农产业。城镇化水平正在深化，大量的乡村迁移人口在城镇生活多年，开始沉淀下来，变农村户口为城镇户口，成为不折不扣的市民。

表 8－2 山东省劳动力非农化变化趋势

单位:%

年份	非农产业 GDP 比重	非农产业就业人口比重	非农产业就业人口比重增长速度	非农业人口比重	非农业人口比重增长速度	城镇化率	城镇化率变化率
2000	84.8	46.9	－	26.8	－	26.8	－
2001	85.2	47.7	2.3	27.8	4.5	27.9	1.1
2002	86.5	49.9	5.6	29.0	4.6	29.0	2.9
2003	87.7	53.1	8.2	31.1	7.6	31.1	2.1

续表

年份	非农产业GDP比重	非农产业就业人口比重	非农产业就业人口比重增长速度	非农业人口比重	非农业人口比重增长速度	城镇化率	城镇化率变化率
2004	88.2	55.6	6.8	32.1	4.2	32.2	1.1
2005	89.6	59.8	9.6	34.0	6.6	34.2	2.0
2006	90.3	60.9	4.1	34.7	2.6	34.7	0.5
2007	90.3	62.8	5.1	36.7	6.4	36.7	3.0
2008	90.3	62.6	1.5	37.5	2.8	37.6	0.9
2009	90.5	63.5	3.2	37.5	0.5	37.5	-0.1
2010	90.8	64.5	3.3	40.1	8.2	40.3	2.8
2011	91.2	65.9	3.5	40.9	2.8	41.1	0.8
2012	91.4	66.9	2.6	41.5	1.9	42.0	0.9
2013	91.3	68.3	2.5	53.8	30.0	53.6	11.6

数据来源：根据2001—2014年山东统计年鉴整理。

三、山东省劳动力供给和配置结构分析

为分析山东省劳动力供给和配置结构，我们利用山东省统计年鉴绘制了山东省劳动力供给和配置结构表（见表8-3），因山东省2012年和2013年的统计年鉴中，人口就业和工资统计项目不再有劳动力供给和配置数据，我们在绘制表8-3时只提供了2005年到2011年的数据。从山东省城镇劳动力供给总量看，总体出现总量减少的趋势，2011年比2005年减少了262477人。从配置结构看，2005年，农转非人员中的劳动力是主要供给群体，其次是上年末城镇登记的失业人员，但农转非人员中的劳动力数据统计不全，至2008年，山东统计年鉴中便不再统计该指标。除了以上提到的就业人员，另一部分劳动力供给群体就是学生群体，包括高校毕业生、中等职业学校毕业生和未能升学的初高中毕业生。从时间序列看，山东省高等学校毕业生的数量呈现快速增加趋势，而未能升学的初高中毕业生数量呈减少趋势，从中反映出这样一个信息，即山东省高校入学率有了

进一步的提高，但高校毕业生的就业压力越来越大。高校毕业生具有较高的人力资本含量，是承担产业结构转型升级的主要人力资本群体，这一群体对就业条件有相对较高的选择，山东省如何构建政、经、产、学、研等多方联动的信息共享机制，诸如建立起企业对高校毕业生的需求信息、高校大学毕业生供给信息、产业结构调整信息，以政府作为中介组织促成多方参与的信息平台的建设，是解决高校毕业生顺利就业的关键，也是实现产业结构转型升级的智力支撑。

表 8 – 3　山东省劳动力供给和配置结构

单位：人

类　别	2005 年	2006 年	2007 年	2008 年	2009 年	2010 年	2011 年
本年城镇劳动力供给总数	2244471	2081061	1973012	1943296	1925866	1938000	1982000
1. 高等学校毕业生	234611	272826	339433	420465	462152	472000	570000
2. 复员、转业军人	30609	30842	35043	28103	31023	25400	26000
3. 中等职业学校毕业生	380584	297234	390817	390521	410586	414000	477000
4. 未能升学的初高中毕业生	241102	295502	214997	210213	210452	183000	80000
5. 直接从农村招收的人员	—	—	—				
6. 农转非人员中的劳动力	440532	209339	85419				
7. 下岗人员	204450	188645	145539				
8. 上年末城镇登记失业人员	421049	429088	436775	434729	447439	451000	445000
#就业转失业人员	291534	346461	324989	357698	353215	355000	380000
9. 其　他	—	11124	—	101567	10999	37600	—

数据来源：由 2006—2012 年山东省统计年鉴整理。

第九章 山东省产业结构调整与就业和谐互动的对策研究

优化产业结构，促进就业扩张，实现经济结构和就业结构协调发展，是经济社会发展的必然要求。尽管本研究的结果表明，山东省产业结构的优化和升级与本省的人口就业率没有明显的正相关，但产业结构调整与劳动力结构调整关系密切。劳动力结构得不到调整，经济结构的调整即使在外力作用下发生了，也得不到劳动要素的强有力支撑，况且经济结构的调整会直接或间接的影响着劳动力的就业分布和就业结构的变化。劳动力结构的调整如果和经济结构的调整出现协调推进、大体互为一致，不仅会使经济结构在合理的劳动力结构支撑下，出现波动较小的优化升级锚定过程，使经济得到顺利的惯性推进，而且在这一过程中，不会出现因经济的剧烈波动产生大量的结构性失业，良性的互动关系使不断出现的就业机会得到及时的人力填充，经济增长的同时拉动就业的增长。当前，从某种程度上分析，山东省存在一定的就业压力，这一压力产生的一个根本原因是山东省经济结构与就业结构的失衡。为此，要从根本上解决山东省产业结构调整和就业压力，促进山东政治、经济、社会和文化的共同发展，就必须做到在调查研究的基础上，实现经济结构和就业结构的双调整、双兼顾，任何偏废一方的做法只能称之为头疼医头脚疼医脚，都不利于经济发展和人口就业。

第一节　动态实施山东省产业人才需求
与对口就业的市场调查

要实现产业结构调整和人才就业的互动，获得产业结构调整对人才的需求和高校人才培养专业设计和培养模式至关重要。国家和山东省产业结构调整目录尽管从国家发改委和省发改委都能获得，但这类信息只是指导性产业结构调整信息，具体到山东省各产业中的企业发展战略，这些信息也许对高校的专业培养更有针对性。为此，为了从具体产业和企业中获得产业结构调整方向，政府部门可以通过项目的形式，委托科研结构和高校进行产业结构调整对人才需求的调查问卷、企业访谈。对这类信息的获得可以获得以下事实信息。

一、产业结构调整过速，导致人才供给不足

产业结构调整和社会人才供给不匹配的表现形式之一就是产业结构调整过速，导致社会人才供给不足问题。产业结构调整尽管受到产业资源禀赋的影响，转型升级和调整有一定的时间限制，但企业的经营和产品生产线的投资往往在很大程度上受政府的政策引导，遵循政策导向的企业会得到加大的政策资金支持，否则，不仅得不到优惠政策，还会受到发展制约，而作为国有企业更没有商量的余地。这种情况尽管在企业转型行为上能够得到较快的响应，企业项目争取快、手续快、建设用地审批快、投资上马快，但新项目需要新技术、新人才。高校人才培养有固定的模式和课程设计体系，人才培养需要一个学习过程和实习过程，在没有良好的双方沟通对话机制下，很容易导致企业项目投资一定，但人才无处可寻的尴尬局面。

二、产业结构调整滞后，导致人才供给过剩

产业结构调整无论对地方政府还是对企业来说，都是一个需要经历阵痛的阶段。对政府来说，当传统产业还在像温水中的青蛙一样，能够继续给地方政府贡献税收收入的时候，让政府出资来补贴巨大的企业转换成本，完成产业转型升级，地方政府往往缺乏主动性，因为，这涉及一揽子财政预算计划，如政府给予企业的低息贷款成本、设备折旧成本、下岗人员的生活补贴成本、安置成本、职工的转岗培训成本，短期内的财政收入机会成本等。对企业来说，尽管产业结构升级不仅给资源环境带来利好，能够增加企业的未来竞争力，但面对转型需要的巨大前期投入和漫长的资金回收期，很多企业往往也没有主动性。在这种情况下，很多高校也许因为个别专业的社会走俏而争相设置，导致人才的社会消化不良。

第二节　建立政、产、学、研多方
产业调整信息共享平台

目前各省产业结构调整目录是根据国家发改委制定的国家产业结构调整目录形成的地区产业结构调整清单。国家教育部在修订本科教育课程设计时估计会参照国家产业结构调整目录，但地方本科院校具有服务地方经济发展的任务和责任，地区经济发展和产业发展具有自身的特征，对专业人才的需求除了大类人才外，还需要专门人才。以潍坊市为例，潍坊寒亭区借助蓝黄两区两大发展战略，为打造潍坊食品行业品牌，提升潍坊市食品产业的竞争力，促进地区农业乃至经济发展的转型升级，筹建了"中国食品谷"项目，这一项目对物流人才需求旺盛，目前尤其缺乏冷链人才，而潍坊学院作为潍坊地区最大的综合性大学，却没有这方面对应课程和人才培养计划。导致这一结果的原因是政、经、产、学的信息不对称。为

此，成立专门的网络平台，实现以上各方信息的即时沟通和协调是避免以上问题发生的根本。

一、建立产业结构调整信息披露平台

（一）山东省第一产业结构调整信息

新时期山东省农业结构调整的市场特点：一是农产品供需失衡。尽管农产品总量基本保持平衡，但山东省农产品出现了结构性和阶段性生产过剩问题，导致这一问题的原因是多方面的，其中，农业技术的出现导致的劳动生产率的提高和伴随着人们收入水平提高导致的需求多样性是关键因素。二是山东省农产品国际市场占有率下降。加入 WTO 后，山东省农产品的生产方式决定了其投入成本居高不下，同时，由于农产品生产手段的落后和国外技术壁垒的制约，导致山东省农产品国家市场占有率下降。三是国内外农产品消费者对农产品的质量安全提出了更高的要求。现在对消费者的竞争不仅是价格的竞争，更是产品质量的竞争，这在国际贸易中表现得尤为突出。

山东省经过多年的农业产业结构调整，目前基本构建形成了"442"的整体格局，即四大粮食作物、四大经济作物和两大支柱产业。其中以玉米、小麦、薯类和豆类作为主要的粮食作物；以蔬菜、花生、棉花、水果作为主要的经济作物；畜牧和水产作为两大支柱产业。但从山东省农业未来竞争力的发挥方面看，山东省农业产业存在布局不尽合理、地区间产业结构雷同，农产品品种之间差异小，特色不够鲜明，基本未形成具有强大品牌影响力的优势产区，这在一定程度上制约了山东农产品的国外和国内市场占有率和农业的经济效益。为此，山东省农业结构调整的方向要在充分把握新时期山东农业产业要素禀赋比较优势，科学预测国际、国内农产品市场现实和将来发展趋势和竞争的需要，在满足我国国民经济发展的总体部署的情况下，对包括畜牧业、植业、林业、渔业、果品业等各部门间的比例关系，以及其内部产品的比例关系作出战略性结构性调整，争取在不断优化的过程中，构建一个农业化生产结构合理、布局科学、产品结构多样、生态协调和农业科技水平较高的大农业产业体系，使得这一体系更加有利于市场农业和现代农业的作用发挥，更加有利于实现农业的增产、农民的增收，农村经济全面、快速、协调、持续、健康发展。

要实现以上目标，山东省农业内部结构调整要符合精细化、集约化、产业化的路径选择，要在全面提高农产品质量安全水平的前提下，从农业内部充分挖掘增收潜力。解决山东省产业布局不合理问题，要充分发挥农业产业政策的引导作用，可以考虑通过政府设立的良种补贴政策引导建立优势农产品产业带，也可以通过搭建服务平台吸引农业产业集群发展，尽量减少计划经济时期政府看得见的手的权力作用；山东省在应对农产品安全方面采取了一系列强硬对策，将农产品安全标准提高到一个前所未有的高度，全省建立健全统一的农产品质量标准体系和检测检验体系的具体要求，这一农产品质量安全的高标准、严要求是适应外贸出口的新形势，适应国内外消费者对农产品质量、营养、健康、安全要求提高的新情况，适应产业健康发展的需求。要加快发展农业产业化经营。通过一系列扶持政策，引导龙头企业的发展，引导企业与农民建立起合理的利益联结机制，使农民长期得到实惠。依靠龙头企业带领广大农民进入大市场，指导农民的生产经营行为，实现农业结构的调整和优化。加强农业科研和技术推广，围绕增强我国农业科技的创新能力、储备能力和转化能力，改革农业科技体制，紧紧依靠科技进步，延长农业产业链条，大力发展农产品加工，全面提高农业附加值。

（二）山东省第二产业结构调整信息

山东省具有得天独厚的区位优势，作为沿海较早的开放城市，以青岛为龙头的山东省制造业尽管发展较快，但区域内企业的自主创新能力较薄弱，大部分企业由于缺少知识产权，产业产品技术基本依赖引进国内外，笔者参考国内部分学者的研究意见，认为山东省的重大技术装备同国际先进水平比较，至少要落后 5—20 年。山东省近几年自主完成设计的一般低水平加工能力的普通机械产品跟进口产品比没有竞争力，很多企业能够维持生存的一个重要因素是得到政府的财政补贴，由于缺乏创新性产品，出现了产能过剩现象，具有国际先进水平的大型成套设备不能完全实现国产化，关键核心部件仍依赖进口。统计数据显示，尽管山东省作为制造业大省，其设备投资的 2/3 要依赖于进口，以光纤和集成电路芯片制造设备为例，前者几乎 100% 依赖进口，后者几乎 80% 依靠进口，工业设备、数控机床、轿车、纺织、机械、胶印设备的绝大部分来自进口产品。以上信息表明尽管山东省号称为制造业大省，但其省内制造业技术能力与国内外先进水平之间还存在不小的差距，还称不上制造业强省。创新性技术来自创新性人才，针对山东省制造业的发展战略和竞争力提升的规划路径，为完成传统产业体系向高端产品、新型技术为主体的工业体系转变，产学研联动必不可少。高校应审时度势，及时根据山东省制造业信息披露情况，实施专业和人才培养模式的转变，培养适销对路的人才产品。

为实现山东省自主创新能力，实现加工制造业核心技术的国产化，山东省明确提出了加强关键、共性、配套技术研发能力，出台了优先支持和发展的产业技术政策。一是力争在前期基础研究与应用开发上实现新突破。这方面山东省公布的重点行业领域是先进制造业、电子信息业、新材料行业、资源综合利用等行业，要通过产学研合作技术平台在关键共性技术领域取得重大突破；传统行业中的汽车、石化、船舶、食品加工、纺织等行业，要形成拥有自主知识产权的更多技术和产品。二是加大创新成果的孵化和产业化，力争在高技术产业化示范工程上实现历史突破。这方面山东省以各类高新技术开发区和产业集聚区位依托，选择具有一定发展基础且具有自主知识产权成果的战略性新兴产业、高端产业领域，在一定区域范围内进行工业化集成和推广示范，对示范比较成功的专利技术实现产业化运作。三是要突破国外技术依赖瓶颈，通过引进、改造、消化和吸收，力争在再创新上实现新突破。这方面山东省重点公布了 8 个亟须率先启动的行业领域，分别是电子信息技术、数控技术、造纸设备、洁净煤技术、建材机械、纺织装备、橡塑机械、工程机械，明确提出要对这些行业技术进行系统性引进消化吸收再创新，使核心技术掌握在自己手里，防止受控于人。

结合山东省工业结构的现状和未来产业发展趋势，目前山东省基本确立了将新材料、新能源及节能环保、新信息、海洋开发、新医药以及高端装备制造业等产业作为全省重点支持发展的战略性新兴产业。这些产业入围山东省战略性新兴产业是基于产业的投入成本、成长性、影响力和环境要求。以信息产业中的通讯设备计算机及其他电子设备制造业为例，信息化社会人们的生产和消费需求一时一刻都离不开电子信息技术，山东省传统产业的改造和提升也离不开信息产业，信息产业发展速度快，更新换代也快，跟其他产业的关联带动作用强，需要大量的人才和研发资本持续的投入，将此产业作为山东省战略性新兴产业符合产业特点和山东实际。山东省作为制造业大省，无论是农用设备、运输设备还是家庭生活耐用消费品，都有全省乃至全国的驰名品牌，这些机械产品的质量水平跟以通用、专用设备制造为代表的高端装备制造业发展水平和速度关系密切，因此，将高端装备制造业作为山东省重点发展的战略性新兴产业，也完全符合山东产业结构调整方向。尤其值得一提的是面临山东省工业化进程中出现的资源和环境压力，发展循环经济早已提到山东省的议事日程，"废弃资源和废旧材料回收加工业"正是满足循环经济中的减量化（reduce）、再利用（reuse）和再循环（recycle），山东省实现产业发展的转、调、创，可以利用该产业的中间需求率高和中间投入率低的特点，减少高投入、高耗费和高污染行业对资源和环境的发展压力。

（三）山东省第三产业结构调整信息

截至 2014 年，山东省第三产业的产值比重为 43.5%，占全省 GDP 的比重不到一半。山东省作为农业和工业大省，以服务业为主的第三产业起步晚，发展速度慢，交通运输业、批发零售业、仓储和邮政业等传统服务业仍然占第三产业的主体，新兴第三产业的发展明显滞后。我们按照《中国统计年鉴》中对三次产业的统计分类，以 2011 年统计数据为例，计算机产业、金融业和其他服务业作为新兴第三产业，则新兴第三产业的增加值仅为 8760.75 亿元，在全国各省份的排名仅为第 5 名。若将新兴第三产业增加值单独考虑，则其占整个第三产业总增加值的比重仅为 50.43%，位列全国第 30 名。同是 2011 年，北京的这一指标高达 73.33%，和山东省同处于中国经济第一集团军的江苏省这一指标数值达到了 59.75%，比山东省高出 9 个百分点，从中我们可以发现山东省新兴第三产业的发展的严重滞后。生产性服务业是未来山东省第三产业的结构调整方向，我们根据《中国统计年鉴》中的服务业行业细分，将以信息传输、计算机服务和软件业、交通运输、批发和零售业、仓储和邮政业、金融业、租赁和商务服务业、科学研究、技术服务和地质勘探业作为生产性服务业统计范围，2011 年生产性服务业的增加值为 10784.77 亿元，这一数据占到整个山东省第三产业增加值的比重为 62.09%，占到整个山东省 GDP 的比重为 23.78%，而同期，北京市和上海市生产性服务业占第三产业的比重都高达 70% 以上，占地区 GDP 的比重也超过 40%。生产性服务业具有较强的直接和间接服务于第一和第二产业的作用，它们通过提供中间服务，可以将知识、技术和人力资本融入商品和服务生产中去，发展生产性服务业是实现山东省四化同步的根本保证和形成产业竞争力的根本源泉。从目前看，山东省要想实现由制造业大省向制造业强省迈进，用发展生产性服务来改造和提升传统产业是必由之路，从近年来国际贸易和国外企业竞争优势发挥的经验，生产性服务在发达国家中的作用无可取代。山东省是人口大省，也是人才大省，良好的制造业基础为生产性服务业发展提供了施展舞台，山东省利用产业信息发展平台，及时实现政、产、研、学的信息沟通和共享，可以实现第三产业的快速发展。

二、建立人才专业培养计划及就业预测信息公布平台

（一）成立山东省高等教育学科专业结构信息数据库

回顾山东省高等教育发展历程，截至 1950 年年底，山东省共建成 2 所综合大学和 7 所专门院校，各高校基本围绕为地方和国家经济建设培养亟需人才为宗旨，设置了与之相关的理工类、医学类、农学类为主的学科专业，随着时间的推移，山东省的高等学校建设也从初具规模，到专业设置、系科部门日趋完善，逐步搭建起顺应山东省政治、经济、社会、文化发展需求的高等教育学科体系。为体现教育为经济社会发展的要求，山东省各高校在发展过程中也经过多次适应调整和改革。在 1952 年 8 月份，山东省高等学校院系调整工作部署在山东省文教委员会第六次扩大会议上通过，会后的调整实施，使得山东省高校数量由最初的 7 所专门院校和 2 所综合性大学，变为 7 所专门独立学院和合并后的 1 所综合型大学。高校内部进行系科改革和专业再设置，以山东大学为例，山大根据既有的办学条件和师资力量，共设置了 10 个专业，并根据当时社会经济发展对人才知识结构的需求确定了 8 个校级重点发展学科，它们分别是历史学、汉语言文学、海洋生物学、物理海洋学、植物学、动物胚胎学、物理学和化学。统计数据显示，截至 1987 年年底，山东的高校专业数量共有 233 种，专业点数量共有 507 个。分学科和专业布点统计数据为，农学有 21 种和 33 个专业布点、林科有 2 种和 2 个专业布点、工科有 74 个和 130 个专业布点、医药共有 12 种和 21 个专业布点、师范类有 27 种和 177 个专业布点、文科共有 15 种和 22 个专业布点、理科共有 34 种和 46 个专业布点、政法类共有 6 种和 8 个专业布点、财经类共有 21 种和 44 个专业布点、体育类共有 2 种和 2 个专业布点、艺术类共有 19 种和 22 个专业布点。

经济社会发展使社会分工进一步细化，为应对因社会分工对不同人才的需求，山东省部分高校的学科专业有再设置的需求，为适应社会对人才

的需求和规范高校新专业设置，山东省于 1990 年 10 月出台了《山东省普通高等学校专业设置暂行规定》文件，对涉及的高校新设置专业作出了明确的规定，制定了新专业的设置原则、必须具备的办学条件和申报新专业的工作流程等。从国家层面上看，中共中央在 1993 年发布了《中国教育改革和发展纲要》，纲要中明确了我国到 20 世纪末教育改革和发展的目标。与此同时，教育委员会发布了《普通高等学校本科专业目录》，目的是更好地配合国家出台的纲要中有关改革高等教育学科专业结构的政策精神，专业目录中共设了包括文学、经济学、历史学、法学、教育学、哲学、工学、医学、理学和农学 10 个门类，各门类下设了总共 71 个一级学科，总共 504 种专业。截至 2013 年，与此相对应，山东省普通高校本专科专业的统计情况是，总共涵盖了 11 大学科门类和 70 个一级学科群，合计专业布点数量达到 5534 个。在学科布点中工学布点数第一为 2098 个，占总布点数量的 38.47%；处在第二位的为管理学和文学，布点数分别为 1112 个和 990 个，占比分别为 20.39% 和 18.15%；处在第三位的是理学的 432 个（占比 7.92%）、经济学的 194 个（占比 3.56%）、医学的 190 个（占比 3.48%）、教育学的 155 个（占比 2.84%）、法学的 139 个（占比 2.55%）、历史学的 120 个（占比 2.2%）；处在倒数第二位置的是历史学，专业布点数量共 19 个（占比 0.35%）；最后位置的为哲学，布点数最仅有 5 个（占比 0.09%）。

（二）构建山东高等教育学科专业结构与就业预测协同运行机制

产业竞争力的基础是人才的竞争力，回顾我国高等教育在支撑产业发展中的贡献历程，我们可以总结成以下三个关键阶段。

一是新中国成立后至"文革"前的办学阶段，为解决我国积贫积弱阶段的国民经济对高等人才的需求，高等学校设置的以理工类、医学类和农学类等为主的学科门类，主要是应对当时经济恢复建设的急需人才，这与当时第一、二产业恢复性快速发展相呼应。新中国成立初期，由于常年战争的耗费，国力空虚，国家经济落后，办学能力和水平极度有限，高校培养的人才难以满足经济发展需要。同时这段时间内，由于种种主观和客观因素，国民经济中的第一产业发展缓慢，第二产业发展呈现反复无常，第三产业更是出现了急转直下，一度跌落到新中国成立初期的发展水平。经济的非市场化和高度行政化非但使经济发展受挫，高等教育发展也同样受到牵制，人才培养规模和投资几乎停滞不前，社会急需人才出现严重断层，使本来就积贫积弱的中国更是雪上加霜。

二是"文革"至改革开放初期阶段，十年内乱，中国不同地区的教育受到了严重影响，出现了像张铁生一样的"白卷英雄"。"文革"后，为弥补失去的十年，国家拨乱反正，积极实施政治、经济改革，山东省抓住了这一历史机遇，产业得到了较快发展和调整，第一产业产值占比开始逐步下降；第二产业发展尽管出现过反复，2009 年以前总体趋势是呈现上升态势；山东省受服务业不创造价值的畸形意识影响较深，第三产业发展缓慢，近几年这种意识有所改变，第三产业开始有了较大幅度的增长，呈现出由"二、三、一"向"三、二、一"的格局转变。为应对这种产业需求，山东省高校也积极作出回应，学科专业结构的调整力度也在加大，但由于我国高等教育体制相对僵化，办学的自由度较小，教育部对各高校的专业设置权限垄断性较强，致使这种适应性调整通常存在较长的滞后期，使得高等学校学科和专业结构调整服务于地方经济的作用未能发挥到最好，这在一定程度上影响了经济发展和人才供给的良性互动。但随着高等教育的改革和地方院校的成长，高校办学灵活性有了较大提升。

三是截至目前的社会主义建设新时期。山东省高等教育学科专业结构体系已经较为健全和完善，个别专业甚至出现人才供给超过产业结构调整对人才的需求，即供给过度问题，这从具体统计数据中我们可以有所认识。仅从 2006—2013 年的 7 年间，山东省高校新增专业布点就达到创纪录的 1046 个，这其中工学是新增专业布点数量最多的学科，规模数量总共增加了 355 个，占到新增专业总量的三分之一；紧跟其后的是文学，新增专业布点数量达到 246 个之多，几乎占到新增数量的四分之一；处在第三位置上的是理学和管理学，分别增加的数量为 118 个和 177 个，占比为 11.28% 和 16.92%；最后是教育学和经济学，它们各自增加了 49 个和 50 个，占比为 4.68% 和 4.78%。新增专业布点数量的急剧上升尽管为山东省经济增长储备了大量的智力资本，但我们也应清醒地认识到这一现象背后的就业风险和部分高校片面追求"大而全"的发展模式，因为高校专业布点的数量并没有和产业结构调整的方向相匹配，在第二产业呈现出下降态势，而高校人才培养却出现逆向而动，不断加大对第二产业人才的供给，本来不断上升的第三产业却没有相应人才培养的跟进。笔者认为这也许是造成目前高校毕业生大量就业难的原因之一。

第三节　培植有利于产业结构和就业互动的产业群

一、培植适于大学生就业的生产性服务业产业群

（一）山东省生产性服务业发展总体状况

生产性服务业是我国经济结构调整的重要方向，是现代服务业的核心组成部分。近年来山东省服务业取得了较大的发展，2012 年山东省服务业实现增加值占国内生产总值的比重首次突破 40%，但是仍然低于全国平均水平，分析总结发现存在以下主要问题：问题之一是山东省生产性服务业总体发展层次和处于国内经济同等位次水平的省份相比较低，还是主要由较小附加值的交通运输等传统服务业为主体，具有较高知识和技术型的商务服务业、创意产业等新兴服务业发展还刚刚起步，普遍呈现出发展速度快和总体规模偏小的特点，没有起到对经济社会发展的强大带动作用；生产性服务业中的金融产业更是山东省经济发展的短板，该产业发展严重滞

后于总体经济，对山东经济的发展极度不利。为更加直观地认识山东省生产性服务业发展水平，我们利用 2012 年的数据，将山东省生产性服务业增加值占国内生产总值的比重和同处在经济发展第一集团军的江苏、广东和浙江进行对比，山东省当年该数据指标是 12.07%，江苏、广东、浙江的数据指标分别是 15.95%、17.33%、18.50%，以上数据表明江苏、广东和浙江三省的生产性服务业增加值占国内生产总值的比重远高于山东，其中跟差距最大的浙江省相比低了 6.43 个百分点。生产性服务业增加值占国内生产总值的比例偏低是山东省一个不争的事实，滞后于整体经济发展水平，其作用没有充分发挥，这不利于山东制造业的转型升级和产业结构的调整。发达国家的成功经验也给予我们以下启示：充分发达的生产性服务业会创造良好的商业环境和市场商机，会给企业带来意想不到的创意解决方案，会引领企业占据产业价值链的高端位置，从而获得更大的资本收益率和价值增值，也是实现产业融合化和集群化的有效手段和重要途径。因此，山东省采取一切市场和行政手段助推生产性服务业发展，是加快经济转、调、创的重要举措。

（二）山东省生产性服务业适于大学生就业的特点

生产性服务业具有较高的知识密集度。生产性服务业的重要特点体现在人力和知识资本进入生产过程的传递媒介，使得人力资本密集以及知识资本密集部分取代了人力资本密集的产业形态。利用生产性服务业的融合作用，可以实现知识累积、技术创新、工艺创造共同参与产品生产，使制造业和其他产业部门的效率得到提高，创造出更多的经济价值和社会价值。尤其是伴随着经济发展和社会分工水平的精细化，知识密集度更高的生产性服务业具有更大的社会需求和市场前景，像大数据产业、创意产业、金融保险业、租赁服务业和信息传输业等产业，需要大量的知识型高素质的智能人才。正因为如此，沃克和格鲁伯格形象地将生产性服务业比喻为"将日益专业化的人力资本和知识资本引进商品生产的飞轮"，这一比喻恰到好处。无论是创新服务还是创新产品和创新营销都离不开生产性服务的创新作用的发挥。今天我们所倡导的实现产业融合发展，其融合剂就是生产性服务业，在激烈的市场竞争中，生产性服务业所具有的创新特征不仅形成了自身产业的竞争优势，得到高速发展，而且通过参与实施其他产业的解决方案，疏通了其他产业由低级到高级的产业发展阻力和障碍，也促成了具有实力的企业实现产业多元化和差异化的战略构思。以美国波音公司为例，该公司为了扩大飞机的市场份额，实现了较大行业多元化跨度，公司业务扩展到金融领域，为其目标顾客提供贷款等金融业务，极大地增强了主营业务的市场竞争力。

生产性服务业除了具有上述特点外，还有一点就是具有较强的产业关联性和可分离性，这些特征比较适于大学生创业。首先我们看生产性服务业的可剥离性，亦即很多生产性服务可以从制造业部门中分离出来，成为相对独立的经济部门和业务单元。今天我们看到的很多企业实施的主辅分离，将企业的一些非主要业务实现市场化生产，从而催生了服务外包行业的大力发展，这一产业业态的形成完全符合科斯教授提出的交易成本理论和市场边界理论，即当在企业内组织一项业务的交易成本要高于在市场上组织这一业务的交易成本时，企业的边界就确定了。目前山东省部分企业还存在"麻雀虽小、五脏俱全"的现象，这不仅违背科斯交易成本理论，而且极大地影响了企业的竞争力和大学生就业的空间。假若企业实现了生产性服务业的主辅分离，企业专注于主营业务生产，将辅助业务实现社会外包，这种模式可以催生更多的大学生成为创客，实现国家提出的大众创业、万众创新的局面。

（三）培植适于大学生群体就业的生产性服务途径

1. 促进制造业优化升级，扩大外包服务需求

生产性服务业的特点注定其根基于制造业，是社会分工的产物，反馈服务于制造业。基于以上生产性服务的特点，为鼓励企业实现主辅业剥

离，专注于主营业务，实现辅助业务的社会化，减少企业成本和辅助业务的专业化生产，从而增加企业的竞争力，政府一方面要从政策方面制定鼓励企业主辅业务分离的措施，将原有辅助业务人员进行转岗和上岗的再培训，另一方面，对新成立的社会化生产性服务中介组织，在信贷规模、税收减免和人员就业方面提供政策性支持，尤其对吸纳大学生就业的生产性服务组织和由大学生群体创建的生产性服务组织机构，政府更要大开方便之门。

2. 加大生产性服务业和制造业的高度融合，助推其转型升级

山东省作为制造业大省，以传统制造业为主的家电行业、机械行业、造船行业、冶金建材行业一直占有一定的主导地位，其国内外竞争力的形成主要依靠廉价的劳动力成本、低廉的材料成本和牺牲环境为代价，生产的粗放性和低附加值特征明显，这种发展模式正是因缺少了和咨询业、研发设计公司、流程再造服务机构的对接导致的，这也使得山东省目前生产性服务业的发展滞后，人才需求不够旺盛。相反，企业将一些辅助业务实现外包，不仅有利于企业减少交易成本，而且可以培植社会化生产性服务的成长。以第三方物流业为例，当众多规模较小的企业拥有自己的后勤车队，即使企业物流业务较少也要付出巨大的车辆管理费用（车辆、司机），而企业取消自己的后勤车队，将其纳入到社会让第三方承担，这样不仅使第三方物流因众多的运输业务，从而减少车辆管理费用和跑空车的无效运输费用，而且可以大大减少企业费用，是两全其美、一举两得之劳。

3. 放宽市场准入条件，创造公平竞争就业环境

制约山东省生产性服务快速发展的一个关键因素是垄断行业的存在。山东省经济成分中，国有企业举足轻重，尽管国有企业实现了产权分离，企业成为具有自主经营、自负盈亏的经营主体，但国有企业和经理人特殊的委托代理关系，使得国有企业始终存在竞争不充分，企业经理人精打细算的内部驱动力不足，如果该产业存在较高的垄断壁垒，会严重制约社会化生产性服务业的渗透能力，也难以有足够的激励促使这样的企业主动去

实现主辅剥离，这不仅不利于垄断行业的创新，更不利于大学生的就业和创业。放宽市场准入门槛，在国有企业中鼓励发展混合所有制，通过合理的制度安排杜绝民营经济在立业创业中遇到的"弹簧门"和"玻璃门"问题，可以有效吸纳富有技术、知识的大学生就业，发挥人才红利优势。

4. 强化创新型人才培养，提供产业智力支撑

从目前山东省生产性服务业发展水平看，产业人员参差不齐，以技术含量较低的山东省交通运输等传统服务业为例，从业人员总体素质较低，行业竞争激烈，管理秩序比较混乱，这对山东生产性服务业的发展是不利的。生产性服务业是一个具有较强的知识、技术密集的朝阳行业，其产业发展需要有高素质的人才支撑，参与生产性服务的人才质量和素质决定其未来发展的层次和水平，这些因素直接影响着产业结构升级能力。为此，山东省要想加快加工制造业的国内和国际水平，提升制造业的市场竞争力，就要在多个层面上加大创新型人才的培养。在高层次人才培养方面，要依托国内外知名院校、研究机构、实验室等和企业实现项目对接，建立产学研合作伙伴关系和联盟，为企业输送人才、转移技术。在中等人才培养方面，山东省要发挥职业教育学校技术、实用型人才培养主阵地的作用，通过和企业的实习对接来培养职能型人才的技能水平和动手能力，也可以通过行业协会举办的各种技能型大赛来调动学生的创新能力，依此发现和挖掘行业创新型人才。总之，要实现山东省制造业的转型升级，加快培养适应山东省制造业所需要的宽基础、多层次、高素质和复合型人才是必不可少的，这不仅可以借助于生产性服务业助推加工制造业的转型升级，而且可以为未来产业升级培养后备人才。

5. 弥补重点生产性服务业短板，发挥其杠杆作用

目前看，山东省的金融、现代物流业和商务服务业是生产性服务业的短板，也是吸纳高层次人才的洼地。金融是现代经济的核心和润滑剂，也是促进制造业发展的关键因素，山东省部分传统国有企业背负着沉重的资金包袱，很多中小型企业因缺乏资金支持而难以做到"转、调、创"。为

此，山东省要出台政策弥补因缺乏金融产业创新所导致的对经济发展的低效率，要积极发展股权基金、小贷公司、金融租赁公司、村镇银行等各类金融形态，利用金融创新手段产生的杠杆作用激活实体经济的快速发展；要通过建立有利于金融行业创造的市场氛围，培植会计、资产评估、保险经纪和法律等金融中介组织机构；从地区的经济区位优势和辐射范围来看，济南作为省会城市，是全省的政治、经济和文化发展中心，也是金融机构高度集中的地区，济南要发挥这一金融集群优势，挖掘潜力，建成立足济南、辐射周边的金融高地；青岛作为胶东半岛加工制造业的龙头老大和山东省对外开放的桥头堡，服务业发展走在山东省的前列，其优良的区位优势历来是国内外各种金融机构抢先入住的战略高地，大力发展金融业不仅具有区位优势，而且还具备吸纳金融人才的优势，将青岛打造为新兴的财富管理中心会惠及青岛制造业的竞争力。山东省尽管物流业发展较早，但传统物流业还是山东的主流行业。

山东省作为沿海省份，具有经济总量大、海岸线长、内陆交通发达，港口密集，发展物流业具有得天独厚的天然条件。但物流业的发展和这一条件并不匹配，山东省偏好性的道路交通投资，为陆路交通物流业发展提供了基础条件，但忽视了空港物流业的发展，港口物流业也只是最近几年发挥了应有的作用。山东省要做大做强现代物流产业，实现制造业和物流业的深度融合，要站在全省的视角拓宽服务网点，规划建立鲁东、鲁中、鲁西和鲁南等物流服务集聚区，积极鼓励发展第三方物流业，培植一批具有广泛影响力的物流企业，拓展物流企业的服务距离和服务水平。商务服务业是最具有现代服务业特征的生产性服务业，我国目前的产业转型为商业服务的发展提供了广阔的舞台，这也凸显了商业服务在国民经济中的地位，猎头公司、注册会计师、建筑师、会计、管理咨询、律师和资产评估师等商务服务是大学生就业的理想之地，也是大学生走上自我创业舞台跳板，积极发展这类现代生产性服务业，不仅可以弥补这类产业短板，也可以创造更多的工作岗位。

6. 坚持新型工业化之路，实现工业信息化

当前山东省产业结构转型面临的突出问题是人力资源成本上升、消费市场低迷、环境压力增加、资源约束凸显、企业创新能力不足，但今天我们所处的信息社会可以为解决这些问题提供替代方法，亦即以信息化带动工业化，实现工业化和信息化的深度融合，这是破解山东省制造业发展瓶颈的必由之路。"互联网＋"为我们搭建了一个实现工业信息化的手段和方法，企业的原材料采购、生产加工、市场销售、财务处理和信用贷款等各个环节都可以采用现代信息技术来完成。用信息化技术，可以实现创新要素配置在配置和产业上新的组织形态，进一步延伸价值链，提升整个产业的经济效益。"互联网＋"可以使大学生足不出户就可以实现自己的就业、创业梦，为企业提供创意性设计，借助互联网完成企业产品的销售。为此，山东要深入大力推行"宽带山东"信息发展战略，积极投入研发下一代互联网技术、云计算、物联网和软件在产业转型升级中的作用，提升信息化技术服务于制造业的水平。

7. 实现产学研资源共享，搭建制造业和生产性服务业的平台

生产性服务和制造业的良性互动需要政、经、产、学、研的共同参与，为此，由政府牵头，通过多元化投资渠道，搭建以上多方参与的信息服务平台至关重要。资源共享平台可以从生产性服务的供给和需求的信息发布中消除信息不畅问题，减少企业和生产性服务业提供者的搜寻成本，也可以通过实名注册制减少双方的道德风险和机会主义行为，通过平台集聚人才、信息、技术、资金和市场。当然，平台的良性运营要靠完善的管理制度和市场来保障，这些不仅需要企业和生产性服务提供者的自律，更需要行业协会和政府的严格监管等他律来完成。

二、培植适于农民工群体的产业群

（一）劳动力素质的城乡差别

杨学成等（2011）利用山东省 17 个地（市）136 个县（市、区）

1502 位劳动力的调查数据显示，从山东省劳动力的整体素质来看，城镇劳动力和农村转移劳动力在文化、技能和职业素质方面有明显的差距，城镇劳动力在技能、知识和工作经验等方面远远强于农村劳动力，而农村转移劳动力中的第二代农民工群体，他们中的绝大多数相对年轻，且具有吃苦精神；从劳动力的就业单位来看，69.46%的农村转移劳动力从事个体经营和在私营企业就业；从劳动力就业的行业来看，城镇劳动力因为职业素质较高，这一群体在文化、科学和社会公共服务等相对工作环境和强度较好的部门中参与就业的比例要远远高于从农村转移的劳动力；农村转移劳动力所从事的行业主要是城市建筑业和传统物流行业等具有较低就业门槛的产业部门，主要从事的是重体力劳动，工作强度大、环境质量差、薪酬较低；由于大部分农民工缺乏职业能力培训，再加上城市很多用工单位带有歧视性的用工政策，统计显示城市中的室外和地下、水下工作的用工比例，农民工要明显高于城镇劳动力，当然这些脏、累、差的工作岗位工作的稳定性较差，不需要很强的工作技能，也不需要签订劳动合同，比较适于具有兼业性、季节性农民工的就业。从劳动力的工资水平与社会保障情况来看，农村转移劳动力的月工资水平比城镇劳动力低 26%；农村转移劳动力参加（享受）"三险一金"的比例除医疗保险外均比城镇劳动力的同指标低 70% 以上。

（二）山东省农村劳动力的就业结构

陶相根（2010）对山东省 17 地市 1068 户农民劳动力的就业结构调查结果显示，完全农业就业劳动力占比为 14.2%，比重为 12.6%的农民以农业就业为主，调查对象中农业就业与非农就业时间大体均等的劳动力占到16.4%，调查对象中以非农就业为主的劳动力占到 26.1%，完全靠非农就业的劳动力占到 30.7%。总体来看，调查对象中兼业劳动力基本占到55.1%。从调查结果中我们可以得出这样的结论，即兼业现象已经成为山东省农村劳动力就业的主要特征。假如我们界定农村转移劳动力指的是年累积非农就业时间必须达到 3 个月以上（包括 3 个月）的农村劳动力，而定义年累积非农就业时间达不到 3 个月的农村劳动力称为农业劳动力。按照这一划分标准，我们的统计结果会显示山东省将有接近70%的农村劳动力出现了由农业就业转移到非农就业。若以非农就业身份划分的农村劳动力结构，则会发现在农村转移劳动力大军中，个体经营者占到了农村转移从业人员的 27.1%，而以雇佣者身份的务工人员占到农村转移人员的66.3%，从中我们也可以发现农村劳动力非农就业的主要方式是务工。

（三）培育适于农民就业的配套产业

山东省作为农业大省，二元结构尤为突出，目前要实现农业产业结构调整和农民就业的互动，突出的瓶颈问题主要体现在以下几个方面：一是山东省农民综合素质偏低的问题。尽管山东省作为儒家文化的发源地，学而优则仕的信条根植于齐鲁大地，但受制于二元结构，山东省城乡居民接受教育的机会存在巨大的差别，很多地区的农民子弟很早就因经济困难而辍学，农民的平均接受教育的年限不到 9 年，农村劳动力文化水平较低，整体素质普遍不高，这从一定程度上影响到农民工的非农就业速度。二是山东省农业科技投入不高，科技人才支撑能力不足。尽管山东省农业产业化已初具规模，培植出像潍坊寿光的蔬菜集散地、诸城肉食品加工产业链，但跟山东省农业总产值比，农业科技投入并不高，政府的财政投入相对于支撑农业科技发展的需求来说基本是杯水车薪。面对投资经费少、待遇水平低、基础条件又没有较大的比较优势的现状，很多山东省的农业科研单位难以引进、留住高层次的人才，这在一定程度上导致山东省的农业科技发展水平在较长时间内创新乏力，甚至是裹足不前，没有出现阶段性跃升。三是山东省农民普遍缺乏创新和创业意识。俗语说得好，成也萧何、败也萧何，儒家文化的忠孝礼义让山东人内化于心，外化于行，但这一文化思想也造就了山东人唯命是从、安于现状的小民思想。基于以上几点，要尽快转移农村劳动力，实现农业产业结构的优化和升级，培育适于农民就业的配套产业是一条有效途径。首先要加大农业投入，解决城乡居民公共服务设施一体化问题，这是减少农民务工成本的基本前提。其次要围绕农民熟悉的产业进行农业产业链增值环节的延展，通过财政和税收政策引导农民充分挖掘和拓展农业产业化经营的产前、产中和产后服务业，实现农业向商品化、专业化转变，使农业产业链直接延展到城市居民的客厅和餐桌，使农民在农村和城市才都有用武之地。最后，就离土不离乡的新生代农民工来说，政府要提供其职业培训机会，在农村托老、农村电商、农村金融、农村旅游和农村中介中寻找就业机会。

第四节　构建兼顾产业结构调整和就业的立体化政策体系

一、强化政府主导作用，突出就业的民生地位

（一）强化政府的就业主导作用

政府在产业结构调整和人员就业中起到重要的引导和推动作用。因此，就就业而言，各级政府要高度重视扩大和稳定就业工作，要将其视为"一把手"工程，看作政府的重要职责。同时，就业工作关系到较多部门的联动，是一个系统工程，工作中要充分发挥就业工作联席会议的协调作用，加强部门间的合作和配合，调动社会各方面力量，尤其要发挥共青团、工会、妇联和残联等社会团体的社会求助作用，形成多方参与、共同尽责的局面。

（二）突出就业的民生地位

就业是人们的收入来源和提高生活质量的重要保障，在我国财力还未能对每一个失业人员提供足够的生活保障金的情况下，对部分失业人员来

说，甚至影响其生死存亡。因此，就业工作应该成为衡量一个地方政府民生工作的重要标志，政府要将促进就业作为需要解决的头等大事之一，形成有利于经济发展、产业调整和人员就业三方良性互动的工作机制。无论是经济发展和产业结构调整，最终目的是增加国民财富，实质更好地服务于民生工作，让人们安居乐业，提高生活质量和水平。在我国经济回归新常态后，在保持经济中高速发展的速度下，力争将金融、财政、产业政策和实施就业政策相一致，防范失业风险的发生。

（三）宣传就业重大问题的法律地位

受传统政府政绩观的影响，我国各级政府在工作中抓经济发展，产业转型的力度大，而对就业工作重视性相对较弱，同时，由于我国流动人口多，地区分散，统计工作难度大，导致对失业人员的统计不是十分准确。随着我国人口数量的增加和因生产技术水平的提高导致的资本替代劳动现象的加剧，未来人口就业将会变得越来越艰巨。为此，无论是政府的宣传部门，还是学术界、产业界都要注重就业工作理论和政策问题的分析研究，挖掘适用中国实际的就业政策。同时，要加大就业宣传教育力度，正确引导城乡居民的就业人员就业观。新时期要贯彻习近平总书记提出的依法治国理念，加强对《劳动合同法》《就业促进法》《社会保险法》和《山东省就业促进条例》等法律法规的学习宣传教育，增强全民的法制素质，营造良好的法制环境。

二、创新财税制度安排，构建促进产业升级和就业的立体化政策体系

（一）创新有利于就业的税收优惠政策

我国众多的小型微型企业具有灵活的产品转型和创新能力，同时也是我国劳动力的重要就业渠道，小微企业最能体现大众创业精神，在我国银行界还存在对大小企业有差别的贷款行为时，小微企业的发展举步维艰，这不符合我国鼓励国民创业的初衷。因此，要产生产业和就业的协同效

应，山东省政府就要研究落实加快产业结构调整的税收优惠政策，通过政策引导鼓励山东省处在产业结构亟须调整的行业领域中的企业，尤其是规模较小的小微企业尽快实施产品结构的转型升级。这样尽管短期内会使地方政府的财政收入下降，但从长期看，会培育更多具有竞争力的经济主体，从而吸纳更多的城乡劳动力参与就业。从目前看，大学生的毕业就业、农民工的转移就业和就业困难人员的就业是山东省的重点就业群体，急需政府拿出切实可行的就业税收优惠政策，从扶持劳动者自主创业和鼓励企业吸纳重点群体就业的角度去开展工作。

（二）创新有利于就业的金融和财政支持政策

公共财政要取之于民用之于民，尤其是要投入关系到国计民生的关键领域。从转方式调结构的角度看，公共财政要用在具有共性的基础性研究方面，做到由项目到资金再到人才的就业实现过程。产业中的共性基础研究成果具有外溢性，还具有公共产品的非排他性和非竞用性，是国家提出的创新引领产业结构调整的公共资金重要投入领域。同时，公共财政要向符合国家产业政策导向的小型微型企业和劳动密集型产业倾斜，这些小企业具有灵活的创新模式，是吸纳就业人员的主战场。因此，山东省各级政府要研究设立满足创新型企业投资需求的创新基金，根据其创新模式进行分类施策，同时，要在不断总结经验的基础上完善创新资金的使用管理办法，并时刻进行事前和事后的绩效评估动态管理，提高政府公共资金的使用和管理效率。

（三）创新有利于促进就业的金融支持政策

通过金融创新来支撑产业结构调整进而实现人才就业，可以起到"四两拨千斤"的杠杆作用。在金融危机影响下，实体经济因资金来源渠道萎缩和产品销售不畅，导致出现投资热情低落，创新和创业动力不足。这时政府需要创新性的采取多种手段来发挥货币政策的宏观调控作用，稳定投资和创业，减少经济的波动。政府通过金融创新手段来支持经济增长方式转变和经济结构战略性调整，其重要意义体现在向市场经营者释放一个从国家层面支持"转、调、创"的重要信号，让生产者和消费者得到一个正确的投资和消费预期，进而为产业结构调整和就业营造带来利好的政策环境。金融创新政策一定要具有取向性和选择性，亦即政策的对象要覆盖全体经济主体，不要出现歧视性偏好，但不能面面俱到，只有符合条件的经营主体才能享受到，诸如附加值高的劳动密集型产业、现代服务业、有市场前景的小微企业发展和自主创业。譬如，政府要支持金融机构强化对小微企业的金融服务，政策上可以采取的具体金融措施是允许小微企业发行集合债券、集合票据和短期融资券，通过银行间市场来扩大融资来源渠道。小额担保贷款政策对小微企业的发展起到了很好的作用，但执行过程中也存在一定的道德风险问题，因此，需要在不断实践过程中摸索经验，并建立政策的政策监测评估机制，使这一金融创新在成长过程中做到贷款规模持续增长。不仅如此，政府在使用这些政策时，要尽量做到财政和金融政策的兼顾，探索建立金融和财政兼顾、产业和就业结构协调发展的长效发展机制。

（四）创新有利于产业和就业的进出口贸易政策

改革开放以来，随着我国对外开放程度的加大，我国对外贸易额不断增加，经济发展的对外贸易依存度较高，为应对对外贸易领域对各类人才的需求，高校中国际贸易一度成为非常热门的专业。但随着2008年国际金融危机以及由此导致的各国贸易保护政策的兴起，这一现象对我国的出口贸易产生了广泛的影响。山东省是对外贸易大省，无论是工业产品还是农业产品在国际贸易中都占有较大的份额。为突破各国建立的各种贸易壁垒，山东省一方面在鼓励产业结构调整中，支持具有创新型的高附加值产品的出口，在WTO框架下，加大创新企业设备引进、技术改造补贴和产品出口退税力度，进一步优化出口贸易结构和加工贸易的转型升级；另一方面，为应对国际贸易摩擦，高校要针对新的贸易形势，培养能够解决国际贸易争端的各级各类人才，同时，要鼓励开展对外劳务合作，创新输出就业人员的途径。

（五）创新多途径产业转型和就业扶持政策

立体化的产业转型和就业扶持政策不仅仅体现在大的宏观层面，政策的着力点应落脚到企业和个人。大的宏观层面政策比如一张网的"纲"，而企业和个人相当于网眼，即所谓的"目"，有了大的宏观政策，微观层面上利用优惠政策和就业服务相配合，协助劳动者自主就业、自谋职业，这样才能纲举目张。微观层面的政策实现具有多种途径和方法，在产业转型中涉及小企业的合并、幼小企业的扶持、污染企业的转型。在就业方面表现在通过进一步完善劳资关系、进一步创新工资支付制度，构建就业与社会保障的联动机制。总之，以上政策措施的实施，主要目的是为了劳动者灵活的参与就业、农民工的流动就业以及在岗职工的转换就业提供力所能及的帮助，进一步开拓就业渠道和稳定就业。

三、发挥新兴产业结构调整优势，吸纳更多产业人才就业

（一）充分发挥吸纳就业能力强的新兴产业和企业作用

战略性新兴产业是未来形成国家产业竞争力的关键行业，也是产业结构调整和优化升级的方向。为此，山东省出台了重点区域带动和产业调整规划，规划明确提出了山东省下一步要发展科技含量高、就业吸纳能力强的知识、技术密集型战略新兴产业，以满足适于更多高层次人才对富有挑战性的职业岗位的需求。诸如大力发展新一代信息技术产业、新医药和生物技术产业、新材料产业、新能源及新能源汽车产业、绿色节能环保产业、海洋开发、高端装备制造业等产业。以海洋开发产业为例，山东省依靠得天独厚的海洋条件，凭借蓝黄两区叠加的优势区位，海洋产业开发独居特色，创造了全国领先的海洋生物育种技术，并引领了我国海水养殖的5次蓝色浪潮，实现了"海水超过淡水，养殖超过捕捞"的历史性转变。

山东省海洋药物产业也得到迅速发展，藻酸双酯钠是山东省开发出的我国第一个具有代表性的现代海洋药物，为此，山东省在该领域的研究也获得了国家技术发明一等奖。除此之外，山东省在海水利用、海洋资源利用、海洋装备制造、海洋能源开发等方面也涌现出一批富有较强竞争力的骨干企业。这些新兴产业的培植和发展，既发挥了山东省的区位资源比较优势，又吸纳了大量高端人才的就业和创业，较好地实现了产业结构调整和人才就业的和谐发展。山东省作为文化大省，儒家文化思想历史渊源，内涵丰富，在发展第三产业中，突破文化产业发展瓶颈，将为山东省就业提供无限空间。同时，山东省是农业大省，但不是农业强省，尽管以潍坊的诸城和寿光两市创造了县域经济畜牧业和蔬菜种植业中的"农户＋龙头企业"的典型模式，但绝大多数地区还是传统的细碎化精耕细作，农业产业结构急需调整。借助国家新型城镇化建设之际，发展农村的家庭农场、特色农业，实现土地的集约使用，在农业产业链的延展中寻找农业新型服务业的就业机会，使更多的农民离土不离乡是农村未来的发展方向。

（二）实施"大众创业、万众创新"计划，以创业促就业

无论是转方式还是调结构都离不开创新，创新是实现产业结构优化和升级的根本保障。国家提出的"大众创业、万众创新"计划，就是为兼顾产业结构调整和国民就业的和谐发展。创新活动是一个复杂的智力过程，这一活动可以体现在社会生活的方方面面。创新活动要有创新的文化和环境。山东省作为儒家文化的发源地，儒家思想创造了"和、忠、孝、礼"的儒家文化，但这一文化也束缚了山东人的发散思维和创新精神，使得循规踏距、小富即安的思想一致左右着山东人。儒家文化思想要在新形势下辩证的吸收，作为一种为人处世的道德准则，我们应该将其发扬光大，但在瞬息万变的信息社会，唯一不变的是变化，企业唯有创新才能立于产业之林，才能产生竞争力。政府在鼓励万众创新之时，要创造一切条件和环

境，不仅在资金上给予支持，也要有允许失败的勇气和决心。创新是一个国家产业赶超之策，创业则是创新发展之基。山东省在积极响应国家提出的"大众创业、万众创新"号召下，要充分认识到只有推动大众创业才能让各种生产要素迸发出竞争的活力，才能使创造财富之门开启的越多。大众创业也是加速山东省中小企业和非公有制经济发展的有效途径，是对社会主义经济成分的有益补充。山东省要完成保增长、扩内需、调结构、促就业、强基础的经济社会发展目标，政府就要完善和落实鼓励劳动者创业的税收优惠、资金补贴、小额信贷、场地供给等扶持措施。同时，政府要简政放权，简化创业和项目审批手续，规范收费行为。政府还要健全创业指导培训体系，制订创业公共服务体系发展规划和创业服务标准，调动政府资源和社会力量，全程参与创业指导和培训。

（三）挖掘生活性服务业的就业潜力，积极发展家庭服务业

随着人们可支配收入的增长和对生活高质量的追求，目前由财富驱动经济发展所催生的新的业态不断出现。目前在山东省省会济南，山东省的沿海大中型城市诸如青岛、烟台、潍坊等，以及经济发展较好的乡镇地区，以生活性服务为主的养老服务、家政服务、社区服务、病患陪护、体残者居家托养服务等家庭服务业态发展势头良好。这种以家庭服务为主的新兴业态具有工资高、劳动技能简单，经过简单的职业技能培训即可上岗，是一种比较适于农民就业的劳动密集型产业。为鼓励这类新兴业态的发展，吸纳更多的农民工就业，要在金融、财税、土地、价格等方面加大政府政策对吸纳农民就业的企业的帮扶力度，帮助的重点要放在这些企业在开办、融资、品牌建设等方面的需要，从而支持家庭服务业发展。同时，为实现供需双方的信息对称和规范产业发展，山东省各级政府要加大公共财政的投入，尽快建设家庭服务业公益性信息服务平台，并利用政府的行政权力调动各类教育资源，强化下岗职工和农民工的专业技术和职业素质培训。

四、统筹城乡就业群体，采取以面带点的就业工作

（一）高校毕业生群体的"创新就业"

山东省高校毕业生是劳动力供给的主要群体，这一群体具有较高的人力资本含量，他们专业知识丰富、年富力强、活力四射、富有挑战精神，对就业岗位有一定的要求。近几年，由于我国实施的由精英教育向大众教育的转化，使更多的青年人有了进入高校深造的机会，但连年扩招也使得社会对大学生的就业产生了巨大压力，仅2011年一年，山东省高等学校毕业生和高职学校毕业生供给总量就超过100多万。为消化当年毕业生和未就业的往届毕业生，山东省要将高校毕业生就业放在工作的突出位置，并作为地方政府政绩的约束性指标。山东省要创新性实施大学生的"岗位拓展计划"，通过政策引导鼓励高校毕业生到中小企业就业和多种形式灵活就业，还要做好山东省政策性免费师范毕业生就业和通过征集高校毕业生入伍服义务兵役的就业。对高校中有创业意愿和创业能力的大学生实施"大学生创业引领计划"，通过创业完成就业，从而起到示范和带动作用。社区就是小社会，其工作对大学生具有挑战性，通过启动"高校毕业生社区就业计划"，开发公共教育、社会管理、医疗卫生等服务岗位来充分吸纳大学生就业。利用国家针对大学生到基层、到贫困地区的就业政策，及时落实"选聘高校毕业生到村任职""三支一扶""大学生志愿服务西部计划"等基层服务项目，这不仅能够较好地实现培养大学生的社会实践能力，也能缓解山东省大学生的就业压力。山东省制定的"就业服务与援助计划"，就是一种针对即将走出校门的大学生就业困难群体的就业措施，这不仅较好地解决了部分就业困难的大学生就业问题，也为高校毕业生的就业见习和培训提供了方便。

（二）农村富余劳动力的"转移就业"

山东省新型城镇化规划要实现人口城镇化目标，除了重点小城镇的人

口集中居住和实现就地就近就业外，每年要有计划地实施农村富余劳动力的转移。无论是就地转移还是实施城市转移，农民工市民化的一个重要问题就是非农就业问题。从目前看，部分城市郊区和城乡结合部，大部分农业用地转为工业用地，农民成为当地的产业工人，有了稳定的收入来源，还有部分农民以土地入股的形式参与土地分红，加上外出打工，也有了基本生活保障。但转移到城市中的农民工大部分是新时代的农民工，他们中的多数人属于两栖人员，随着季节的变化游离在城乡之间，做着兼业工作，这种生活方式催生了我国目前典型的留守儿童和夫妻分离，导致了严重的社会问题。这部分农村转移人员在未来生活水平预期达到他们的要求时，是最有可能实现户籍市民化的人员。要解决这部分人的非农就业问题，首先要给予他们市民化待遇，解决其社保问题，其次要进一步完善就业服务、职业培训、劳动维权"三位一体"的联动机制，消除农民工就业的制度壁垒，让农村有条件的劳动力进城便捷、工作稳定。

（三）困难群体的"援助就业"以及转产职工的"安置就业"

由于我国劳动人员的文化素质和各自身体健康状况参差不齐，年龄结构相差很大，再加上企业转方式调结构的原因导致的结构性失业，产生了较为突出的两类人群的就业问题。前者是受自身因素的影响，而后者是受经济环境的影响。从目前我国针对失业人员发放的生活保证金看，不但有时间年限，而且每月只能维持当地的最低消费水平，而对困难群体尤其是有生理残疾的人员的扶助金也只能勉强生活。对待这两类人员，政府不仅要授之以鱼，更要授之以渔，通过制定工作保障制度、建立健全就业援助制度和实施全省的公益性岗位开发管理办法，使之针对就业困难群体的就业问题做全覆盖动态管理，基本确保该群体就业问题随出现随解决。在工作岗位设计方面，可以利用社区建设平台，为部分人员提供上岗机会。对待有身体残疾的各类人员，政府一方面出台用工政策，激励用人单位积极接纳安排残疾人就业，另一方面，从资金贷款和税收优惠方面扶持残疾人自主创业和灵活就业。

五、实施"注资引智"人力资源计划，全面提升产业人员职业素质

（一）完善有利于提升产业人力资源禀赋的"注智"就业培训制度

人力资本是最重要的产业资源禀赋，我国尽管人力资源丰富，但劳动者的人力资本含量参差不齐。在提升企业职工人力资本含量时，企业往往面临两难选择，一方面企业投入了大量的人力、物力和财力进行了内部职工的培训，另一方面却面临着因职工跳槽导致的为别人做嫁衣的尴尬局面，这就是导致企业对职工培训热情不高的主要原因。从地方产业发展和提高就业人员职业素质能力的角度考虑，政府要率先实施"注智"计划。为实现不同类型人才的就业和创业梦想，山东省实施了旨在提高就业和创业的五年规划，以此为基础，山东省还要统筹兼顾实施就业技能培训、劳动预备制培训、岗位专业技能培训以及创业培训等各级各类培训，并在研究年轻一代的就业心理和行为习惯的基础上，探索现代学徒制培训，尽快实现由应急性培训向劳动者终身职业培训体系转变，使培训工作能够动态地做到劳动者对岗位的针对性、实用性和适用性。政府可以利用行政领导权协调各种教育资源，组建包括由技工院校为主、职业专业教育和社会各类培训机构共同参与的网络化培训体系。依托一批具有不同学科门类、适于不同就业人群、具有较高培训质量、紧密结合就业，并能在山东省不同地区发挥示范带动作用的职业培训机构，将其选定为职业技能实训基地，长期发挥他们的培训作用。培训过程中要确保政府对培训者和被培训者承诺的培训补贴政策的落实，加强培训的事前安排、事中督导和事后评估。培训安排上要本着先急后缓的原则，重点目标放在培养产业发展急需的技能人才和高级人才。为此，要优先支持急需、紧缺行业领域高级技师的培训，在技能大师工作室和高技能人才培训基地的建设方面要加大投入，争取培养和造就一批山东省不同行业的高技能领军人物，实现高级技能人才

产业晋升计划。技工教育为山东省产业发展输送了若干产业急需人才，山东省还要继续实施技工院校示范校建设和"十百千"技工教育工程，实施职业资格证上岗制度，组织举办山东百万职工岗位练兵活动和各类技能大赛活动，对不同行业的首席技师、有突出贡献的技师和技术能手要定期进行动态的评比、表彰，形成多方位、多渠道、多层次的以职业能力为导向的山东省职业教育和人才培训新模式。

(二) 积极实施"引智"等人力资源供给计划

产业结构调整和优化升级离不开高层次产业人才，为解决制约产业结构发展的人才瓶颈，做到防患于未然，山东省要研究制定和组织实施专业技术人才队伍建设中的长期规划。从产业结构调整的视角看，山东省无论是对传统产业改造还是培植新兴产业发展，都反映出人才需求的紧迫性。以山东省作为半岛蓝色经济区为例，根据山东省最近出台的《山东半岛蓝色经济区改革发展试点总体方案》和《山东半岛蓝色经济区发展规划》方案精神，目前实施的关键是缺乏这方面的高端人才，为此，当务之急需要从国内、国外引进这类急需人才。这类人才的需求要靠建立灵活的培养机制来解决，也可以选择联合国外教育机构联手培养的方法解决面临的急需人才短缺问题，但从长远看，基础型的复合型技术人才的培养关系到山东省海洋产业发展的未来，这类人才基本需要靠自己来培养。对于高端人才的培养任务，坐落在山东青岛的中国海洋大学，以其学科门类齐全、优势学科突出为特点，自然首当其冲要担当这一历史重任。对于职业技术人员的培养，岛城已经开始启动实施示范性职业技术院校的建设工作，围绕岛城等沿海七市，规划投资建设多所培养服务于半岛蓝色海洋经济的职业技术教育基地。在积极利用区域内教育资源人才培养的同时，青岛也在积极筹建青岛海洋科学与技术国家试验室的建设项目，并积极发挥像国土资源部青岛海洋地质研究所、中科院海洋研究所和国家海洋局第一研究所等科研机构的科研人才和技术能力，通过实施产、学、研资源共享，从而打造国家海洋科技综合性创新平台。除此之外，青岛市还利用自身独特的海洋资源优势，投资建成了海洋教育科普基地，利用优越的工作环境和条件打造成国家级"引智示范基地"，现在依托业已建成的青岛东北亚海洋人才集聚和交流中心，发展成为在全国乃至全球具有广泛影响的专业性海洋人才市场，吸引了国内外众多高端人才的参与。

站在全省层面看，对待高端人才的引进工作，山东省要认真对待住鲁院士、聘任院士的服务管理工作，做好国家有突出贡献的中青年专家、"新世纪百千万人才工程"国家级人选、国务院颁发政府特殊津贴人员和山东省有突出贡献的中青年专家人才的引智工作，以更加优惠的条件吸引这类人才入住。同时积极开拓国外市场，在引进和联合培养上探索出一条既经济又高校的"引智"模式。其中在联合培养方面，可以和国外高校和研究机构合作，设立山东省急需紧缺专业人才的出国留学项目，对口培训；在引进方面，重点针对海外高层次的留学人才，通过加大留学人员科技活动项目择优资助和高层次留学人才回国资助力度来吸引人才倒流，并在国内建设留学人员创业园，制定留学人员回国创业启动支持计划等，使海归人才住得下、留得住。

六、搭建人力资源就业平台，提升就业服务能力

（一）搭建公开透明的人力资源市场，实现就业信息的资源共享

市场机制不仅实现产品市场的有效竞争，而且实现要素市场的充分流动。在就业岗位的配置方面，政府除对弱势群体进行岗位刚性供给外，要尽量发挥市场机制在促进就业和配置人力资源中的基础性作用，避免因政府人为干预导致的岗位错配而出现的低效率问题。在就业市场培育方面，政府的职责是通过行政手段推进劳动力市场与人才市场的改革进程，即通过提供公共服务和制定宏观调控政策，保证要素市场主体公平、公正的参与市场竞争。在就业市场运行方面，山东省要通过法律手段，制定明确的

有利于人才流动的城乡统一的人力资源市场，消除人才流动的地域障碍、身份障碍，通过完善人力资源市场的监管体系和法制化管理，促进就业市场的良性运行。在就业市场的信息化方面，政府要加大公共财政投入，完善人力资源市场信息网络建设，及时动态地采集和发布人才供求信息，实现有效对接。

（二）构建覆盖城乡的公共就业服务体系，实现城乡就业服务信息均等化

由于我国存在典型的二元结构，二元结构社会不仅表现在城乡收入的巨大差距，还表现在国家投资、消费、就业和公共福利的城乡差别。从公共就业服务体系建设看，政府利用税收等公共资金在城市建有较为完善的就业培训、就业指导、就业信息披露和就业纠纷处理等公共就业服务体系，城市居民可以利用各种信息终端获悉各类就业服务信息。目前，作为居住在农村的居民，近郊还能勉强获得城市化发展带来的交通、信息等现代化服务，但远郊或者是相对偏远一些农村居民，因交通不便、信息化闭塞，公共基础设施难以同市民共享，社会福利均等化难以在短时间内实现，他们当中的绝大多数人对城市用工的信息很多是通过亲戚、朋友获得。为此，山东省要在新型城镇化建设中，转移大量的农村剩余劳动力，政府除了要在城乡搭建适于农民工非农就业的配套产业外，还要通过现代化信息手段，诸如投资建设村镇的电视台、播音台、手机终端信息转播平台、互联网等基础设施，构建覆盖城乡的公共就业服务信息化平台。让农民足不出户即可获得国家的用工政策和地区人才需求状况，减少农民的搜寻成本。

（三）规范中介服务机构，推进人力资源服务业健康发展

人力资源服务业作为朝阳产业，应该受到国家政策的大力支持。国外很多知名的猎头公司通常站在全球的高度为国际性的跨国公司提供人才支撑，涉猎的对象分布在形形色色的行业中，这种情况在以公司治理为主的

现代企业制度社会中，表现得尤为明显。资本家会到猎头公司中寻找业绩能力最强的经理人代理公司业务，职业经理人应运而生。我国目前的人力资源市场发展缓慢，除了正规的由政府设立的人力资源市场外，社会上还存在很多良莠不齐的劳动力服务中介结构，其中有些存在提供国内外虚假劳务信息，致使许多想急于寻找工作的人上当受骗。因此，为保障失业人员的权利，使人力资源业健康发展，山东省要制定出台促进人力资源服务业规范发展的制度文件，通过学习国外人力资源管理的成功经验，力争在山东省构建信息化、专业化、产业化和国际化的人力资源服务体系。对于向寻找工作岗位的就业者提供虚假信息的就业服务结构，以及那些和就业服务机构联合弄虚作假的企业岗位供给者，政府要建立举报信箱和投诉电话，同时要建立行业经营者注册制和欺诈行为黑名单制，对此类经营者一经发现，要将其拉入黑名单，限制其行业经营资格和部分消费行为。作为一种现代服务业，政府要鼓励人力资源服务业创优争先，通过实现从业人员的持证上岗、职业培训和监督检查等措施，规范人力资源服务业的市场行为和诚信经营，实施品牌战略。

七、建立产业结构调整和就业失配预警机制，实现二者的良性互动

为防止因山东省产业结构调整出现的就业人员结构性失业以及因人力资源知识、技能结构和产业需求结构的脱节，建立预警机制很有必要。为此，可以从以下两个方面构建。一是从失业方面考虑建立失业预警机制。失业预警就是采用信息手段，通过设立一系列的就业信息监测点，形成覆盖全省的无缝监控网络，信息采集包括适龄劳动者的就业状况、享受政策和接受服务等信息。同时通过完善的就业和失业登记管理办法，自动生成失业率和就业率，并结合预先制定的失业率预警层次范围，及时发出预警信号，最后结合产业结构调整状况给出有针对性的就业和失业分析报告。二是从纠偏的角度建立失业调控机制。失业调控是政府的宏观政策目标，调控的手段有多种，失业保险制度的建立是一种较好的制度安排。政府要

对产业结构调整和重大自然灾害及遇到经济危机等特殊情况出现的失业风险进行积极预防和有效调控，尽量保持就业的稳定性，力所能及地将失业风险控制在社会可承受范围之内。山东省政府还要加强就业监管，敦促企业严格履行稳定就业的社会责任，从法律制度上规范企业裁员行为。与此同时，要构建社会保障与就业的联动机制，根据就业预警级别及时出台促进就业、预防失业的政策措施，采用培训、就业指导、提供服务和就业援助等就业准备工作，以减少失业人员生活压力、缩减失业周期，分散失业风险。

八、构建和谐的劳资关系，保护就业者的合法权益

产业结构优化和升级的顺序是产业由劳动密集型产业向资本、技术型密集产业迈进，资本替代劳动是产业发展的规律。但我国目前人口众多，国家经济实力还未能使社会养老保险覆盖到全体国民。同时，根据我国的国情，工会组织职能较弱，领导力有限，在未能有效发挥其均衡劳资利益关系的时候，政府要出于公心指导、监督劳资利益关系的构建。

一是通过健全劳动标准体系协调劳资关系。劳资双方的矛盾体现在利用分配方面，但双方的利益并不存在零和博弈，而是正和博弈，良好的劳资关系会出现"1＋1＞2"的协同结果。劳资关系出现矛盾的诸多原因中，劳动标准体系不健全是重要原因之一。解决这一问题，山东省要会同有关人员督导制定完善的工作时间、休息及休假、女职工和未成年工特殊劳动保护标准。负责履行劳动定额、定员国家标准，负责监督行业标准的落实，并按照山东省实际对标准及时地进行制定和修订工作，组织专家学者指导企业制定实施科学合理的劳动定额。要从劳动标准制度安排上合理规定企业逐步改善就业人员的劳动条件，让劳动者不失尊严的体面工作。劳动合同是具有法律效力的保护劳动者合法权益的契约，通过提高小微企业与农民工劳动合同签订率和履约质量，可以有效防止农民工权益受到损害。有效改善劳资关系还可以通过积极推进集体协商、集体合同的制度安

排，集体合同的覆盖面越广，越能提高集体协商的有效性，合同的执行力度就越强，劳资关系就越和谐。

二是要深化工资收入分配制度改革。从国家统计年鉴和省统计年鉴公开数据看，我国在以收入法统计的 GDP 数据（企业收入、税收收入、职工收入和折旧）中发现，职工收入在 GDP 中的比重在逐渐减少。为提高职工的工资性收入，山东省要根据当地的物价水平、地方收入以及企业的承受能力，在落实最低工资制度的基础上，使职工的最低工资标准逐步得到提高。同时，政府职能部门要通过建立统一规范的企业薪酬调查和信息发布制度、不同行业人工成本信息指导制度以及人力资源市场工资指导价位制度来规范和约束企业工资的发放行为。作为国有资产的代理人，山东省作为地方政府，要对国有企业的工资总额管理提出合理的改革办法，尽量做到对有些特殊行业的工资总额和工资水平进行双重调控，从而缩小行业间工资水平的不平衡。近年来部分国有垄断行业的企业负责人的薪酬较高，职工工资、福利水平远远超过全国职工的平均水平，这一现象引起广泛的社会关注，要求改革的呼声很高，国家也在这方面着手进行改革。

三是要推行劳动保障监察工作体系网络化。政府的主要职责是制定制度，实施监督、检查。在检查中要推进"网格化、网络化"管理，并在实践过程中实现由日常的监察执法朝着主动预防和统筹城乡工作方向转变。通过建立监察法规制度、违法行为预防预警机制和多部门综合治理机制，对监督检查中发现的问题不仅能够有理、有据、依法处理，还能有效处置劳动保障违法行为引发的群体性事件。监督、检查工作体系的构建要覆盖省、市、县和街道乡镇，使之实现无缝衔接。监督检查工作要有一支敢于发现问题、善于处理问题的作风过硬的执法团队，对团队成员要进行严格的筛选和岗前培训，重点培训成员处理突发性违法案件和处置劳动保障群体事件的能力，使案件的社会影响最小化。

四是要提高劳动人事争议处理的公正性和效能。从目前看，劳资纠纷关系的处理，还存在劳资申诉能力的不对等问题，当企业职工或者是农民工的权益受到侵害时，他们往往还是处于弱势群体，一方面的原因可能是他们缺乏维护自身权利的法律知识，另一方面可能是劳动争议处理的低效率和高门槛导致的。提高劳动人事争议处理的公正性和效能，要坚持"预防为主、基层为主、调解为主"的总基调，首先是指导企业建立健全内部劳动争议协商调解机制，力争在企业内部解决劳动人事争议问题。其次，为应对重大劳动人事争议问题出现，此类问题在企业内部难以化解，或者当事者认为在企业内部解决有失公允，政府要建立此类争议的应急调处机制，通过完善由第三方参与的劳动人事争议仲裁体制机制，使劳动人事争议仲裁机构实体化和调解队伍专业化，做到办案程序规范化、仲裁办案制度化，可以在很大程度上减少劳动人事争议处理的非公正性，提高争议处理的效能。

九、加强组织监管，实现目标考核

一是加强组织建设。产业结构调整和就业是关系到山东省经济增长的质量水平、人们的生活质量和社会稳定的头等大事，各级政府都不能掉以轻心。各级政府和部门要配备专门领导班子，形成齐抓共管的局面，确保结构调整和人口就业达到预期的规划目标。在人口就业方面，作为人口就业的主要行业管理部门，山东省人力资源社会保障部门要做好全面部署，牵头负责人口就业目标的制定、协调、督促检查工作。在产业结构调整方面，作为行业管理的主要部门，经济信息局有责任在全面了解山东省各产业发展现状的基础上，作出产业结构调整和优化的全面规划。无论是产业规划还是人口就业目标的制定，都离不开包括财政部门、发改委、统计部门、国土规划部门等相关单位的通力合作。政府在组织建设时，要将规划重点指标的完成情况纳入政府工作考核体系，作为考核各级政府实践科学发展观和解决民生问题的重要依据。

二是加强目标任务的能力建设。山东省要实现产业结构和就业结构的协调发展，产业项目带动是重要举措。在项目选择方面，要关注能够提升公共就业综合服务能力的重大项目，实现大项目和大就业的有机结合。同时，政府要加大信息化投资水平，构建覆盖全省的产业结构调整信息和就业信息的公共服务网络平台，力争打造全省产业信息和就业信息的同网发布、城乡共享，使有条件的农村消费者也可以享受到政府提供的就业信息、就业咨询、就业培训等公共信息服务。

三是加强政府监测评估。监督、检查和评估是防止工作流于形式的最主要手段，产业结构和就业结构的变化总是会触及一部分岗位和个人利益，这在工作中必然会形成阻力和障碍，为此，建立监测、评估和绩效考核机制，强化对目标实施情况的动态跟踪，是很有必要的，这样可以调动人员积极性。

第五节　发挥不同所有制经济在吸纳就业人员中的作用

劳动者在不同行业中的就业是一个利益分化组合较为剧烈的过程，就业结构的不同不但关系到就业者本身的利益，还关系到企业组织结构的优化和企业竞争能力的发挥，山东省在人员就业方面要让不同所有制的企业在相同条件下不能存在对就业者的安置歧视。由于山东省的经济成分主要是国有和民营经济两大主体，而且体制上的就业问题主要来自于国企隐性失业显性化和民营企业发展不足两方面。因此，山东省要针对这两种所有制企业主体进行改革，力争让不同的经济成分面对共同的竞争环境，使人员就业在产业结构的快速调整中得到最大实惠。

一、推进国有企业改革和优化就业结构相结合

鉴于目前国有企业因机制、体制等方面存在的一系列固定资产投资、生产效率、用人制度、成本核算、产品定价和利润分配等方面的问题，国有企业改革应该坚持以下几个方面：一是要大力改革国有企业内部人事制

度和激励机制，在人事安排上要杜绝以人设岗、任人唯亲的小圈子思想，建立目标考核激励机制，从制度上消除国有企业中人浮于事、部分人员吃空饷的体制性根源。二是要从产业资源再重组中实现结构调整和人员就业。从目前看，山东省私营企业和国有企业存在不对等的资源占用关系，国有企业对稀缺性资源具有较强的垄断性，因此双方的竞争也存在不对等。为此，国有企业的改革方向除了推行混合所有制外，还要尽量让市场实现对资源的配置，这样可以在让资源发挥最佳经济效益的同时，还能利用更多的就业和创业机会，实现大众创业、万众创新的热潮。三是加大对山东省国有企业改革力度，要坚持"抓大放小"的原则，在治理方式上实现股份制改革，在产业结构调整方面要立足于依靠科技创新手段，发挥和利用国有企业雄厚的基础条件和国家的产业支持政策，以在国际市场上有一定竞争力的跨国公司为竞争对象，实施产品结构的更新换代。为防止国有企业对某些竞争领域的垄断，产生对民营企业的挤出效应，山东省要制定出从竞争性领域退出的时间和方式表，确保让多种经济成分进入竞争领域，实现市场资源的有效配置。目前，山东省国有经济控制主要行业部门是：能源、公路、铁路、电信、水电气等基础设施部门，环保、水利设施等提供公共产品和服务的部门，油田、钢铁、石化、汽车等具有较高进入门槛和有规模经济效应的产业部门。国有经济由于存在体制机制弊端，发展能力和水平受到很大的制约，山东省要在国家政策允许的范围内，积极试点国有经济的所有制改革，探索让股份合作制经济、民营经济、私营经济、个体经济及三资企业在内的非国有经济进入，这些不同成分的所有制企业具有更强的创新精神和吸纳劳动力就业的能力，体制、机制灵活是保持市场活力的主体。

二、实施民营经济健康发展和人员就业相结合的政策措施

（一）山东省发展民营经济面临的困境

山东省民营经济在国民经济中的贡献越来越大，2013 年统计数据显

示，民间投资占全省固定资产投资的比重达到 80.8%；全省重点工业企业中就有 237 家是非公有制企业，占全省重点工业企业的比重高达 67.7%；工商部门登记的私营企业和个体工商户中的从业人员达到 1502.3 万人，对全省就业的贡献率为 78.3%。但山东省民营企业跟广东省、江苏省相比，不仅数量少而且层次低。山东省民营经济产业结构存在进一步优化升级、创新能力不强的压力。一方面表现在企业多数仍以原材料初加工为主，产业层次较低，产业链条偏短。另一方面表现在自主创新能力弱，存在资金制约、创新风险、创新人才短缺等问题。山东省民营经济发展要素缺乏，运行成本高，体现在融资困难、土地供给严重不足、难招工、税负重等方面。山东省民营经济存在自身素质不高，缺乏品牌创新意识，表现在一是企业组织制度落后，大部分民营企业以家庭式、作坊式管理模式为主，经营理念陈旧，管理方式粗放，组织制度模式落后等突出问题。二是创新观念不强，与浙商"重利尚义"、苏商"重商主义"新义利观不同，山东作为儒家文化发源地，重农轻商、重义轻利和官本位思想观念较强，在一定程度上影响创新创业的冲动和激情。"小富即安、小成即满"也让部分成长型企业缺乏做大做强的投资胆量和发展气魄，创新意识不足和品牌建设滞后，制约民营企业做大做强。在民营经济经商环境方面，行政审批环节还存在不同程度准入的"玻璃门""弹簧门""旋转门"问题，这些都是制约民营经济发展的制度困境。

（二）民营经济健康发展的路径选择

首先是净化有利于民营经济发展的营商环境。民营经济是劳动力的蓄水池，产业覆盖面广，消化就业人员多，经营方式灵活，市场竞争激烈。在创新营商环境方面，重点放在有形成有利于民营企业创业的制度安排，在行政审批环节上，山东省要进一步梳理审批事项，简政放权，制定时间表和路线图，把能放的放下去，该放的放到位；同时要再造行政审批流程，重构"一站式办理、一次性告知、一条龙服务"的审批流程。针对企业普遍反映经营过程中需要的证过多，只能做到"一证一用"的现实问题，山东省行政审批部门可以探索实行"一证多用"管理方式，在电子政务已经成功实施的环境下，"一证多用"管理方式不仅可以实现无纸化办公、体现低碳和绿色生活要求，而且还可以实现信息的公开透明，减少政府部门的寻租行为，提高政府的行政化能力和效率。创造适于民营企业发展的营商环境，还体现在利用多种政策手段（财税、融资、土地等）和基础设施建设投资，积极培植本土民营企业和外来市场主体进入工业园区。山东省的鲁商会和鲁台经贸洽谈会是较好的对外招商平台，其在国内外有较强的影响，山东省应借助于这些有广泛影响力的平台，通过制定富有吸引力的政策措施，从全球视野进行招商引智，培养一批具有像阿里巴巴、华为、中兴等具有强大竞争力的民营企业。

其次是提升民营经济的竞争力。从微观企业层面要完成的工作：一是实施企业组织结构改革。山东省民营经济的前身大多数来自于家族企业，裙带关系适于企业初期的发展，当企业发展到一定规模，企业生产和经营需要较高层次的管理人员才能胜任，建立起符合现代企业管理制度的事业部制、矩阵组织、模块化小组等企业组织结构是理所当然的事情。二是新的商业模式为民营企业发展提供了成长壮大的商机。目前商业模式成为决定产业竞争力的关键因素，成为战略性的竞争优势。像阿里巴巴、亚马逊等企业的成功很大程度上得益于商业模式的创新。为此，政府要以前瞻的眼光，完善扶持民营经济发展政策，打造一批网络零售平台、大宗商品电子商务交易平台、行业电子商务平台和综合性电子商务平台，引导民营企业加强新型商业模式的应用。同时，充分发挥山东省市场质量奖活动的广泛社会影响和标杆作用，大力宣传获奖单位的产品品牌效应，引导民营企业家要制定企业长远发展战略，树立品牌意识，发展品牌经济。凡是成功的企业无一不是品牌企业，以品牌产品作为开拓市场的利器。因此，民营企业要全面提高商标注册，并在经营过程中时刻提高培育、运用、保护和管理能力，丰富商标内涵，增强品牌竞争力，提升民营企业国内外知名度。从中观产业层面上的工作体现在：一是调整优化产业结构。针对民营企业从事的领域广，产业层次低的特点。山东省要从民营经济产业类别上进行"分类指导，因业施策"。按照高端高质高效发展方向，加快推动传统产业改造升级，推动战略性新兴产业健康发展，大力发展服务业。二是调整优化所有制结构。围绕国有和民营协同共进、联动发展的原则，政府要创新金融市场和金融手段，积极培育民间资本管理公司，让地下钱庄浮出水面，允许民间资金参与国有企业、基础设施、社会事业、文化产业等领域的改革和建设，大力发展混合所有制经济，激发民营资本活力和潜力。三是要调整优化布局结构。按照山东省四大板块的功能定位，政府要加强政策引导和规划管控，引导民营企业按照区域功能定位，以差异化、特色化发展为方向，以园区为支撑，以骨干企业为龙头，以产业链为纽带，推动集聚集约发展；加快民营经济特色园区建设，推动园区由低成本"要素拉动"向高效益"专业化协作联动"转变。创新是企业形成竞争力的关键，民营企业规模小，机制灵活，创新后企业一般不会形成巨大的沉淀成本，从国外创新数量的来源看，欧美发达国家的创新主体基本来源于中小企业。因此，山东省要加强对民营企业创新支持力度，为"山东创造""山东设计""山东标准"建设提供有力支撑，以引导民营企业加大研发投入力度。同时，政府要搭建适于民营企业创新的公共服务平台，通过政、经、产、学和研联建共建、整合提升等方式，支持民营企业健康发展。政府还要为中小企业设立科技成果转化的风险补偿专业投资基金，以减少因科技成果转化出现的巨大风险影响到中小企业的投资动力和活力。

最后是保障民营企业发展的要素资源。很多民营企业起步晚，规模小，缺乏竞争力，解决其发展过程中的资金、人才、土地等要素保障能力不强问题关系到中小型民营企业的未来发展。山东省政府要尽量减少对民营企业的直接干预，要充分发挥市场在资源配置中的决定作用。政府要采取政策引导，加大扶持的措施，提高要素资源配置效率。一是提高资金保障能力。用足用好"定向降准"政策，积极稳妥发展民间金融机构，加快发展普惠金融，健全民营企业贷款风险缓释机制，打通金融服务民营经济的"血脉"；支持民营企业上市融资、债券融资，支持有条件的民营企业建立私募股权基金；依托行业协会、商会等组织，支持民间资本建立融资担保机构，探索设立"互助合作基金""民营企业融资担保基金"等，增强民营企业信用保证；建立风险共担制度，合理划分担保机构和承贷银行承担的贷款风险。二是提高人才保障能力。将民营企业人才工作纳入全省人才工作总体规划，加大对民营企业引进人才的政策、资金支持力度，建立柔性化引才机制，健全人才合理流动机制，创新人才引进方式，加强对民营企业技能培训力度；把企业家队伍建设作为重中之重，建立全省民营企业家信息库，加强跟踪考察和扶持培养，定期组织重点行业企业家走出去，拓宽视野，学习经验，建立个性化培训机制，开展"菜单式"培训。三是提高土地保障能力。支持民营企业平等进入土地市场，构建全省土地利用信息数据库，保障民营经济创业基地、创新平台等建设用地，加强对科技含量较高、规模较大的民间投资项目的用地支持；盘活城乡存量土地资源，支持有条件的民营企业进行厂房改建和加层、内部土地整理，提高土地空间利用率，加强标准厂房建设，引导民营企业集中发展、抱团发展。

第六节　发展以现代服务业为主的第三产业，寻找新的就业增长点

我们今天所定义的现代服务业，基本相当于现代第三产业，根据国家统计局《关于建立第三产业统计的报告》中，将第三产业划分的四个层次，即一层的流通部门、二层的生产和生活部门、三层的科学文化和素质服务部门、四层的社会公共服务部门。我们所说的现代服务业主要包括科技开发、咨询业、商务服务、信息服务、保险业、金融业、不动产业和教

育培训等行业。在经济发达国家，传统服务业的发展速度已经远远落后于现代服务业，以现代服务的为主的第三产业产值比重越来越大，从而使服务内部的结构不断优化。服务业的高低代表了一个经济体的发展水平，服务业具有较大的就业弹性，同样的产业增加值能够比第一、二产业创造出更多的就业机会，从而可以大大缓解社会的就业压力。从目前来说，山东省第三产业无论是从产值比重还是从就业比重都与山东省在全国的经济地位不相称。截至 2014 年，山东省的经济总量（GDP）是 59426.6 亿元，第三产业产值是 25840.1 亿元，占到国民生产总值的比重为 43.5%，这一服务业落后的局面是跟山东省的产业发展历史分不开的。山东省的行业结构不合理、服务业增加值的比重偏低是一个历史问题，早在 2002 年，山东省服务业总产值占生产总值的比重已经达到 36%，但到了 2006 年以后，这一产值比重非但没有稳步提高，却出现了徘徊和下降趋势，减少到 32%，此时我们单独统计传统服务增加值占第三产业的比重为 46.7%，而以金融保险、信息技术和房地产等为主的现代服务业的产值比重仅占到了23.5%。这一数值跟具有同样经济实力的省份相比，无论是总量还是比重都存在不小的距离。其次，受制于山东省服务业起步较晚，服务业中的大集团和大企业较少，且市场主体发育不充分，引领带动作用有限，山东省适于现代服务业发展的市场环境不够完善，市场化、产业化和社会化程度不高，服务业主体发展缓慢，表现在企业规模普遍较小、缺乏竞争力和快速拓展业务的能力，还是以 2006 年为例，在 100 强范围的山东企业中，主营业务为服务业的仅有区区的 18 家，而其中的中央企业占到了 26%，数量达到 7 家。不仅如此，在产业集群被证明是一种行之有效的减少交易成本、有利于产业竞争力的发展模式后，山东省服务未能有效地利用产业集群发展模式，加快产业的快速发展，服务业的园区化、集约化和城市化互动发展态势尚未形成。最后，山东省服务业对外开放程度较弱，利用外资能力不强。多年来，由于山东省在服务业领域对外开放程度较低，该行业领域中的外资引进和使用较小，实际利用外资占全省实际利用外资的比重一直保持在大约 10% 的范围内。以 2006 年为例，实际利用外资仅仅为 13.3 亿美元，占全省实际利用外资的比重略高 10%，为 13.3%。

最近随着对外开放领域的进一步扩大，服务业外资引进也有了一定的提升。为进一步加快山东省现代服务的发展步伐，使现代服务更好地服务于山东省的产业结构调整和人员就业，要从以下方面入手。

一、突破体制性障碍，克服服务业市场进入壁垒

山东省要加快现代服务业发展速度，需要解决一个重要问题是服务业市场进入问题。现在无论是一产、二产还是三产，其中的国有企业呈现出一支独大的局面，在众多服务领域，诸如教育、医疗和金融行业，由于存在较为严重的垄断性经营，使得这些行业不仅出现因缺乏多元化的投资，行业基础条件、服务质量和水平没有发展到应有的高度，而且也为此减少了大量的就业岗位。政府作为市场的监管者，要在确定行业游戏规则的前提下进一步放宽市场的进入管制，通过更多地引进非公有制经济成分，让多元化的市场主体参与竞争，才能促进服务的健康发展。为此，政府要加大国有企业改革力度，探索国有资产的混合所有制企业制度形式，进一步以前瞻的战略眼光降低包括教育、银行和医疗卫生行业的社会资金进入门槛，从而可以让更多的国民享有各类权利。政府放松管制就是取消现代服务业的项目投资和行政审批，实施事后监管，实行投融资体制改革，只要产品符合行业标准，将定价权交给市场，让供求关系、产品质量和产品差别化实现服务业产品的定价，政府不要越位、缺位和错位。

二、规范服务业管理制度，推进服务业的产业化

产业的发展都有一定的阶段性，服务发展也不例外。服务业在经过发展初期、竞争的混沌期和有序快速成长期之后，要想能够发展壮大，必须有防止出现恶性竞争的业内管理制度。政府要厘清营利性服务业机构与非营利性服务业机构。对于营利性服务业来说，政府要鼓励这类企业积极参

与适宜产业化经营领域的服务业产业化进程，作为企业自身来说，要打破产业内部自我循环发展的藩篱，以宽广的视野渗透到整个经济系统中去，实现发散型发展新模式，在第一、第二和三产业融合中找到新自身价值增长点。规范服务管理制度，离不开行业协会的桥梁和纽带作用，离不开政府、行业协会和企业的相互配合。在今天政府倡导的大众创业、万众创新号召下，只要政府加大服务业政策扶持力度和监管力度，行业协会协调组织好本行业的竞争行为，企业加强自律行为，山东省在以汽车服务、工程装备服务和信息服务产业领域，在以现代物流、技术服务、工业咨询、工业地产等公共服务领域，将迎来前所未有的发展局面。

三、剥离企、事业单位的后勤服务化功能，推行社会化服务

根据制度经济学家科斯的交易成本理论，任何交易都存在成本，正是因为交易成本的存在，使得市场和企业成为两个互相替代且界限明确的资源配置场，市场和企业都有存在的制度理由，企业边界的极限是当在其内组织生产与外市场组织生产无差别之时。目前国际上企业外包旺盛的生命力，充分反映了科斯交易成本理论的科学性。我国要实施产业结构转型升级，大力发展第三产业，微观层面的企、事业单位，诸如学校、医院、机关单位和各类具有辅助后勤业务的企业部门都要专注于主营业务，将辅助业务拿到市场上去完成，即剥离企事业单位的后勤化服务功能，让这些经营主体将主业做成富有竞争优势行业佼佼者，实现有所为有所不为，剥离后的辅助行业会成为服务创业者的主营业务，他们会在规模经营中做到管理精细化、经营集约化、服务周到化、竞争市场化，依此用更好的服务态度、服务质量、服务价格回馈剥离主体单位。

四、提升现代服务业发展的规范化水平

服务与产品具有各自不同的特点，服务的特点往往是不能储备，生产和消费同时进行，这就使消费者对新型服务产品缺乏先验感。但无论是有

形产品也好，无形服务也罢，健康的产业发展都离不开有一套比较成功的规范和模式，服务的良性发展也不例外。现代服务业是由技术、知识支撑的新型经济形态，也是由创新驱动催生的职业部门，山东省要想提升现代服务业规范化水平，就业在改善服务业发展模式上下功夫，力争在增强服务人性化、服务便利化、服务特色化和服务信誉化上形成竞争比较优势和自己的特色。尤其是以人力资本为主的现代服务业对传统制造业的创新性改造中，更要凸显规范服务和诚信服务。为此，政府除了要通过行业协会组织建立和完善服务行业的信用评价体系和服务标准、服务业的行业自律和外部监管，还要加大基础性研究设施的投资建设，鼓励拥有高端、高价科研设备的企业采取低价有偿使用的方法对中小服务企业开放，同时政府用完善的法律、法规政策工具营造有利于现代服务业发展的市场环境，促进该类企业的快速健康发展。

五、积极承接服务业的国际转移

新一轮经济全球化趋势是我国提升现代服务水平的最好机遇期，在前一轮经济全球化发展中，我国利用巨大的产品市场和廉价的要素资源市场吸引了大量的外商直接投资，成为全球加工制造业中心。但嵌入跨国公司产品价值链低端的尴尬位置，使我们付出了沉重的资源和环境代价。面对新的机遇，山东省企业家们要有勇气、智慧，在和跨国公司的博弈中实现双赢，要敢于采取收购兼并、风险投资、不良资产和债务的合作处置等方式，甚至包括上市公司国有股转让等多种方式，吸引诱导国际人才、技术、资本进入现代服务业部门，尽快突破始终处在产业链低端的藩篱，借助跨国公司的技术外溢，实现山东省现代服务业加速发展。

六、多管齐下，多种形式发展现代服务业

山东省发展现代服务业有多种思路和模式，可以实施多措并举，多管齐下。

一是"改"，即实现传统服务的改造升级。以传统物流业和金融业为例，这类产业是具有较长发展历史的传统产业，但是，利用现代信息技术，通过将其与信息产业的融合发展，催生了现代意义上的智能仓库服务、产供销一条龙模式的企业物料管理系统（ERP）、可视物联网服务、电子网上银行、网上支付宝等一系列新兴服务业态。传统的饮食业也不例外，同样可以得到服务质量的提升，譬如信息化管理、标准化生产、连锁化组织等。

二是"离"，即剥离、分化制造业中的现代服务业。正如上文提到的企业要有所为，有所不为，波特的企业竞争理论中也凸显了"集中一点"战略的重要意义。从中观视角看，可以从农业和工业中分离出现代服务业。山东省作为农业大省，要继续保持农业竞争力，未来的农业现代化是必经之路，农业现代化离不开农业的产前、产中和产后的现代服务业支撑，没有先进的育种技术、没有科学的土壤管理技术和农作物的病虫害的防治技术、没有强大的市场预测和销售技术，山东的农业产业化只能是水中月、镜中花。同样，制造业作为山东省传统的优势产业，要想持续发挥竞争优势，也要在包括设计、研发、营销、维修等环节上实现服务业剥离，这种剥离表面上是减少了企业的业务范围，从未来看实质上是减少了企业的交易成本，提高了企业的竞争力。

三是"合"，即整合中介服务业。剥离服务业的最终目的是实现社会服务业的再整合。从目前看，山东省存在众多良莠不齐的现代小型服务业主体，他们很多是小而不强、有名无实，譬如中介服务中的审计、评估、法律、会计行业，建筑服务业中的装饰和监理行业，生活服务业中的体育、健康、家政行业，都或多或少存在以上现象，这些服务业因规模小，进入门槛低，难以形成服务品牌化和竞争团队化，在激烈的市场竞争中，整合是必由之路，通过多种途径实现兼并与重组，才能规范行业行为，培育服务业品牌产品。

四是借助于"互联网 +"，催生新兴服务业态。蓬勃发展的互联网行业为全民创业、万众创新提供了历史机遇，山东省要加速互联互通技术和基础建设，积极培养和培训包括农民工在内的互联网使用技术传授者，让互联网真正实现跨行业互联、城乡互联的创新载体，让知识、技术、产品、服务的提供者通过互联网平台实现和需求者的无缝对接，做到能者有舞台，需者有市场。

参考文献

［1］ 西蒙·库兹涅茨：《经济增长》，北京经济学院出版社 1989 年版。

［2］ 西奥多·W. 舒尔茨：《论人力资本投资》，吴珠华等译，北京经济学院出版社 1990 年版。

［3］ 阿瑟·刘易斯：《二元经济论》，北京经济学院出版社 1989 年版。

［4］ 罗斯托：《经济成长的阶段》，商务印书馆 1985 年版。

［5］ 钱纳里、塞尔奎因：《发展的型式》，经济科学出版社 1988 年版。

［6］ 刘易斯：《二元经济评论》，北京经济学院出版社 1989 年版。

［7］ 托达罗：《欠发达国家中劳动力流动和城市失业的模型》，商务印书馆 2000 年版。

［8］ 周志刚、郑明亮：《基于对数均值迪氏指数法的中国粮食产量影响因素分解》，《农业工程学报》2015 年第 1 期。

［9］ 肖文韬：《产业结构协调理论综述》，《武汉理工大学学报》2003 年第 6 期。

［10］ 赫希曼：《经济发展战略》，经济科学出版社 1991 年版。

［11］ 夏杰长：《我国劳动就业结构与产业结构的偏差》，《中国工业经济》2000 年第 1 期。

［12］ 常进雄：《中国就业弹性的决定因素及就业影响》，《财经研究》2005 年第 5 期。

［13］ 蒲艳萍：《产业结构变动对就业增长影响及国际比较》，《现代财经》2005 年第 2 期。

［14］ 李伟：《现阶段我国就业弹性的变化趋势及对策分析》，《改革研

究》2006 年第 1 期。

[15] 张顺、陈丁:《中国产业间就业弹性的动态关系研究》,《经济纵横》2008 年第 18 期。

[16] 张浩、刘金钵:《我国就业弹性变化趋势的经济学分析》,《生产力研究》2007 年第 3 期。

[17] 李伟:《现阶段我国就业弹性的变化趋势及对策分析》,《改革研究》2006 年第 1 期。

[18] 张本波:《解读我国经济增长的就业弹性》,《宏观经济研究》2002 年第 10 期。

[19] 李仲生:《中国产业结构与就业结构的变化》,《人口与经济》2003 年第 2 期。

[20] 刘涛:《中国第三产业与就业增长关系的实证研究》,《经济与管理》2006 年第 2 期。

[21] 郭克莎、王研中:《中国产业结构变动趋势及政策研究》,经济管理出版社 1999 年版。

[22] 张东伟、蔡昉:《就业弹性的变化趋势研究》,《中国工业经济》2002 年第 5 期。

[23] 马骏:《用产业扩张弹性研究产业结构变化》,《数量经济技术经济研究》1985 年第 5 期。

[24] 胡鞍钢:《中国就业状况分析》,《管理世界》1997 年第 5 期。

[25] 孙红芹:《山东省产业结构与就业结构均衡性的实证研究》,《经济论坛》2009 年第 1 期。

[26] 李红松:《我国经济增长与就业弹性研究》,《财经研究》2003 年第 4 期。

[27] 马斌:《基于广东省产业结构变动的就业结构研究》,博士学位论文,暨南大学,2006 年。

[28] 池碧云:《就业弹性系数对我国的就业增长》,《统计教育》

2006 年第 5 期。

[29] 陈桢：《经济增长的就业效应研究》，经济管理出版社 2007 年版。

[30] 李丽萍、黄薇：《武汉市产业结构的偏离度趋势》，《统计观察》2006 年第 4 期。

[31] 林蕙青：《高等学校学科专业结构调整研究》，硕士学位论文，厦门大学，2006 年。

[32] 许洪芳：《山东省高等教育学科结构调整研究——基于产业结构演进的视角》，硕士学位论文，山东财经大学，2014 年。

[33] 张红霞、赵黎明、曹惠：《山东省产业结构调整与扩大就业的对策研究》，《山东社会科学》2010 年第 3 期。

[34] 姚明明、陈丹：《产业结构调整优化与就业结构转变分析——基于新结构经济学的视角》，《经济研究参考》2013 年第 65 期。

[35] 林毅夫：《新结构经济学——基于发展经济学的框架》，《经济学（季刊）》2010 年第 10 期。

[36] 张维迎：《企业的企业家契约理论》，上海三联书店 1995 年版。

[37] 迈克尔·波特：《竞争战略》，华夏出版社 1997 年版。

[38] 郑新立：《工业发展政策比较与借鉴》，经济科学出版社 1996 年版。

[39] 《"十五"规划纲要全文》，见 http：//www.doc88.com/p - 971478458555.html，2001 年 3 月 15 日。

[40] 山东省人民政府：《山东省人民政府关于贯彻国发［2011］16 号文件进一步做好普通高等学校毕业生就业工作的通知》，2011 年 9 月。

[41] 山东省人民政府：《山东省人民政府关于印发山东省促进就业规划（2011—2015）的通知》，2012 年 6 月。

[42] 孙秀：《山东省金融支持产业结构调整的实证研究》，硕士学位论文，山东大学，2012 年。

[43] 徐蓓蓓：《山东省三次产业结构演进对就业结构影响分析》，硕士学位论文，辽宁大学，2011 年。

[44] 周振天：《生产性服务业与制造业互动发展研究——基于山东省的实证分析》，硕士学位论文，西南财经大学，2014 年。

[45] 宏芬、池仁勇：《高校扩招后专业培养与社会需求的结构矛盾分析》，《高等农业教育》2006 年第 7 期。

[46] 郑海霞：《美国研究型大学对城市经济和产业的贡献》，《清华大学教育研究》2007 年第 12 期。

[47] 郑明亮：《国际产业转移视角下的我国产业结构调整政策》，山东省社会科学界 2006 年学术年会文集。

[48] 郑明亮：《中国木材市场的供求分析和平衡对策》，《林业经济问题》2008 年第 4 期。

[49] 郑明亮：《区域产业结构调整与人口就业率关系的计量分析——以山东为例》，《财贸研究》2009 年第 6 期。

[50] 郑明亮：《基于主成分分析的区域人造板产业竞争力评价》，《林业经济问题》2009 年第 4 期。

[51] 郑明亮：《基于产业结构战略化调整的城市化发展思路》，《统计与决策》2005 年第 5 期。

[52] 王玉娟、郑明亮：《对创新性人才培养瓶颈问题破解研究》，《中国教育学刊》2014 年第 6 期。

[53] 郑明亮：《基于国际化战略的我国产业政策取向》，《统计与决策》2004 年第 12 期。

[54] 郑明亮：《我国道义小农假设的合理性和农村服务业发展的瓶颈分析》，《特区经济》2008 年第 7 期。

[55] 郑明亮、张德升等：《企业创新与财政支持政策——基于创新能力的视角》，《制度经济学研究》2014 年第 1 期。

[56] 郑明亮：《中国区域木材产业竞争力评价及比较研究》，中国林

业出版社 2011 年版。

［57］朱世英、莱夫：《山东省农业结构与劳动力动态编者分析》，《山东社会科学》2013 年第 7 期。

［58］谢维和：《中国高等教育大众化进程中的结构分析》，教育科学出版社 2007 年版。

［59］潘懋元：《中国高等教育大众化的结构与体系》，广东高等教育出版社 2009 年版。

［60］步莎莎：《我国产业结构与高校学科结构的关系研究》，博士学位论文，大连理工大学，2010 年。

［61］王洪雷：《山东高校硕士研究生就业现状研究》，硕士学位论文，山东理工大学，2012 年。

［62］周宝静：《山东省第三产业发展的就业效应分析》，硕士学位论文，山东大学，2013 年。

［63］黄涛、陈良焜、工丽艳：《中国行业吸纳就业的投入产出分析》，《经济科学》2002 年第 1 期。

［64］成静：《基于投入产出法的产业结构与就业吸纳能力关系分析》，硕士学位论文，兰州大学，2010 年。

［65］孙玉奎：《山东省第三产业发展及其就业带动效应分析》，《金融发展研究》2011 年第 2 期。

［66］王岳平、葛岳静：《我国产业结构的投入产出关联特征分析》，《管理世界》2007 年第 2 期。

［67］邬雪芬、董永茂：《基于投入产出法的行业吸纳就业能力分析——以浙江为例》，《浙江社会科学》2006 年第 2 期。

［68］张江雪：《我国三大经济地带就业弹性的比较——基于面板数据模型的实证研究》，《数量经济技术经济研究》2005 年第 10 期。

［69］鹿立、周德禄、孙同德：《山东省行业人才需求与对口就业调查》，《人口学刊》2009 年第 2 期。

［70］陶相根、张福明：《山东省农村劳动力的就业结构与启示》，《山东社会科学》2010年第4期。

［71］陈新：《山东农村劳动力转移就业现状与对策研究》，硕士学位论文，山东大学，2013年。

［72］刘潇琦：《山东省产业结构调整与劳动力结构优化的互动关系研究》，硕士学位论文，青岛大学，2012年。

［73］孙红芹：《山东省产业结构与就业结构均衡性的实证研究》，《经济论坛》2009年第1期。

［74］桑玲玲：《我国产业结构演进与就业结构变迁的实证分析》，硕士学位论文，武汉大学，2005年。

［75］王芳：《产业结构调整对我国就业问题的影响及对策分析》，硕士学位论文，大连海事大学，2007年。

［76］王蕴翠：《山东产业结构调整与就业关系的实证分析》，硕士学位论文，山东大学，2007年。

［77］张浩然、衣保中：《产业结构调整的就业效应：来自中国城市面板数据的证据》，《产业经济研究》2011年第3期。

［78］卢靖宇：《山东省区域R&D投入对经济增长影响的差异性研究》，硕士学位论文，上海社会科学院，2012年。

［79］胡斌：《基于改进DEA的我国各省市R&D活动效率实证分析》，《工业技术经济》2009年第8期。

［80］何艳、张芬：《我国地区投资差距：基于泰尔指数的分析》，《兰州商学院学报》2006年第6期。

［81］钟宝国、吴广谋：《R&D的投入对GDP增长贡献的定量与实证分析》，《价值工程》2007年第9期。

［82］朱春奎：《上海R&D投入与经济增长关系的协整分析》，《中国科技论坛》2004年第6期。

［83］梁敏：《基于投入产出分析的山东省主导产业选择研究》，《山东

经济》2011 年第 6 期。

[84] 周振华：《产业结构政策的选择基准：一个新的假说》，《经济研究》1989 年第 3 期。

[85] 林毅夫、李永军：《中小金融机构发展与中小企业融资》，《经济研究》2001 年第 1 期。

[86] 胡金焱、朱明星：《山东省金融发展与经济增长相关性的实证研究（1978—2004）》，《山东社会科学》2005 年第 11 期。

[87] 曹啸、吴军：《我国金融发展与经济增长关系的格兰杰检验和特征分析》，《财贸经济》2002 年第 5 期。

[88] 张晓燕、王成亮：《中国金融结构和产业结构关系的实证研究》，《当代经济》2007 年第 4 期。

[89] 林毅夫：《经济结构，银行业结构与经济发展——基于分省面板数据的实证分析》，《金融研究》2006 年第 1 期。

[90] 王继东、何青松：《生态经济视角下的山东产业结构问题探讨》，《经济问题》2009 年第 11 期。

[91] 顾海峰：《金融支持产业结构优化调整的机理性建构研究》，《上海金融》2010 年第 5 期。

[92] 臧旭恒、杨惠馨：《产业经济学（第三版）》，经济科学出版社2005 年版。

[93] 约瑟夫·熊彼特：《经济发展理论》，商务印书馆 2000 年版。

[94] 杨德勇：《区域产业与金融发展研究》，中国经济出版社 2007 年版，

[95] 高铁梅：《计量经济分析方法与建模——应用与实例》，清华大学出版社 2006 年版。

[96] 范方志、张立军：《中国地区金融结构转变与产业结构升级研究》，《金融研究》2003 年第 1 期。

[97] 苏东水：《产业经济学》，高等教育出版社 2010 年版。

［98］苏东水：《产业经济学》，高等教育出版社 2010 年版。

［99］杨小凯：《发展经济学——超边际与超边际分析》，社会科学出版社 2003 年版。

［100］陈楚天：《青岛产业结构与就业结构协调发展研究——兼论青岛农村剩余劳动力的就地转移》，博士学位论文，中国海洋大学，2014 年。

［101］Syrquin, M. Chenery, H. B. "Three Decades of Industrialization", *Journal of The World Bank Review*, No. 3, 1989.

［102］Simon Kuznets, *Modern Economic Growth: Rate, Structure and Spread*, New Haven and London: Yale University Press, 1980.

［103］Hugo. Hollanders, Bas. Weel, "Technology, Knowledge Spillovers and Changes in Employment Structure: Evidence from six OECD Countries", *Journal of Labor Economics*, No. 9, 2002.

［104］Lee L. F. and J. Yu, "Estimation of Spatial Autoregressive Panel Data Models with Fixed Effects", *Journal of Econometrics*, No. 154, 2010.

［105］Fujita, M. and P. Krugman and A. J. Venables, *The Spatial Economy: Cities, Regions, and International Trade*, Cambridge MA: MIT Press, 1999.

［106］Glaeser, E. and Scheinkman, J. and Shleifer, A., "Economic Growth in a Cross Section of Cities", *Journal of Monetary Economics*, No. 36, 1995.

［107］Maryaxm Feldman, Janet Francis, Janet Bercovitz, "Creating a Cluster While Buiding a Film: Entrepreneurs and Formation of Industrial Cluster", *Journal of Regional Studies*, 2005。

［108］Padalino. S, Vivarelli. M., "The Employment Intensity of Economics Growth in the G – 7 Countries", *Journal of International Labor Review*, 1997.

［109］Riddle, D. Service, *Led Growth: the Role of the Service Sector in World Development*, New York: Praeger Publishers, 1986.

［110］Gupta S. P., *Population growth and the problem of unemployment*, New Delhi: Anmol Publication, 1990.

［111］Gold Michael,*Employment and industrial relations in Europe*,Boston：Kluge Law International.

［112］Todaro M. P. ,*Economic development in the third world*,Longman：Politics Eeconomica. 1985.

［113］Hoffman W. C. ,*The growth of industrial economics*,London：Modern University Press,1958.

［114］Bullock A. D. ,Firmstone V. R. ,"Falcon H. C. Developing guidelines for postgraduate dental educators in the UK", *Journal of British Dental*,No. 2,2010.

［115］Rina Vaatstra,Robert De Vries,"The Effect of The Learning Environmention Competences and Training for The Workplace According to graduates", *Journal of Higher Education*,No. 53,2007.

［116］Michael D. Wittenberger,M. D. William H. Catherino,M. D. Ph. D. and Alicia Y. Armstrong,M. D. ,MHSCR. "The Role of Embryo Transfer in Fellowship Training", *Journal of Fertil Steril*,No. 4,2007.

［117］Polach,Janet L. ,"Understanding the Experience of College Graduates During Their First Year of Employment", *Journal of Human Resource Development Quarterly*,No. 15,2004.

［118］Joaquim Edson Vieira,"The Postgraduate Hospital Educational Environment Measure（PHEEM）Questionnaire Identifies Quality of Instruction as a Key Factor Predicting Academic Achievement", *Journal of Clinics*,No. 6,2008.

［119］Dolton,P. J. &M. A. Silles,"The Effects of Over – education On Earnings in The Graduate Labor Market", Journal of Economics of Education Review,No. 27,2008.

［120］Lewis W. A. ,"Economic Development with Unlimited Supplies of Labor", *Journal of The Manchester School*,No. 22,1954.

［121］Solow R. M. ,"A Contribution to The Theory of Economic Growth",*Quar-*

terly Journal of Economics,1956.

[122]Simon,C. ,"Industrial Reallocation Across US Cities 1977 – 1997", *Journal of Urban Economics*,No. 56,2004.

[123]Chenery H. B. ,"The Structural Approach to Development Policy",*Journal of American Economic Review*,No. 5,1975.

[124]H. Chenery,S. Robinson,M. Syrquin. *Industrialization and Growth*：*A comparative Study*,London：Oxford University Press,1988.

[125]Acemoglu D. ,"Technical Change,Inequality,and the Labor Market",Journal of Economic Literature,No. 40,2002.

[126]John R. Harris and Michael P. Todaro,"Migration,Unemployment and Development：A Two – Sector Analysis", *Journal of The American Economic Review*,No. 3,1970.

责任编辑:张 燕
封面设计:林芝玉
版式设计:胡欣欣
责任校对:吕 飞

图书在版编目(CIP)数据

山东省产业结构调整与人口就业关系的互动分析/郑明亮 著.
　-北京:人民出版社,2015.9
ISBN 978－7－01－015178－6

Ⅰ.①山…　Ⅱ.①郑…　Ⅲ.①产业结构调整-研究-山东省②人口-
研究-山东省③就业问题-研究-山东省　Ⅳ.①F127.52
②C924.255.2③D669.2

中国版本图书馆 CIP 数据核字(2015)第 205517 号

山东省产业结构调整与人口就业关系的互动分析
SHANDONGSHENG CHANYE JIEGOU TIAOZHENG YU
RENKOU JIUYE GUANXI DE HUDONG FENXI

郑明亮　著

人民出版社 出版发行
(100706　北京市东城区隆福寺街 99 号)

北京汇林印务有限公司印刷　新华书店经销

2015 年 9 月第 1 版　2015 年 9 月北京第 1 次印刷
开本:710 毫米×1000 毫米 1/16　印张:15
字数:200 千字

ISBN 978－7－01－015178－6　定价:39.00 元

邮购地址 100706　北京市东城区隆福寺街 99 号
人民东方图书销售中心　电话 (010)65250042　65289539